智能网联汽车自动驾驶仿真技术

崔胜民　编

化学工业出版社

·北京·

内 容 提 要

随着智能网联汽车的快速发展和自动驾驶等级的提高，面向传统汽车的仿真技术已不能满足智能网联汽车开发的需要，基于驾驶场景的仿真技术将成为智能网联汽车开发的重要工具。

本书介绍了智能网联汽车自动驾驶分级、先进驾驶辅助系统、环境感知传感器、自动驾驶仿真系统构成和自动驾驶功能测试，以及自动驾驶仿真软件、自动驾驶仿真基础知识、自动驾驶场景构建方法、MATLAB自动驾驶仿真模块、基于MATLAB的自动驾驶仿真示例。本书所涉及的示例，都提供了原程序，并对程序进行了注释。读者根据这些原程序和注释，可以快速理解和掌握MATLAB自动驾驶仿真技术，用于开发和验证智能网联汽车的各种算法。

本书内容丰富，图文并茂，通俗易懂，实用性强，可作为从事智能网联汽车开发的工程技术人员及相关专业的本科生、研究生参考用书，也可作为智能车辆工程专业的教材。

图书在版编目（CIP）数据

智能网联汽车自动驾驶仿真技术/崔胜民编．—北京：化学工业出版社，2020.9（2023.6重印）
ISBN 978-7-122-37077-8

Ⅰ.①智… Ⅱ.①崔… Ⅲ.①汽车-智能通信网-自动驾驶系统-系统仿真 Ⅳ.①U463.67②U463.8

中国版本图书馆CIP数据核字（2020）第090132号

责任编辑：陈景薇　　　　　　　　　　文字编辑：张燕文
责任校对：李雨晴　　　　　　　　　　装帧设计：王晓宇

出版发行：化学工业出版社（北京市东城区青年湖南街13号　邮政编码100011）
印　　装：涿州市般润文化传播有限公司
787mm×1092mm　1/16　印张15　字数393千字　2023年6月北京第1版第2次印刷

购书咨询：010-64518888　　　　　　　　售后服务：010-64518899
网　　址：http://www.cip.com.cn
凡购买本书，如有缺损质量问题，本社销售中心负责调换。

定　　价：88.00元　　　　　　　　　　　　　　　　　　　版权所有　违者必究

前言

《新能源汽车产业发展规划（2021~2035年）》征求意见稿中，制定了智能网联汽车的发展目标，2025年和2035年，希望智能网联汽车新车销量占比分别为30%和70%，未来智能网联汽车将得到快速发展。作为智能网联汽车开发的重要工具——基于场景的自动驾驶仿真技术也将得到快速发展。

本书全面系统地介绍了智能网联汽车自动驾驶仿真技术。全书共分六章，第一章介绍智能网联汽车自动驾驶分级、先进驾驶辅助系统、环境感知传感器、自动驾驶仿真系统构成和自动驾驶功能测试；第二章介绍自动驾驶仿真软件，包括CarSim软件、PreScan软件、CarMaker软件、VTD软件、51Sim-One软件、Vissim软件、Pro-SiVIC软件、PanoSim软件、百度Apollo仿真平台和MATLAB自动驾驶工具箱；第三章介绍自动驾驶仿真基础知识，包括坐标系及其转换、汽车模型、模型预测控制技术、卡尔曼滤波技术、道路识别技术、车辆识别技术、行人识别技术、路径规划技术和传感器融合技术；第四章介绍自动驾驶场景构建方法，包括采用编程方法构建驾驶场景、通过图形化界面构建驾驶场景和通过场景库构建驾驶场景；第五章介绍MATLAB自动驾驶仿真模块，包括自动驾驶工具箱、驾驶场景模块、传感器模块、车辆控制模块、自动驾驶模块、其他功能模块、3D仿真模块和车辆动力学仿真模块；第六章介绍基于MATLAB的自动驾驶仿真示例，包括视觉传感器的检测仿真、毫米波雷达的检测仿真、毫米波雷达和视觉传感器融合的检测仿真、激光雷达的检测仿真、车道保持辅助系统仿真、车道跟踪系统仿真、自动紧急制动系统仿真和自适应巡航控制系统仿真等。

在本书编写过程中，主要参考了MATLAB官方网站的资料以及参考文献中的部分内容，特向其作者表示深切的谢意。

由于智能网联汽车自动驾驶仿真是一门新技术，而且是核心技术，公开资料比较少，再加上编者学识有限，书中不足之处在所难免，恳盼读者给予指正。

希望本书的出版能对推广智能网联汽车自动驾驶仿真技术，以及发展智能网联汽车起到积极的引导和促进作用。

编者

目录

第一章　绪论　/ 1

第一节　智能网联汽车自动驾驶分级 …………………………………………… 1
第二节　智能网联汽车先进驾驶辅助系统 ……………………………………… 3
第三节　智能网联汽车环境感知传感器 ………………………………………… 10
第四节　智能网联汽车自动驾驶仿真系统构成 ………………………………… 25
第五节　智能网联汽车自动驾驶功能测试 ……………………………………… 27

第二章　自动驾驶仿真软件　/ 41

第一节　CarSim 软件 …………………………………………………………… 41
第二节　PreScan 软件 …………………………………………………………… 45
第三节　CarMaker 软件 ………………………………………………………… 47
第四节　VTD 软件 ……………………………………………………………… 48
第五节　51Sim-One 软件 ………………………………………………………… 48
第六节　Vissim 软件 …………………………………………………………… 50
第七节　Pro-SiVIC 软件 ………………………………………………………… 50
第八节　PanoSim 软件 ………………………………………………………… 52
第九节　百度 Apollo 仿真平台 ………………………………………………… 52
第十节　MATLAB 自动驾驶工具箱 …………………………………………… 53

第三章　自动驾驶仿真基础知识　/ 58

第一节　坐标系及其转换 ………………………………………………………… 58
第二节　汽车模型 ………………………………………………………………… 64
第三节　模型预测控制技术 ……………………………………………………… 67
第四节　卡尔曼滤波技术 ………………………………………………………… 75
第五节　道路识别技术 …………………………………………………………… 78
第六节　车辆识别技术 …………………………………………………………… 83

第七节	行人识别技术 ······	85
第八节	路径规划技术 ······	89
第九节	传感器融合技术 ······	94

第四章　自动驾驶场景构建方法　/ 97

第一节	采用编程方法构建驾驶场景 ······	97
第二节	通过图形化界面构建驾驶场景 ······	109
第三节	通过场景库构建驾驶场景 ······	118

第五章　MATLAB 自动驾驶仿真模块　/ 140

第一节	自动驾驶工具箱 ······	140
第二节	驾驶场景模块 ······	141
第三节	传感器模块 ······	143
第四节	车辆控制模块 ······	148
第五节	自动驾驶模块 ······	150
第六节	其他功能模块 ······	154
第七节	3D 仿真模块 ······	157
第八节	车辆动力学仿真模块 ······	173

第六章　基于 MATLAB 的自动驾驶仿真示例　/ 177

第一节	视觉传感器的检测仿真 ······	177
第二节	毫米波雷达的检测仿真 ······	189
第三节	毫米波雷达和视觉传感器融合的检测仿真 ······	193
第四节	激光雷达的检测仿真 ······	200
第五节	车道保持辅助系统仿真 ······	206
第六节	车道跟踪系统仿真 ······	212
第七节	自动紧急制动系统仿真 ······	217
第八节	自适应巡航控制系统仿真 ······	223

附录　中英文对照表　/ 229

参考文献　/ 234

第一章 绪 论

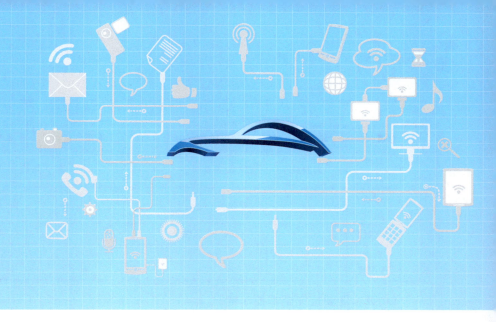

电动化、智能化和网联化是汽车技术的发展趋势,而智能网联汽车的自动驾驶技术将逐步替代驾驶员简单的体力劳动,这不仅将改变人们的出行和生活方式,还将变革传统的汽车行业和运输行业。智能网联汽车的普及将减少交通事故的发生,提高道路利用率和通行效率,实现车辆的安全高效行驶。

第一节 智能网联汽车自动驾驶分级

智能网联汽车是指搭载先进的车载传感器、控制器、执行器等装置,并融合现代通信与网络技术,实现车与 X(车、路、行人、云端等)智能信息交换、共享,具备复杂环境感知、智能决策、协同控制等功能,可实现车辆"安全、高效、舒适、节能"行驶,并最终可实现替代人来操作的新一代汽车。

美国汽车工程师学会(Society of Automotive Engineers,SAE)对智能网联汽车自动驾驶的分级见表 1-1。

表 1-1 SAE 对智能网联汽车自动驾驶的分级

分级	L0	L1	L2	L3	L4	L5
称谓	无自动化	驾驶支持	部分自动化	有条件自动化	高度自动化	完全自动化
定义	由驾驶员全权驾驶汽车,在行驶过程中可以得到警告	通过驾驶环境对转向盘和加减速中的一项操作提供支持,其余由驾驶员操作	通过驾驶环境对转向盘和加减速中的多项操作提供支持,其余由驾驶员操作	由无人驾驶系统完成所有的驾驶操作,根据系统要求,驾驶员提供适当的应答	由无人驾驶系统完成所有的驾驶操作,根据系统要求,驾驶员不一定提供所有的应答;限定道路和环境条件	由无人驾驶系统完成所有的驾驶操作,可能的情况下,驾驶员接管;不限定道路和环境条件

续表

分级		L0	L1	L2	L3	L4	L5
称谓		无自动化	驾驶支持	部分自动化	有条件自动化	高度自动化	完全自动化
主体	驾驶操作	驾驶员	驾驶员/系统	系统			
	周边监控	驾驶员				系统	
	支援	驾驶员				系统	
	系统作用域	无	部分				全域

L0 级：驾驶员完全掌控车辆。

L1 级：自动系统有时能够辅助驾驶员完成某些驾驶任务。

L2 级：自动系统能够完成某些驾驶任务，但驾驶员需要监控驾驶环境，完成剩余部分，同时保证出现问题时，随时进行接管。在这个层级，自动系统的错误感知和判断由驾驶员随时纠正。L2 级可以通过速度和环境分割成不同的使用场景，如环路低速堵车、高速路上的快速行车和驾驶员在车内的自动泊车。

L3 级：自动系统既能完成某些驾驶任务，也能在某些情况下监控驾驶环境，但驾驶员必须准备好重新取得驾驶控制权（自动系统发出请求时）。所以在该层级下，驾驶员在车辆行驶过程中仍无法进行深度的休息或睡觉。

L4 级：自动系统在某些环境和特定条件下，能够完成驾驶任务并监控驾驶环境；这个阶段下，在自动驾驶可以运行的范围内，驾驶相关的所有任务与驾驶员已经没有关系，感知外界责任全在自动驾驶系统。

L5 级：自动系统在所有条件下都能完成所有驾驶任务，真正成为无人驾驶汽车。

对应 SAE 分级标准，自动驾驶覆盖 L1 级到 L5 级整个阶段，在 L1 级、L2 级阶段，汽车的自动驾驶系统只作为驾驶员的辅助，但能够持续地承担汽车横向或纵向某一方面的自主控制，完成感知、认知、决策、控制、执行这一完整过程，其他如预警提示、短暂干预的驾驶技术不能完成这一完整的流程，不在自动驾驶技术范围之内。

从商业化的视角来看，L2 级或 L3 级的自动驾驶技术，将来只会被用于有限的场合，而直接面向 L4 级甚至 L5 级的自动驾驶，才是未来最大的商业机会。

L2 级中的汽车，可以在某些场景下接管人们对车辆的控制，减轻驾驶疲劳，避免或降低事故的损失，但有一点是必须明确的，那就是驾驶员必须保持对驾驶的关注并手不离转向盘。

L1~L3 级的自动系统，国内称为先进驾驶辅助系统。

在量产车型中，自动驾驶级别较高的是 L3 级，如奥迪 A8。奥迪 A8 配备的环境感知传感器如图 1-1 所示，它配置了 1 个激光雷达、1 个前视摄像头、4 个 360°摄像头、1 个远程毫米波雷达、4 个中程毫米波雷达和 12 个超声波雷达。

奥迪 A8 驾驶辅助系统主要有车道保持辅助系统、自适应巡航控制系统、堵车辅助系统、车道偏离报警系统、自适应驾驶辅助系统、横向辅助系统、应急辅助系统、泊车辅助系统、矩阵式 LED 远光灯辅助系统、交通标志识别系统等 40 余项。

L3 级及以下为辅助驾驶，驾驶员仍然在主导车辆的运行，安全责任在驾驶员；L4 级和 L5 级为自动驾驶，由自动驾驶系统主导车辆的运行。

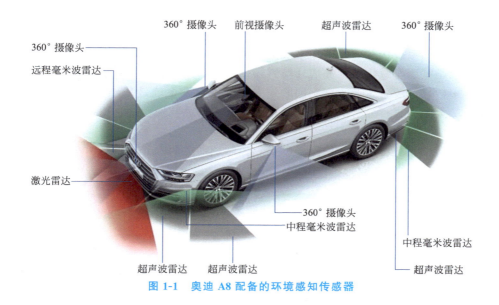

图 1-1　奥迪 A8 配备的环境感知传感器

第二节　智能网联汽车先进驾驶辅助系统

一、先进驾驶辅助系统的定义

先进驾驶辅助系统（Advanced Driver Assistance Systems，ADAS）是利用安装在车辆上的传感、通信、决策及执行等装置，实时监测驾驶员、车辆及其行驶环境，并通过信息和/或运动控制等方式辅助驾驶员执行驾驶任务或主动避免/减轻碰撞危害的各类系统的总称，如图 1-2 所示。

ADAS 遵循"感知预警-主动控制-无人驾驶"的发展路线。ADAS 技术作为无人驾驶的过渡形态，其系统构成也可以根据功能分为感知、控制和执行模块。

图 1-2　先进驾驶辅助系统

二、先进驾驶辅助系统的类型

先进驾驶辅助系统按照环境感知系统的不同可以分为自主式和网联式两种。自主式先进驾驶辅助系统是基于车载传感器完成环境感知,依靠车载中央控制系统进行分析决策,技术比较成熟,多数已经装备量产车型;网联式先进驾驶辅助系统是基于 V2X 通信完成环境感知,依靠云端大数据进行分析决策。本书提到的先进驾驶辅助系统主要是指自主式先进驾驶辅助系统。

先进驾驶辅助系统可以分为信息辅助类和控制辅助类两种。

1. 信息辅助类的先进驾驶辅助系统

信息辅助类的先进驾驶辅助系统主要有前向碰撞预警系统、后向碰撞预警系统、车道偏离预警系统、变道碰撞预警系统、盲区监测系统、驾驶员疲劳监测系统、交通标志识别系统、抬头显示系统、夜视系统、全景影像监测系统等。

(1) 前向碰撞预警系统。前向碰撞预警(Forward Collision Warning,FCW)系统能够实时监测车辆前方行驶环境,并在可能发生前向碰撞危险时发出警告信息,如图 1-3 所示。

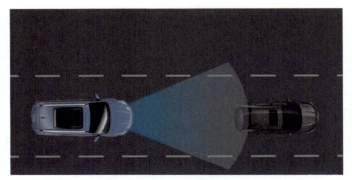

图 1-3　前向碰撞预警系统

(2) 后向碰撞预警系统。后向碰撞预警(Rear Collision Warning,RCW)系统能够实时监测车辆后方环境,并在可能受到后方碰撞危险时发出警告信息,如图 1-4 所示。

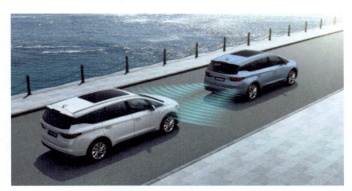

图 1-4　后向碰撞预警系统

(3) 车道偏离预警系统。车道偏离预警(Lane Departure Warning,LDW)系统能够实时监测车辆在本车道的行驶状态,并在出现或即将出现非驾驶意愿的车道偏离时发出警告信息,如图 1-5 所示。

图 1-5　车道偏离预警系统

（4）变道碰撞预警系统。变道碰撞预警（Lane Changing Warning，LCW）系统能够在车辆变道过程中，实时监测相邻车道，并在车辆侧方和/或侧后方出现可能与本车发生碰撞危险的其他道路使用者时发出警告信息，如图 1-6 所示。

图 1-6　变道碰撞预警系统

（5）盲区监测系统。盲区监测（Blind Spot Detection，BSD）系统能够实时监测驾驶员视野盲区，并在其盲区内出现其他道路使用者时发出提示或警告信息，如图 1-7 所示。

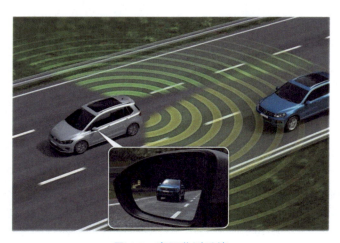

图 1-7　盲区监测系统

盲区监测包括侧面盲区监测（Side Blind Spot Detection，SBSD）和转向盲区监测（Steering Blind Spot Detection，STBSD）。侧面盲区监测是指实时监测驾驶员视野的侧方及侧后方盲区，并在其盲区内出现其他道路使用者时发出提示或警告信息；转向盲区监测是指在车辆转向过程中，实时监测驾驶员转向盲区，并在其盲区内出现其他道路使用者时发出警告信息。

盲区监测的扩展功能有倒车警示辅助亦即后方交通穿行提示（Rear Cross Traffic Alert，RCTA）和车门开启预警（Door Open Warning，DOW）。

后方交通穿行提示是指在车辆倒车时，实时监测车辆后部横向接近的其他道路使用者，并在可能发生碰撞危险时发出警告信息。

车门开启预警是指在停车状态即将开启车门时，监测车辆侧方及侧后方的其他道路使用者，并在可能因车门开启而发生碰撞危险时发出警告信息。

（6）驾驶员疲劳监测系统。驾驶员疲劳监测（Driver Fatigue Monitoring，DFM）系统能够实时监测驾驶员状态并在确认其疲劳时发出提示信息，如图1-8所示。

图1-8　驾驶员疲劳监测系统

与驾驶员疲劳监测系统类似的产品还有驾驶员注意力监测系统。

驾驶员注意力监测（Driver Attention Monitoring，DAM）系统能够实时监测驾驶员状态并在确认其注意力分散时发出提示信息。

（7）交通标志识别系统。交通标志识别（Traffic Signs Recognition，TSR）系统能够自动识别车辆行驶路段的交通标志并发出提示信息，如图1-9所示。

图1-9　交通标志识别系统

与交通标志识别系统类似的产品还有智能限速提示系统和弯道速度预警系统。

智能限速提示（Intelligent Speed Limit Information，ISLI）系统能够自动获取车辆当前条件下所应遵守的限速信息并实时监测车辆行驶速度，当车辆行驶速度不符合或即将超出限速范围的情况下适时发出提示信息。

弯道速度预警（Curve Speed Warning，CSW）系统能够对车辆状态和前方弯道进行监测，当行驶速度超过弯道的安全通行车速时发出警告信息。

（8）抬头显示系统。抬头显示（Head-Up Display，HUD）系统能够将信息显示在驾驶员正常驾驶时的视野范围内，使驾驶员不必低头就可以看到相应的信息，如图 1-10 所示。

图 1-10　抬头显示系统

（9）夜视系统。夜视（Night Vision，NV）系统能够在夜间或其他弱光行驶环境中为驾驶员提供视觉辅助或警告信息，如图 1-11 所示。

图 1-11　夜视系统

（10）全景影像监测系统。全景影像监测（Around View Monitoring，AVM）系统能够向驾驶员提供车辆周围 360°范围内环境的实时影像信息，如图 1-12 所示。

图 1-12　全景影像监测系统

类似产品还有倒车辅助（Reversing Condition Assist，RCA）系统，该系统能够在车辆倒车时，实时监测车辆后方环境，并为驾驶员提供影像或警告信息。

2. 控制辅助类的先进驾驶辅助系统

控制辅助类的先进驾驶辅助系统主要有自动紧急制动系统、车道保持辅助系统、自适应巡航控制系统、交通拥堵辅助系统、自动泊车辅助系统、自适应前照灯系统等。

（1）自动紧急制动系统。自动紧急制动（Automatic Emergency Braking，AEB）系统能够实时监测车辆前方行驶环境，并在可能发生碰撞危险时自动启动车辆制动系统使车辆减速，以避免碰撞或减轻碰撞后果，如图1-13所示。

图1-13　自动紧急制动系统

类似的产品还有紧急制动辅助（Emergency Braking Assist，EBA）系统，该系统能够实时监测车辆前方行驶环境，在可能发生碰撞危险时提前采取措施以减少制动响应时间并在驾驶员采取制动操作时辅助增加制动压力，以避免碰撞或减轻碰撞后果。

（2）车道保持辅助系统。车道保持辅助（Lane Keeping Assist，LKA）系统能够实时监测车辆与车道边线的相对位置，持续或在必要情况下控制车辆横向运动，使车辆保持在原车道内行驶，如图1-14所示。

图1-14　车道保持辅助系统

类似的产品有车道居中控制系统和车道偏离抑制系统。

车道居中控制（Lane Centering Control，LCC）系统能够实时监测车辆与车道边线的相对位置，持续自动控制车辆横向运动，使车辆始终在车道中央区域行驶。

车道偏离抑制（Lane Departure Prevention，LDP）系统能够实时监测车辆与车道边线的相对位置，在车辆将发生车道偏离时控制车辆横向运动，辅助驾驶员将车辆保持在原车道内行驶。

（3）自适应巡航控制系统。自适应巡航控制（Adaptive Cruise Control，ACC）系统能够实时监测车辆前方行驶环境，在设定的速度范围内自动调整行驶速度，以适应前方车辆和/或道路条件等引起的驾驶环境变化，如图1-15所示。

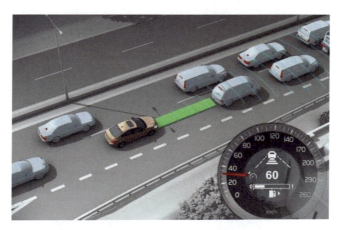

图1-15　自适应巡航控制系统

类似的产品还有全速自适应巡航控制（Full Speed Range Adaptive Cruise Control，FSRA）系统，该系统能够实时监测车辆前方行驶环境，在设定的速度范围内自动调整行驶速度并具有减速至停止及从停止状态自动起步的功能，以适应前方车辆和/或道路条件等引起的驾驶环境变化。

（4）交通拥堵辅助系统。交通拥堵辅助（Traffic Jam Assist，TJA）系统能够在车辆低速通过交通拥堵路段时，实时监测车辆前方及相邻车道行驶环境，并自动对车辆进行横向和纵向控制，其中部分功能的使用需经过驾驶员的确认，如图1-16所示。

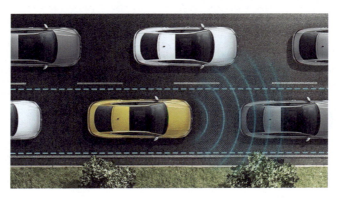

图1-16　交通拥堵辅助系统

（5）自动泊车辅助系统。自动泊车辅助（Auto Parking Asist，APA）系统能够在车辆泊车时，自动检测泊车空间并为驾驶员提供泊车指示和/或方向控制等辅助功能，如图1-17所示。

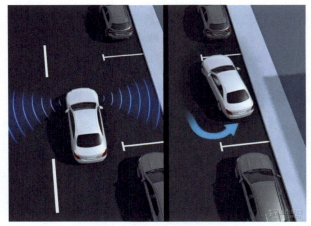

图 1-17　自动泊车辅助系统

（6）自适应前照灯系统。自适应前照灯（Adaptive Front Light，AFL）系统能够自动进行近光/远光切换或投射范围控制，从而为适应车辆各种使用环境提供不同类型光束的前照灯，如图 1-18 所示。

图 1-18　自适应前照灯系统

类似的产品有自适应远光灯（Adaptive Driving Beam，ADB）系统，该系统能够自动调整投射范围以减少对前方或对向其他车辆驾驶员炫目干扰的远光灯。

第三节　智能网联汽车环境感知传感器

一、超声波雷达

1. 超声波雷达的定义

超声波雷达也称超声波传感器，它是利用超声波的特性研制而成的传感器，是在超声频率范围内（20kHz～1GHz）将交变的电信号转换成声信号或者将外界声场中的声信号转换为电信号的能量转换器件。

2. 超声波雷达的类型

智能网联汽车上常见的超声波雷达有两种：第一种是安装在汽车前、后保险杠上的，也就是用于探测汽车前、后障碍物的传感器，称为驻车辅助传感器；第二种是安装在汽车侧面的，用于测量停车位长度的超声波雷达，称为泊车辅助传感器。

3. 超声波雷达的主要指标

超声波雷达的主要指标有测量范围、测量精度、波束角和工作频率等。

（1）测量范围。超声波雷达的测量范围取决于其使用的波长和频率，波长越长，频率越小，检测距离越大。测量汽车前、后障碍物的短距超声波雷达探测距离一般为 $0.15\sim2.5m$；安装在汽车侧面用于测量侧方障碍物距离的长距超声波雷达探测距离一般为 $0.3\sim5m$。超声波雷达的测量范围有增大的趋势，已经应用的有探测距离超过 7m 的超声波雷达。

（2）测量精度。超声波雷达的测量精度是指其测量值与真实值的偏差。超声波雷达的测量精度主要受被测物体体积、表面形状、表面材料等影响。被测物体体积过小、表面形状凹凸不平、物体材料吸收声波等情况都会降低超声波雷达的测量精度。测量精度越高，感知信息越可靠。

（3）波束角。超声波雷达产生的声波以一定角度向外发出，声波沿超声波雷达中轴线方向上的超声射线能量最大，能量向其他方向逐渐减弱。波束角越小，指向性越好。一些超声波雷达具有较小的波束角（6°），更适合精确测量相对较小的物体。一些波束角为 12°~15° 的超声波雷达能够检测具有较大倾角的物体。

（4）工作频率。超声波雷达的工作频率直接影响超声波的扩散和吸收损失、障碍物反射损失、背景噪声，并直接决定超声波雷达的尺寸。目前，常用的超声波雷达的工作频率有 40kHz、48kHz 和 58kHz 三种。一般来说，频率越高，灵敏度越高，但水平与垂直方向的探测角度就越小，故一般采用 40kHz 的超声波雷达，探测范围在 0.1~3m 之间，而且精度较高，因此非常适合用于泊车。

4. 超声波雷达的应用

超声波雷达在智能网联汽车上的典型应用是泊车。泊车可分为自动泊车辅助系统、远程遥控泊车辅助系统、自学习泊车辅助系统和自动代客泊车辅助系统。

（1）自动泊车辅助系统。这是最常见的泊车辅助系统，它在汽车低速巡航时，使用超声波雷达感知周围环境，帮助驾驶员找到尺寸合适的空车位，并在驾驶员发送泊车指令后，将汽车泊入车位。

自动泊车辅助系统依赖于包括 8 个安装于汽车前、后的 UPA（驻车辅助）超声波雷达和 4 个安装于汽车两侧的 APA（泊车辅助）超声波雷达，如图 1-19 所示。

自动泊车辅助系统典型应用场景是驾驶员在车内停靠垂直车位或平行车位，属于 L2 级别的自动驾驶技术。

（2）远程遥控泊车辅助系统。远程遥控泊车辅助（Remote Parking Asist，RPA）系统是在自动泊车辅助系统的基础之上发展而来的，车载传感器（图 1-20）的配置方案增加了与驾驶员通信的车载蓝牙模块，不再需要驾驶员坐在车内监控汽车的泊车过程，仅需要在车外观察即可。远程遥控泊车辅助系统常见于特斯拉、宝马 7 系、奥迪 A8 等高端车型中。

远程遥控泊车辅助系统的典型应用场景是驾驶员在车内/车外 5m 停靠狭窄停车位，属于 L2 级别的自动驾驶技术。

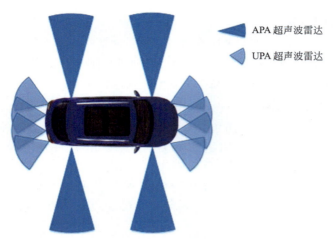

图 1-19　自动泊车辅助系统的传感器布置

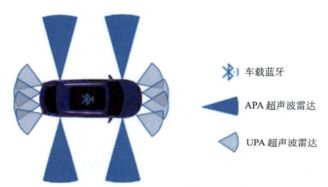

图 1-20　远程遥控泊车辅助系统的传感器布置

（3）自学习泊车辅助系统。该系统通过自学习能够完成驾驶员的泊入和泊出操作。驾驶员在准备停车前，可以在停车位不远处，开启"路线学习"功能，随后慢慢将汽车泊入固定车位，系统就会自学习该段行驶和泊车路线。泊车路线一旦学习成功，车辆便可达到"过目不忘"。完成路线的学习后，在录制时的相同起点下车，用手机蓝牙连接汽车，启动自学习泊车辅助系统，汽车就能够模仿先前录制的泊车路线，完成自动泊车。

自学习泊车辅助系统加入了 360°环视摄像头，而且泊车的控制距离从 5m 内扩大到了 50m 内。自学习泊车辅助系统的传感器布置如图 1-21 所示。

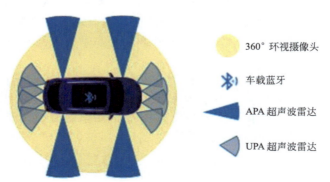

图 1-21　自学习泊车辅助系统的传感器布置

自学习泊车辅助系统的典型应用场景是驾驶员在车内/车外50m内停靠家、公司的固定停车位,属于L3级别的自动驾驶技术。

(4)自动代客泊车辅助系统。最理想的泊车辅助场景应该是,把车开到办公楼下后,直接去办正事,把找停车位和停车的工作交给汽车,汽车停好后,发条信息给驾驶员,告知自己停在哪里。在下班时,给汽车发条信息,汽车即可远程启动、泊出库位,并行驶到驾驶员设定的接驳点。能够完成这种工作的就是自动代客泊车辅助系统,其传感器布置如图1-22所示。

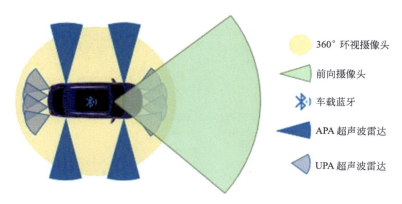

图1-22 自动代客泊车辅助系统传感器布置

自动代客泊车辅助系统的典型应用场景是驾驶员在车外500m内停靠地下/地上公共停车场,属于L4级别的自动驾驶技术。

二、毫米波雷达

1. 毫米波雷达的定义

毫米波雷达是指利用波长为1~10mm、频率为30~300GHz的毫米波,通过测量回波的时间差算出距离。毫米波雷达是智能网联汽车的核心传感器,主要用于自适应巡航控制系统、自动紧急制动系统、盲区监测系统等。

2. 毫米波雷达的类型

毫米波雷达按探测距离可分为短程(SRR)、中程(MRR)和远程(LRR)三种。短程毫米波雷达一般探测距离小于60m;中程毫米波雷达一般探测距离为100m左右;远程毫米波雷达探测距离一般大于200m。

毫米波雷达按采用的毫米波频段不同,主要有24GHz、60GHz、77GHz和79GHz四种,主流可用频段为24GHz和77GHz。24GHz毫米波雷达用于近距离探测,77GHz毫米波雷达用于远距离探测。

图1-23所示为德国大陆公司的短程宽角24GHz毫米波雷达及其探测区域示意图,探测距离为50m,其水平视场角最大可达±75°,主要用于汽车盲区监测、并线辅助等场景近距离、低速度、大角度范围内的相对运动目标的非接触探测和防撞预警。

图1-24所示为德国大陆公司的远程77GHz毫米波雷达及其探测区域示意图,最大探测距离可以达到250m,可用于汽车自动紧急制动系统、自适应巡航系统、前向碰撞预警系统等先进驾驶辅助系统和自动驾驶等场景。

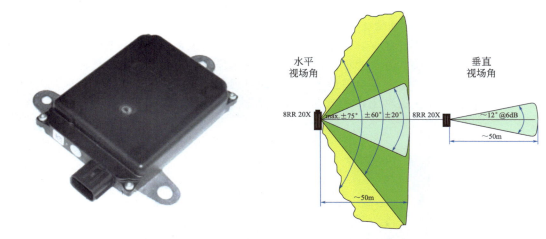

图 1-23 短程宽角 24GHz 毫米波雷达及其探测区域示意图

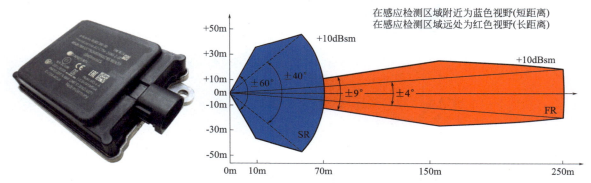

图 1-24 远程 77GHz 毫米波雷达及其探测区域示意图

3. 毫米波雷达的主要指标

毫米波雷达的主要指标有最大探测距离、距离分辨率、测距精度、最大探测速度、速度分辨率、测速精度、最大视场角、角度分辨率、测角精度等。

(1) 最大探测距离。不同类型的毫米波雷达,最大探测距离是不一样的,短程毫米波雷达最大探测距离为 50m 左右,中程毫米波雷达最大探测距离为 100m 左右,远程毫米波雷达最大探测距离为 250m 左右。

(2) 距离分辨率。距离分辨率表示距离向分辨两个目标的能力。

(3) 测距精度。测距精度表示测量单目标的距离测量精度,取决于信噪比。

(4) 最大探测速度。最大探测速度是指毫米波雷达能够探测的移动物体的最大速度。

(5) 速度分辨率。速度分辨率表示速度维区分两个同一位置的目标的能力。

(6) 测速精度。测速精度表示测量单目标的速度测量精度,取决于信噪比。

(7) 最大视场角。最大视场角是指毫米波雷达能够探测的最大角度,最大视场角越大,探测距离越小。最大视场角又分为最大水平视场角和最大垂直视场角。

(8) 角度分辨率。角度分辨率表示在角度维分辨相同距离、速度目标的能力。

(9) 测角精度。测角精度表示测量单目标的角度测量精度。

美国德尔福公司开发的 ESR 毫米波雷达主要指标见表 1-2。

表 1-2　ESR 毫米波雷达的主要指标

参数		远程	短程
系统特性	频段	76~77GHz	
	尺寸大小	130mm×90mm×39mm	
	刷新率	50ms	
	可检测的目标数	通过远程和短程目标的合并,总共 64 个目标	
覆盖范围	距离	1~175m	1~60m
	相对速度	(−100±25)m/s	(−100±25)m/s
	水平视场角	±10°	±45°
精确度	距离	±0.5m	±0.25m
	相对速度	±0.12m/s	±0.12m/s
	角度	±0.5°	±0.2°

不同厂家生产的毫米波雷达的指标是不一样的,即使同一厂家生产的毫米波雷达,也会不断进行技术升级,所以表 1-2 中所列毫米波雷达的指标仅供参考,最终应以厂家提供的毫米波雷达指标为准。

目前国际上主流的毫米波雷达供应商有四家,分别是 Autoliv（奥托立夫）、Bosch（博世）、Continental（大陆）、Delphi（德尔福）,简称 ABCD。各家的毫米波雷达的产品提供的功能大同小异,大部分功能都是通过障碍物的回波能量、距离、角度信息推算而来的。

4. 毫米波雷达的应用

毫米波雷达因其硬件体积小,且不受恶劣天气影响,被广泛应用在 ADAS 中。24GHz 毫米波雷达大量应用于汽车的盲区监测、变道辅助；雷达安装在车辆的后保险杠内,用于监测车辆后方两侧的车道是否有车、可否进行变道。77GHz 毫米波雷达在探测精度与距离上优于 24GHz 毫米波雷达,主要用来装配在车辆的前保险杠上,探测与前车的距离以及前车的速度,主要实现紧急制动、自动跟车等主动安全领域的功能。完全实现 ADAS 各项功能一般需要"1 长＋1 中＋4 短" 6 个毫米波雷达。

毫米波雷达在智能网联汽车上的应用见表 1-3。

表 1-3　毫米波雷达在智能网联汽车上的应用

	毫米波雷达类型	短程雷达(SRR)	中程雷达(MRR)	远程雷达(LRR)
	工作频段	24GHz	77GHz	77GHz
	探测距离	小于 60m	100m 左右	大于 200m
功能	自适应巡航控制系统		★(前方)	★(前方)
	前向碰撞预警系统		★(前方)	★(前方)
	自动紧急制动系统		★(前方)	★(前方)
	盲区监测系统	★(侧方)	★(侧方)	
	自动泊车辅助系统	★(前方)(后方)	★(侧方)	
	变道辅助系统	★(后方)	★(后方)	
	后向碰撞预警系统	★(后方)	★(后方)	
	行人检测系统	★(前方)	★(前方)	
	驻车开门辅助系统	★(侧方)		

为了满足不同距离范围的探测需要，一辆汽车上会安装多个短程、中程和远程毫米波雷达。其中 24GHz 雷达系统主要实现短程探测，77GHz 雷达系统主要实现中程和远程探测。不同的毫米波雷达在车辆前方、侧方和后方发挥不同的作用。

例如，奔驰 S 级采用 7 个毫米波雷达（1 个远程＋6 个短程）：前向远程毫米波雷达 1 个；前保险杠左、右短程毫米波雷达共 4 个；前保险杠左、右短程毫米波雷达共 2 个（图 1-25）。"短程＋远程"毫米波雷达两者结合在一起共同完成自适应巡航控制（ACC）、自动紧急制动（AEB）、前向碰撞预警（FCW）、自动泊车辅助（APA）、后向泊车辅助等多种 ADAS 功能。

图 1-25　奔驰 S 级汽车的毫米波雷达分布

毫米波雷达仿真一般需要支持更改毫米波雷达安装位置、安装角度、探测距离、探测角度、距离和角度分辨率等参数。对于某些兼有远程和中程探测功能的毫米波雷达，仿真时则需要同时支持两者的参数设置。

三、激光雷达

1. 激光雷达的定义

激光雷达是工作在光频波段的雷达，它利用光频波段的电磁波先向目标发射探测信号，然后将其接收到的同波信号与发射信号相比较，从而获得目标的位置（距离、方位和高度）、运动状态（速度、姿态）等信息，实现对目标的探测、跟踪和识别。激光雷达是 L4 和 L5 级自动驾驶的关键。

2. 激光雷达的类型

激光雷达按有无机械旋转部件，可分为机械激光雷达、固态激光雷达和混合固态激光雷达。

（1）机械激光雷达。机械激光雷达带有控制激光发射角度的旋转部件，体积较大，价格昂贵，测量精度相对较高，一般置于汽车顶部。

图 1-26 所示为机械激光雷达，最大探测距离约为 120m，探测精度为±2cm。

（2）固态激光雷达。固态激光雷达依靠电子部件来控制激光发射角度，不需要机械旋转部件，故尺寸较小，可安装于车体内。

图 1-26　机械激光雷达

图 1-27 所示为固态激光雷达，探测距离可以达到 200m，探测精度为±3cm。

图 1-27　固态激光雷达

（3）**混合固态激光雷达**。混合固态激光雷达没有大体积旋转结构，采用固定激光光源，通过内部玻璃片旋转的方式改变激光光束方向，满足多角度检测的需要，并且采用嵌入式安装。

图 1-28 所示为混合固态激光雷达，线束为 40，最大探测距离为 200m，探测精度为±2cm。

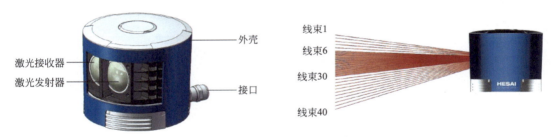

图 1-28　混合固态激光雷达

根据线束的多少，激光雷达又可分为单线束激光雷达与多线束激光雷达。

（1）**单线束激光雷达**。单线束激光雷达扫描一次只产生一条扫描线，其所获得的数据为 2D 数据，因此无法区别有关目标物体的 3D 信息。但由于单线束激光雷达具有测量速度快、数据处理量少等特点，多被应用于安全防护、地形测绘等领域。

（2）**多线束激光雷达**。多线束激光雷达扫描一次可产生多条扫描线，目前市场上多线束产品包括 4 线束、8 线束、16 线束、32 线束、64 线束、128 线束等，还可细分为 2.5D 激光雷达及 3D 激光雷达。2.5D 激光雷达与 3D 激光雷达最大的区别在于激光雷达垂直视野的范围，前者垂直视野范围一般不超过 10°，而后者可达到 30°甚至 40°以上，这也就导致两者对于激光雷达在汽车上的安装位置要求有所不同。

3. 激光雷达的主要指标

激光雷达的主要指标有距离分辨率、最大探测距离、测距精度、测量帧频、数据采样率、角度分辨率、视场角、波长等。

(1) **距离分辨率**。距离分辨率是指两个目标物体可区分的最小距离。

(2) **最大探测距离**。最大探测距离通常需要标注基于某一个反射率下的测得值，例如白色物体大概有70%的反射率，黑色物体有7%～20%的反射率。

(3) **测距精度**。测距精度是指对同一目标进行重复测量得到的距离值之间的误差范围。

(4) **测量帧频**。测量帧频与摄像头的帧频概念相同，激光雷达成像刷新帧频会影响激光雷达的响应速度，刷新率越高，响应速度越快。

(5) **数据采样率**。数据采样率是指每秒输出的数据点数，等于帧率乘以单幅图像的点云数目，通常数据采样率会影响成像的分辨率，特别是在远距离，点云越密集，目标呈现就越精细。

(6) **角度分辨率**。角度分辨率是指扫描的角度分辨率，等于视场角除以该方向所采集的点云数目，因此本参数与数据采样率直接相关。

(7) **视场角**。视场角又分为垂直视场角和水平视场角，是激光雷达的成像范围。

(8) **波长**。激光雷达所采用的激光波长，会影响雷达的环境适应性和对人眼的安全性。

美国威力登（Velodyne）公司生产的激光雷达 HDL-64、HDL-32 和 VLP-16 的主要指标见表1-4。

表1-4　美国 Velodyne 公司生产的激光雷达主要指标

指标	HDL-64	HDL-32	VLP-16
激光束	64	32	16
扫描距离	120m	100m	100m
精度	±2cm	±2cm	±3cm
垂直扫描角度	26.8°	40°	30°
水平扫描角度	360°	360°	360°
功率	60W	12W	8W
体积	203mm×284mm	86mm×145mm	104mm×72mm
质量	15kg	1kg	0.83kg

4. 激光雷达的应用

少线束激光雷达和多线束激光雷达在智能网联汽车上的用途不一样。

少线束激光雷达主要用于先进驾驶辅助系统，如自适应巡航控制系统、自动紧急制动系统、前方防碰撞系统、交通拥堵辅助系统等。

多线束激光雷达主要用于无人驾驶，具有高精度电子地图和定位、障碍物识别、可通行空间检测、障碍物轨迹预测等功能。图1-29 所示为多线束激光雷达测量形成的点云图。

通用公司用于研究L4级自动驾驶技术的Bolts，就在车顶上安装了5个16线束激光雷达，如图1-30所示。

激光雷达仿真一般需要支持以下参数配置：安装位置和角度、工作频率、最大探测距

图 1-29　多线束激光雷达测量形成的点云图

图 1-30　通用 L4 级自动驾驶汽车的激光雷达

离、线束和水平分辨率、垂直视场角、水平视场角等。

四、视觉传感器

1. 视觉传感器的定义

视觉传感器主要由光源、镜头、图像传感器、模数转换器、图像处理器、图像存储器等组成，其主要功能是获取足够的机器视觉系统要处理的原始图像。

智能网联汽车使用的视觉传感器是由摄像头采集图像后，摄像头内的感光组件电路及控制组件对图像进行处理并转化为电脑能处理的数字信号，从而实现感知车辆周围情况。

2. 视觉传感器的类型

视觉传感器一般分为单目、双目、三目摄像头和环视摄像头几种，目前应用较多的是单目摄像头。

单目摄像头如图 1-31 所示，一般安装在前挡风玻璃上部，用于探测车辆前方环境，识别道路、交通标志、交通信号灯、车辆、行人等。先通过图像匹配进行目标识别（各种车型、行人、物体等），再通过目标在图像中的大小去估算目标距离。这就要求对目标进行准确识别，然后要建立并不断维护一个庞大的样本特征数据库，保证这个数据库包含待识别目标的全部特征数据。如果缺乏待识别目标的特征数据，就无法估算目标的距离，导致 ADAS

19

的漏报。

图 1-31　单目摄像头

单目摄像头的优点是成本低廉，能够识别具体障碍物的种类，识别准确；缺点是由于其识别原理导致其无法识别没有明显轮廓的障碍物，工作准确率与外部光线条件有关，并且受限于数据库，没有自学习功能。

双目摄像头是通过对两幅图像视差的计算，直接对前方景物（所拍摄到的图像范围）进行距离测量，而无须判断前方出现的是什么类型的障碍物。依靠两个平行布置的摄像头产生的视差，找到同一个物体所有的点，依赖精确的三角测距，就能够算出摄像头与前方障碍物的距离，实现更高的识别精度和更远的探测范围。

三目摄像头感知范围更大，但同时标定三个摄像头，工作量大。

环视摄像头使用的是鱼眼镜头，通常在车辆四周装备四个，进行图像拼接实现全景图，通过辅助算法可实现车道线感知。

3. 视觉传感器的主要指标

视觉传感器的主要指标有像素、帧率、靶面尺寸、感光度和信噪比等。

（1）**像素**。感光单元可以将光线转换成电荷，从而形成对应于景物的电子图像。而在传感器中，每一个感光单元都对应着一个像素。所以，像素越多，代表着它能够感测到更多的物体细节，从而图像就越清晰。

（2）**帧率**。帧率代表单位时间所记录或播放的图片的数量，连续播放一系列图片就会产生动画效果，根据人的视觉系统，当图片的播放速度大于 15 幅/s 时，人眼就基本看不出来图片的跳跃，在达到 24～30 幅/s 时就已经基本觉察不到闪烁现象。每秒的帧数或者说帧率表示视觉传感器在处理场时每秒能够更新的次数。高的帧率可以得到更流畅、更逼真的视觉体验。

（3）**靶面尺寸**。靶面尺寸也就是视觉传感器感光部分的大小，一般用 in❶（英寸）来表示，通常指的是对角线长度，常见的有 1/3in。靶面越大，意味着通光量越大，而靶面越小则比较容易获得更大的景深。例如，1/2in 可以有比较大的通光量，而 1/4in 可以比较容易地获得较大的景深。

（4）**感光度**。感光度代表通过 CCD（电荷耦合器件）或 CMOS（互补金属氧化物半导体）以及相关的电子线路感应入射光线的强弱。感光度越高，感光面对光的敏感度就越强，快门速度就越高，这在拍摄运动车辆、夜间监控时尤其重要。

（5）**信噪比**。信噪比指的是信号电压对于噪声电压的比值，单位为 dB。一般摄像机给出的信噪比均是 AGC（自动增益控制）关闭时的值。因为当 AGC 接通时，会对小信号进行提升，使噪声电平也相应提高。信噪比的典型值为 45～55dB，若为 50dB，则图像有少量噪

---

❶　1in＝25.4mm。

声。但图像质量良好；若为 60dB，则图像质量优良，不出现噪声。信噪比越大说明对噪声的控制越好。

另外，焦距是摄像头的规格参数之一，是可调参数。焦距与拍摄距离、视野角密切相关，焦距越大，拍摄距离越大，但视野角越小。

4. 视觉传感器的应用

视觉传感器具有车道线识别、障碍物检测、交通标志和地面标志识别、交通信号灯识别、可行空间检测等功能，是智能网联汽车实现众多预警、识别类 ADAS 功能的基础，见表 1-5。

表 1-5 视觉传感器在智能网联汽车上的应用

ADAS	摄像头位置	具体功能介绍
车道偏离预警系统	前视	当前视摄像头检测到车辆即将偏离车道线时发出警报
盲区监测系统	侧视	利用侧视摄像头将后视镜盲区的影像显示在后视镜或驾驶舱内
自动泊车辅助系统	后视	利用后视摄像头将车尾影像显示在驾驶舱内
全景泊车系统	前视、侧视、后视	利用图像拼接技术将摄像头采集的影像组成周边全景图
驾驶员疲劳预警系统	内置	利用内置摄像头检测驾驶员是否疲劳、闭眼等
行人碰撞预警系统	前视	当前视摄像头检测到车辆前方行人可能发生碰撞时发出警报
车道保持辅助系统	前视	当前视摄像头检测到车辆即将偏离车道线时通知控制中心发出指示，纠正行驶方向
交通标志识别系统	前视、侧视	利用前视、侧视摄像头识别前方和两侧的交通标志
前向碰撞预警系统	前视	当前视摄像头检测到与前车距离小于安全车距时发出警报

图 1-32 所示为基于视觉传感器的 ADAS 测试场景示意图。

图 1-32 基于视觉传感器的 ADAS 测试场景示意图

视觉传感器仿真一般需要支持更改视觉传感器外部参数、内部参数以及畸变参数，包括视觉传感器的安装位置、安装角度、工作频率、分辨率、视场角、焦距和畸变参数等。这些参数会内部转换为投影矩阵,保证世界坐标系、相机坐标系、图像坐标系、像素坐标系整个过程的正确转换,并输出与真实相机效果一致的图像。视觉传感器仿真需要模拟各种复杂的真实天气情况。天气调节一般需要支持时间、光照、太阳高度角、云、雨、雪、雾等各种自定义设置,从而可以支持各种天气和光线条件下的摄像头仿真。

五、传感器的比较

超声波雷达、毫米波雷达、激光雷达和视觉传感器作为主要的环境感知传感器,对于它们的选择需要综合考虑其性能特点和性价比。它们之间的比较见表1-6。

表1-6 环境感知传感器的比较

传感器类型	超声波雷达	毫米波雷达	激光雷达	视觉传感器
远距离探测	弱	强	强	较强
探测角度	120°	10°~70°	15°~360°	30°
夜间环境	强	强	强	弱
全天候	弱	强	强	弱
不良天气环境	一般	强	弱	弱
温度稳定性	弱	强	强	强
车速测量能力	一般	弱	强	弱
路标识别	不能	不能	不能	能
主要应用	自动泊车辅助	自适应巡航控制、自动紧急制动、前车防撞预警	实时建立车辆周边环境的三维模型	车道偏离预警、车道保持、盲区监测、交通标志识别、交通信号灯识别、全景泊车
成本	低	适中	高	适中

六、传感器安装位置

图1-33所示为智能网联汽车传感器常用安装位置示意图。

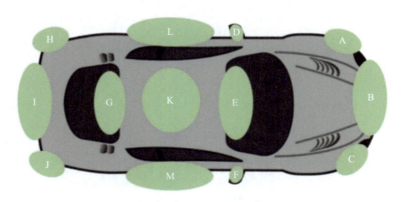

图1-33 智能网联汽车传感器常用安装位置示意图

A—左前角区域;B—正前方区域;C—右前角区域;D—左后视镜及周边区域;E—前挡风玻璃区域;
F—右后视镜及周边区域;G—后挡风玻璃区域;H—左后角区域;I—正后方区域;J—右后角区域;
K—车顶区域;L—左侧车门区域;M—右侧车门区域

七、传感器应用实例

奔驰 GLC 的 ADAS 传感器布局如图 1-34 所示,其功能见表 1-7。

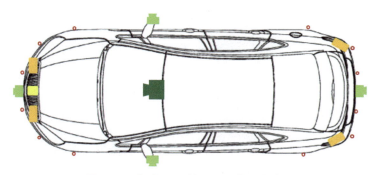

图 1-34 奔驰 GLC 的 ADAS 传感器布局

表 1-7 奔驰 GLC 的 ADAS 传感器的功能

图例	■	■	■	■	○
传感器名称	前视摄像头	鱼眼摄像头	77GHz 毫米波雷达	24GHz 毫米波雷达	超声波雷达
单车数量	1	4	1	4	12
功能	LDW、LKA	AVS	ACC	AEB、FCW、LCA	APA

注:LDW—车道偏离预警;LKA—车道保持辅助;AVS—全景泊车;ACC—自适应巡航控制;AEB—自动紧急制动;FCW—前向碰撞预警;LCA—并线辅助;APA—自动泊车辅助。

Jeep 大指挥官的 ADAS 传感器布局如图 1-35 所示,其功能见表 1-8。

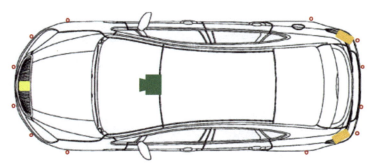

图 1-35 Jeep 大指挥官的 ADAS 传感器布局

表 1-8 Jeep 大指挥官的 ADAS 传感器的功能

图例	■	■	■	○
传感器名称	前视摄像头	77GHz 毫米波雷达	24GHz 毫米波雷达	超声波雷达
单车数量	1	1	4	12
功能	AEB、FCW、LDW、LKA	ACC	LCA、RCTA	APA

注:AEB—自动紧急制动;FCW—前向碰撞预警;LDW—车道偏离预警;LKA—车道保持辅助;ACC—自适应巡航控制;LCA—并线辅助;RCTA—倒车警示辅助;APA—自动泊车辅助。

长安 CS75 的 ADAS 传感器布局如图 1-36 所示，其功能见表 1-9。

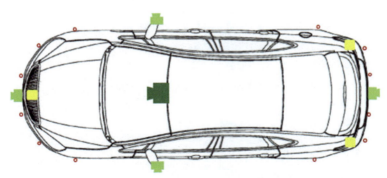

图 1-36　长安 CS75 的 ADAS 传感器布局

表 1-9　长安 CS75 的 ADAS 传感器的功能

图例	■	■	■	○
传感器名称	前视摄像头	鱼眼摄像头	77GHz 毫米波雷达	超声波雷达
单车数量	1	4	3	12
功能	LDW	AVS	ACC、AEB、FCW、LCA、RCTA	APA

注：LDW—车道偏离预警；AVS—全景泊车；ACC—自适应巡航控制；AEB—自动紧急制动；FCW—前向碰撞预警；LCA—并线辅助；RCTA—倒车警示辅助；APA—自动泊车辅助。

一汽奔腾 SENIA R9 的 ADAS 传感器布局如图 1-37 所示，其功能见表 1-10。

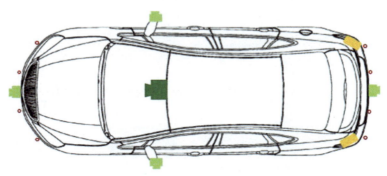

图 1-37　一汽奔腾 SENIA R9 的 ADAS 传感器布局

表 1-10　一汽奔腾 SENIA R9 的 ADAS 传感器的功能

图例	■	■	▬	○
传感器名称	前视摄像头	鱼眼摄像头	24GHz 毫米波雷达	超声波雷达
单车数量	1	4	2	8
功能	ACC、AEB、FCW、LDW	AVS	LCA、RCTA	前、后泊车

注：ACC—自适应巡航控制；AEB—自动紧急制动；FCW—前向碰撞预警；LDW—车道偏离预警；AVS—全景泊车；LCA—并线辅助；RCTA—倒车警示辅助。

第四节　智能网联汽车自动驾驶仿真系统构成

一、自动驾驶仿真定义

随着汽车智能化程度的不断提高，汽车研发的复杂程度也在不断增加，对汽车开发成本和开发周期的压力也随着不断增加，许多涉及汽车安全的新技术研发受外界环境影响和试验安全制约，难以有效地开展，传统的研发、测试和验证手段已不能适应。自动驾驶要获得足够的安全验证，需要大规模可扩展的，能进行十亿级甚至上百亿公里的模拟测试服务。在实际测试过程中，由于真实道路测试效率较慢，目前很多车企都倾向于选择自动驾驶仿真测试。未来自动驾驶测试主要通过仿真完成。

自动驾驶仿真是指通过传感器仿真、车辆动力学仿真、交通流仿真、数字仿真、驾驶场景构建等技术模拟路测环境，并添加算法，搭建相对真实的驾驶场景，来完成智能网联汽车测试工作的一种形式。

自动驾驶仿真具有以下优点。
（1）仿真环境搭建方便。
（2）测试场景重复性好。
（3）无测试安全性问题。
（4）测试效率高。
（5）节约成本。

二、自动驾驶仿真系统构成

自动驾驶的关键技术是环境感知技术和车辆控制技术，如图1-38所示。其中环境感知技术是智能网联汽车行驶的基础，车辆控制技术是智能网联汽车行驶的核心，包括决策规划和控制执行两个环节，这两项技术相辅相成，共同构成智能网联汽车的关键技术。智能网联汽车首先是通过毫米波雷达、激光雷达、视觉传感器、V2X等对外界的环境进行感知识别；然后在融合多方面感知信息的基础上，通过智能算法学习外界场景信息，预测场景中交通参

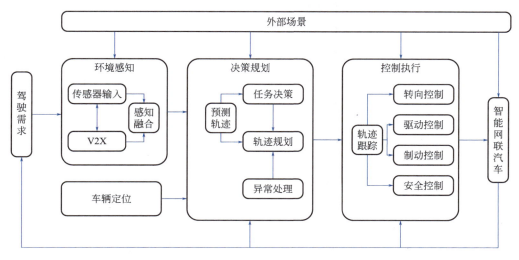

图1-38　智能网联汽车控制架构

与者的轨迹，规划车辆运行轨迹，实现车辆拟人化控制融入交通流中；跟踪决策规划的轨迹目标，控制车辆的油门及制动和转向等驾驶动作，调节车辆行驶速度、位置和方向等状态，以保证汽车的安全性、操纵性和稳定性。无论是环境感知技术，还是车辆控制技术，自动驾驶都需要大量的算法支持，而算法研发本来就是个不断迭代的过程，在算法不成熟的条件下，为了配合智能网联汽车的功能和性能开发，必须遵循从模型在环测试仿真、硬件在环测试仿真、车辆在环测试仿真，到封闭试验场测试，并最终走向公共道路测试这一开发流程。其中仿真测试主要包括模型在环测试、硬件在环测试和车辆在环测试。

（1）模型在环测试仿真。模型在环测试仿真是指采用模拟驾驶场景、车辆动力学模型、传感器模型、决策规划算法进行虚拟环境下的自动驾驶测试，其主要应用于系统开发的最初阶段，没有硬件参与系统测试，主要用于验证算法的正确性。

（2）硬件在环测试仿真。硬件在环测试仿真主要包括环境感知系统在环测试、决策规划系统在环测试和控制执行系统在环测试等，其测试要求包括持续测试、组合测试和扩展性。持续测试是根据测试目的进行自动测试；组合测试是指不同标准在同一驾驶场景中进行评价；扩展性是指简单功能的测试结果具有扩展性，例如对于车道保持的测试结果可扩展应用于高级自动驾驶功能。

（3）车辆在环测试仿真。车辆在环测试仿真是将整车嵌入到虚拟测试环境中进行测试，通过模拟驾驶场景测试整车的性能，主要包括封闭场地车辆在环和转毂平台车辆在环，其关键在于将车辆信息传递给模拟环境以及将模拟环境中产生的传感器信息传递给车辆控制器。

本书介绍的主要是模型在环测试仿真技术。

一个完整的自动驾驶仿真平台需要包括驾驶场景仿真、传感器仿真、V2X仿真、定位仿真、车辆动力学仿真等功能，并能够较容易地接入自动驾驶感知和决策控制系统，如图1-39所示。只有算法与仿真平台紧密结合，才能形成一个闭环，达到持续迭代和优化的状态。

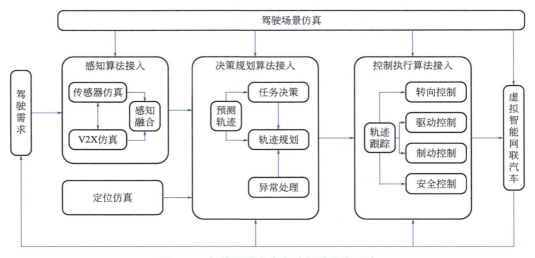

图1-39　智能网联汽车自动驾驶仿真系统

在智能网联驾驶汽车的研发中，如何在设计阶段进行各种道路交通状况、各种行驶工况、各种天气环境等条件下进行传感器的开发与匹配、各种静态场景和动态场景的构建与算法训练、控制系统与算法的开发、执行机构的开发、自动制动与转向系统的设计与验证、自动驾驶系统开发等，都离不开仿真技术的应用，因此仿真技术将成为智能网联汽车开发中的一个核心内容。

第五节　智能网联汽车自动驾驶功能测试

一、智能网联汽车自动驾驶功能测试内容

智能网联汽车自动驾驶功能测试是仿真的主要内容，常见的测试内容见表1-11。

表1-11　智能网联汽车自动驾驶功能测试内容

序号	测试项目	测试场景
1	交通标志、标线识别与响应	限速标志识别及响应
		停车让行标志、标线识别及响应
		车道线识别及响应
		人行横道线识别及响应
		虚拟测试
2	交通信号灯识别与响应	机动车信号灯识别及响应
		方向指示信号灯识别及响应
3	避障与紧急制动	障碍物测试
		误作用测试
		前车静止
		前车制动
		行人横穿马路
		行人沿道路行走
		两轮车横穿马路
		两轮车沿道路行驶
4	并道行驶与超车	邻近车道无车并道
		邻近车道有车并道
		前方车道减少
		超车
5	单车道跟车行驶	稳定跟车行驶
		停-走功能
		编队行驶
		车道保持
6	人工操作接管与靠边停车	人工操作接管
		靠路边应急停车
		最右车道内靠边停车
7	无线通信	长直路段车车通信
		长直路段车路通信
		十字交叉路口车车通信

续表

序号	测试项目	测试场景
8	交叉路口和环形路口通行(选测项目)	交叉路口直行通行
		交叉路口右转通行
		交叉路口左转通行
		环形路口通行

二、智能网联汽车自动驾驶功能主要测试场景

1. 限速标志识别及响应测试场景

测试道路为至少包含一条车道的长直道，并于该路段设置限速标志牌，测试车辆（VUT）以高于限速标志牌的车速驶向该标志牌，如图 1-40 所示。

图 1-40 限速标志识别及响应测试场景

测试车辆在自动驾驶模式下，在距离限速标志 100m 前达到限速标志所示速度的 1.2 倍，并匀速沿车道中间驶向限速标志。

2. 停车让行标志、标线识别及响应测试场景

测试道路为至少包含一条车道的长直道，并于该路段设置停车让行标志牌和停车让行线，测试车辆匀速驶向停车让行线，如图 1-41 所示。

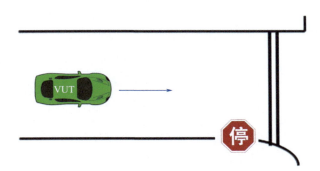

图 1-41 停车让行标志、标线识别及响应测试场景

测试车辆在自动驾驶模式下，在距离停车让行线 100m 前达到 30km/h 的车速，并匀速沿车道中间驶向停车让行线。测试中，停车让行线前无车辆、行人等。

3. 车道线识别及响应测试场景

测试道路为一条长直道和半径不大于 500m 弯道的组合，弯道长度应大于 100m，两侧车道线应为白色虚线或实线，如图 1-42 所示。

测试车辆在自动驾驶模式下，在进入弯道 100m 前达到 30km/h 的车速并匀速沿车道中

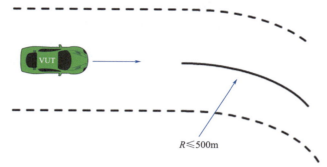

图 1-42　车道线识别及响应测试场景

间行驶；如果最高自动驾驶速度高于 60km/h，则测试速度设置为 60km/h。

4. 人行横道线识别及响应测试场景

测试道路为至少包含一条车道的长直道，并在路段内设置人行横道线，测试车辆沿测试道路驶向人行横道线，如图 1-43 所示。

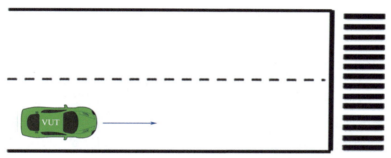

图 1-43　人行横道线识别及响应测试场景

测试车辆在自动驾驶模式下，在距离停止线 100m 前达到 40km/h 的车速，并匀速沿车道中间驶向停止线。测试中，人行横道线上无行人、非机动车等。

5. 机动车信号灯识别及响应测试场景

测试道路为至少包含一条车道的长直道，并在路段内设置机动车信号灯，信号灯类型可根据实际测试路段情况选择，如图 1-44 所示。

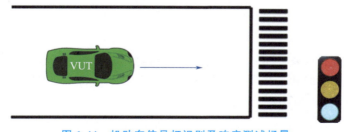

图 1-44　机动车信号灯识别及响应测试场景

测试车辆在自动驾驶模式下，在距离停止线 100m 前达到 30km/h 的车速，并匀速沿车道中间驶向机动车信号灯。机动车信号灯初始状态为红色，待测试车辆停稳后，机动车信号灯由红灯变为绿灯。

6. 方向指示信号灯识别及响应测试场景

测试道路为至少包含双向两车道的十字交叉路口。路口设置方向指示信号灯。测试车辆匀速驶向信号灯，如图 1-45 所示。

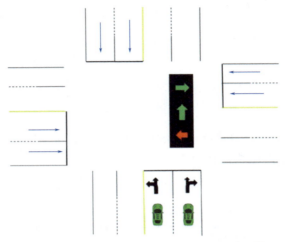

图 1-45　方向指示信号灯识别及响应测试场景

测试车辆在自动驾驶模式下，在距离停止线 100m 前达到 30km/h 的车速，沿车道中间驶向方向指示信号灯。测试车辆行驶方向对应方向指示信号灯初始状态为红色，待测试车辆停稳后，信号灯由红灯变为绿灯。该场景各方向指示信号灯识别和响应能力应分别测试。

7. 障碍物测试场景

测试道路为至少包含一条车道的长直道，在车道中间分别放置锥形交通路标（推荐尺寸 50cm×35cm）和隔离栏（推荐尺寸 70cm×200cm），测试车辆匀速驶向前方障碍物，如图 1-46 所示。

图 1-46　障碍物测试场景

测试车辆在自动驾驶模式下，在距离前方障碍物 100m 前达到 30km/h 的车速，并匀速沿车道中间驶向前方障碍物。障碍物为测试道路内垂直于道路方向并排分开放置的 3 个锥形交通路标或 1 个隔离栏。测试应分别进行。

8. 误作用测试场景

测试道路为至少包含一条车道的长直道，在车道中间放置井盖、铁板或减速带中的任意一种目标物，测试车辆匀速驶向该目标物，如图 1-47 所示。

测试车辆在自动驾驶模式下，在距离前方目标物 100m 前达到 30km/h 的车速，并匀速沿车道中间驶向该目标物。

图 1-47　误作用测试场景

9. 前车静止测试场景

测试道路为至少包含一条车道的长直道，测试车辆匀速接近前方静止目标车辆（VT），如图 1-48 所示。

图 1-48　前车静止测试场景

测试车辆在人工驾驶或自动驾驶系统失效模式下，以 50km/h 的速度沿车道中间匀速接近前方静止目标车辆，测试车辆和目标车辆中心线横向距离偏差不超过 0.5m。制动过程中，测试驾驶员不得转动转向盘和踩踏制动踏板。

10. 前车制动测试场景

测试道路为至少包含一条车道的长直道，测试车辆跟随目标车辆以相同车速稳定行驶，目标车辆减速刹停，如图 1-49 所示。

图 1-49　前车制动测试场景

测试车辆在手动驾驶或自动驾驶系统失效模式下，与前方目标车辆均以 50km/h 的速度沿车道中间匀速行驶，两车纵向间距保持在（40±5）m 范围内，横向距离偏差不超过 0.5m。该状态维持至少 3s 后，前方车辆以 4m/s^2 的减速度刹停。制动过程中，测试驾驶员不得转动转向盘和踩踏制动踏板。

11. 行人横穿马路测试场景

测试道路为至少包含两条车道的长直道，并在路段内设置人行横道线。测试车辆匀速驶向人行横道线，同时行人沿人行横道线横穿马路，两者存在碰撞风险，如图 1-50 所示。

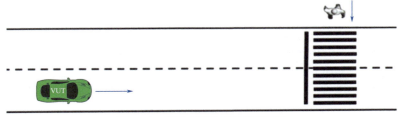

图 1-50　行人横穿马路测试场景

测试车辆在自动驾驶模式下，以 30km/h 的速度匀速行驶，当测试车辆到达人行横道线所需时间为 3.5s 时，行人自车辆左侧路侧开始起步，以 5～6.5km/h 的速度通过人行横道线。

12. 行人沿道路行走测试场景

测试道路为至少包含两条车道的长直道，中间车道线为白色虚线。测试车辆沿车道中间匀速行驶，同时行人于车辆正前方沿车道向前行走，如图 1-51 所示。

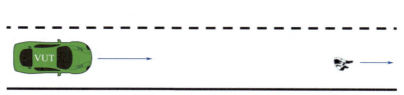

图 1-51　行人沿道路行走测试场景

测试车辆在自动驾驶模式下，在距离行人 100m 前达到 30km/h 的车速，并匀速沿车道中间驶向行人。行人速度为 5km/h。

13. 两轮车横穿马路测试场景

测试道路为至少包含两条车道的长直道，并在路段内设置人行横道线。测试车辆匀速驶向人行横道线，同时两轮车正沿人行横道线横穿马路，两者存在碰撞风险，如图 1-52 所示。

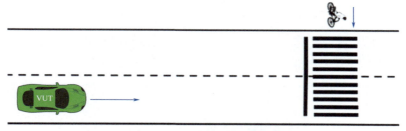

图 1-52　两轮车横穿马路测试场景

测试车辆在自动驾驶模式下，以 30km/h 的速度匀速行驶，当测试车辆到达人行横道线所需时间为 1.5s 时，两轮车以 15km/h 的速度由车辆左侧路侧开始横穿马路。

14. 两轮车沿道路行驶测试场景

测试道路为至少包含两条车道的长直道，中间车道线为白色虚线。测试车辆沿车道中间匀速行驶，同时两轮车于车辆正前方沿车道向前行驶，如图 1-53 所示。

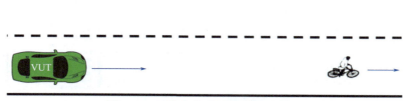

图 1-53　两轮车沿道路行驶测试场景

测试车辆在自动驾驶模式下，在距离两轮车 100m 前达到 30km/h 的车速，并匀速沿车道中间驶向两轮车。两轮车速度为 20km/h。

15. 邻近车道无车并道测试场景

测试道路为至少包含两条车道的长直道，测试车辆匀速行驶，且邻近车道无干扰车辆。如图 1-54 所示。

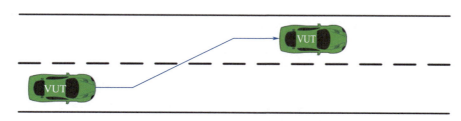

图 1-54　邻近车道无车并道测试场景

测试车辆在自动驾驶模式下，以 30km/h 的速度沿车道中间匀速行驶，以适当方式向测试车辆发出并道指令。

16. 邻近车道有车并道测试场景

测试道路为至少包含两条车道的长直道，测试车辆匀速行驶，在邻近车道内存在目标车辆，并以相同速度匀速行驶，如图 1-55 所示。

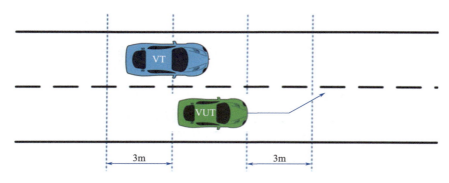

图 1-55　邻近车道有车并道测试场景

测试车辆在自动驾驶模式下，以 30km/h 的速度在车道中间匀速行驶，邻近车道内目标车辆在测试车辆前方 3m 至测试车辆后方 3m 的区域内以相同速度匀速行驶，测试车辆接收并道指令。

17. 前方车道减少测试场景

测试道路为至少包含两条车道的长直道，在车道减少位置的前方 50m 处存在指示标志牌。测试车辆初始行驶于最右侧车道内，在邻近车道内存在目标车辆，并以相同速度匀速行驶，如图 1-56 所示。

测试车辆在自动驾驶模式下，在距离车道减少指示标志牌 100m 前达到 30km/h 的车速，并沿车道中间匀速驶向车道减少指示标志牌，邻近车道内目标车辆在测试车辆前方 3m 至测试车辆后方 3m 的区域内以相同速度匀速行驶，如果测试车辆无并道操作，则驾驶员应及时接管车辆。

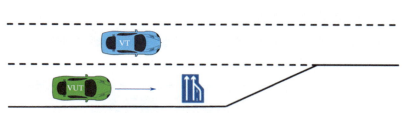

图 1-56　前方车道减少测试场景

18. 超车测试场景

测试道路为至少包含两条车道的长直道，中间为白色虚线。测试车辆稳定跟随目标车辆行驶，以适当方式向测试车辆发出超车指令，如图 1-57 所示。

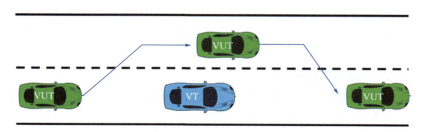

图 1-57　超车测试场景

测试车辆在自动驾驶模式下，以 50km/h 的速度接近目标车辆，目标车辆以 30km/h 的速度匀速行驶，以适当方式向测试车辆发出超车指令。

19. 稳定跟车行驶测试场景

测试道路为两侧车道线为实线的长直道，测试车辆沿车道接近前方匀速行驶的目标车辆，如图 1-58 所示。

图 1-58　稳定跟车行驶测试场景

测试车辆在自动驾驶模式下，以 30km/h 的速度沿车道中间匀速接近目标车辆，目标车辆以 20km/h 的速度匀速行驶。

20. 停-走功能测试场景

测试道路为两侧车道线为实线的长直道，测试车辆稳定跟随目标车辆行驶，目标车辆制动直至停止，一定时间后目标车辆起步加速，如图 1-59 所示。

测试车辆在自动驾驶模式下，跟随前方目标车辆行驶，目标车辆以 30km/h 的速度匀速行驶。测试时，两车保持车道中间行驶，测试车辆稳定跟随目标车辆行驶至少 3s 后，目标车辆减速直至停止。测试车辆停止至少 3s 后，目标车辆起步并加速恢复至 30km/h。

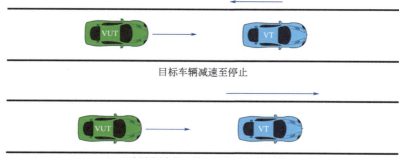

图 1-59　停-走功能测试场景

21. 编队行驶测试场景

编队行驶分为编队加速、编队减速、编队换道和自适应编队。

（1）编队加速测试场景。测试道路为至少包含一条车道的长直道，测试车队由 3 辆测试车辆组成，车辆 1 为人工驾驶模式，车辆 2、车辆 3 为自动驾驶模式，实现编队行驶，如图 1-60 所示。

图 1-60　编队加速测试场景

测试时，车辆 1 为人工驾驶模式，车辆 2 和车辆 3 为自动驾驶模式，开启 V2V 功能，3 台车实现编队互联要求。车辆 1 从静止开始加速至 60km/h 并保持匀速行驶。

（2）编队减速测试场景。测试道路为至少包含一条车道的长直道，测试车队由 3 辆测试车辆组成，测试车辆已处于编队行驶状态并匀速行驶，某一时刻，车辆 1 开始减速至停止，如图 1-61 所示。

图 1-61　编队减速测试场景

测试时，测试车辆处于编队行驶状态并以 60km/h 的速度匀速行驶，某一时刻车辆 1 开始制动减速至停车，制动减速度为 $2\sim4\mathrm{m/s^2}$。

（3）编队换道测试场景。测试道路为至少包含两条车道的长直道，测试车队由 3 辆测试车辆组成，测试车辆已处于编队行驶状态并匀速行驶，车辆 1 为人工驾驶模式，车辆 2、车辆 3 为自动驾驶模式，如图 1-62 所示。

测试时，测试车辆已处于编队行驶状态并以 60km/h 的速度匀速行驶，某一时刻车辆 1 开始向邻近车道变道。

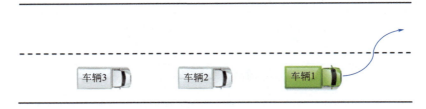

图 1-62　编队换道测试场景

（4）自适应编队测试场景。测试道路为至少包含两条车道的长直道，测试车队由 3 辆测试车辆组成，测试车辆已处于编队行驶状态并匀速行驶，目标车辆从相邻车道切入车辆 1 和车辆 2 之间，如图 1-63 所示。

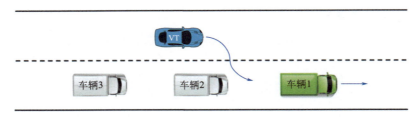

图 1-63　自适应编队测试场景

测试时，测试车辆已处于编队行驶状态并以 60km/h 的速度匀速行驶，某一时刻目标车辆开始并道切入车辆 1 和车辆 2 之间，切入后目标车辆以 60km/h 的速度跟随车辆 1 匀速行驶。目标车辆为乘用车类型。

22. 靠路边应急停车测试场景

测试道路至少包含一条行车道和一条应急车道，测试车辆在行车道内匀速行驶，如图 1-64 所示。

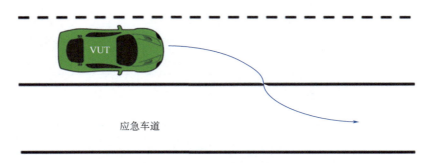

图 1-64　靠路边应急停车测试场景

测试车辆在自动驾驶模式下，以 60km/h 的速度沿车道中间匀速行驶，以适当方式向测试车辆发出靠边停车指令。如果测试车辆最高自动驾驶速度小于 60km/h，则以最高自动驾驶速度进行测试。

23. 最右车道内靠边停车测试场景

测试道路为至少包含两条车道的长直道，中间车道线为虚线，测试车辆在左车道内匀速行驶，如图 1-65 所示。

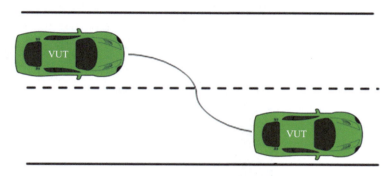

图 1-65　最右车道内靠边停车测试场景

测试车辆在自动驾驶模式下，以 30km/h 的速度沿车道中间匀速行驶，以适当方式向测试车辆发出靠边停车指令。

24. 长直路段车车通信测试场景

测试道路为双向两车道的长直路段，开阔无遮挡，测试车辆和目标车辆对向行驶，保证至少 300m 的有效测试车距，如图 1-66 所示。

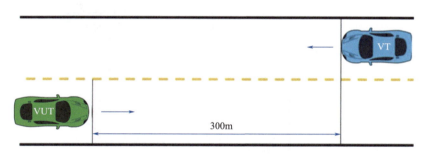

图 1-66　长直路段车车通信测试场景

测试车辆在自动驾驶模式下，开启联网通信功能，测试车辆和目标车辆均以 30km/h 的速度对向匀速行驶，两车车载单元终端分别向对方车辆连续发送信息包，当两车距离达到 300m 时，开始记录测试车辆、目标车辆的收发日志，直至两车相遇，统计两车信息包递交成功率。

25. 长直路段车路通信测试场景

测试道路为至少包含一条车道的长直道，开阔无遮挡，测试车辆驶向路侧单元保证至少 300m 的有效测试距离，如图 1-67 所示。

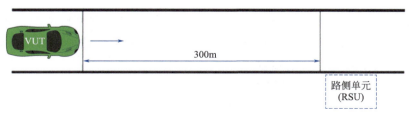

图 1-67　长直路段车路通信测试场景

测试车辆在自动驾驶模式下，开启联网通信功能，测试车辆以 60km/h 的速度匀速驶向路侧单元，路侧单元向测试车辆连续发送广播信息，行驶至距路侧单元 300m 处时，开始记录测试车辆、路侧单元的收发日志，直至测试车辆行驶至路侧单元为止，统计测试车辆收取广播信息成功率。

26. 十字交叉路口车车通信测试场景

测试道路为双向两车道的十字交叉路口，保证车辆距离交叉路口中心线 50m 的有效测试距离，两车匀速行驶，如图 1-68 所示。

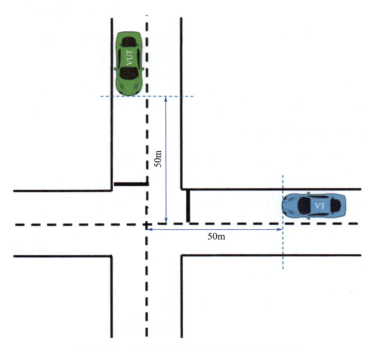

图 1-68　十字交叉路口车车通信测试场景

测试车辆在自动驾驶模式下，开启联网通信功能，测试车辆和目标车辆均以 15km/h 的速度驶向十字交叉路口，测试车辆和目标车辆分别向对方车辆连续发送信息包，当两车分别行驶至距十字交叉路口中心线 50m 处时，开始记录测试车辆、目标车辆的收发日志，直至两车到达停车线，统计两车信息包递交成功率。

27. 交叉路口直行通行测试场景

测试道路为至少包含双向两车道的十字交叉路口，测试车辆匀速行驶在标有直行和右转指示标线的车道直行通过该路口，目标车辆从测试车辆右方横向匀速直线驶入路口，两车存在碰撞风险，如图 1-69 所示。

测试车辆在自动驾驶模式下，以 30km/h 的速度匀速驶向交叉路口，目标车辆以 20km/h 的速度匀速行驶。若测试车辆保持当前行驶状态，两车可同时到达碰撞点。

28. 交叉路口右转通行测试场景

测试道路为至少包含双向两车道的十字交叉路口，测试车辆在标有直行和右转指示标线的车道内右转行驶通过该路口，同时路口横向左侧存在匀速直线行驶的目标车辆驶向测试车辆将转入的车道，两车存在碰撞风险，如图 1-70 所示。

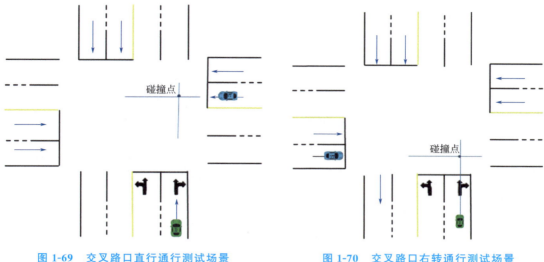

图 1-69　交叉路口直行通行测试场景　　　　图 1-70　交叉路口右转通行测试场景

测试车辆在自动驾驶模式下，以 30km/h 的速度匀速驶向交叉路口，目标车辆以 20km/h 的速度匀速行驶。若测试车辆保持当前行驶状态，两车可同时到达碰撞点。

29. 交叉路口左转通行测试场景

测试道路为至少包含双向两车道的十字交叉路口，测试车辆在标有直行和左转指示标线的车道内左转行驶通过该路口，同时对向车道存在匀速直线行驶的目标车辆，如图 1-71 所示。

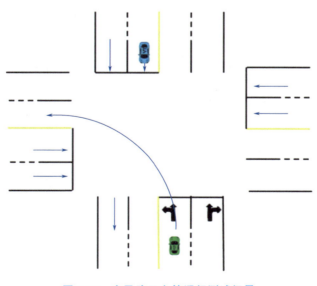

图 1-71　交叉路口左转通行测试场景

测试车辆在自动驾驶模式下，以 30km/h 的速度匀速驶向交叉路口，测试车辆距离交叉路口时距为 2s 时，目标车辆从对向车道以 20km/h 的速度匀速驶出。

30. 环形路口通行测试场景

测试场地为不少于 3 个出入口的环形路口,每个出入口至少为双向两车道。测试车辆入口上游存在 1 辆目标车辆;测试车辆经环形路口驶向测试终点,如图 1-72 所示。

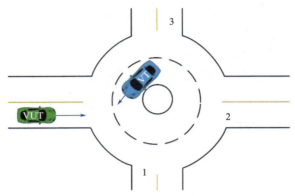

图 1-72 环形路口通行测试场景

测试车辆在自动驾驶模式下,应至少经过 1 个出口后驶出环岛。测试车辆以 20km/h 的速度驶向环形路口,当测试车辆到达环岛入口时,在入口上游附近存在正要通过出口 1 驶出的目标车辆,目标车辆车速为 20km/h。记录测试车辆进入环岛、环岛绕行和驶出环岛的全过程。

智能网联汽车自动驾驶功能测试内容和测试场景最终以国家标准公布为准。

第二章
自动驾驶仿真软件

随着智能网联汽车的快速发展,特别是无人驾驶汽车已经成为汽车的发展方向,有关汽车自动驾驶仿真软件也出现爆发式增长,这些仿真软件有从传统汽车动力学仿真软件演化而来的,也有国内外初创公司推出的仿真新产品。

各种自动驾驶仿真软件都有其各自的特点和优势,搭建一个完整的仿真系统也越来越需要多个软件互相之间的配合。典型的自动驾驶仿真软件或平台应包括以下内容。

(1) 能够构建各种驾驶场景,而且能使这种驾驶场景越来越逼真。
(2) 能够仿真各种传感器,包括摄像头、激光雷达、毫米波雷达、超声波雷达等。
(3) 具有车辆动力学模型,可以对ADAS或自动驾驶进行仿真。
(4) 支持传感器融合、跟踪、路径规划和车辆控制算法等。
(5) 支持C/C++代码生成,实现快速原型和硬件在环测试。

下面介绍几种自动驾驶仿真软件。

第一节 CarSim 软件

美国的 Mechanical Simulation(MS)公司是专业的汽车系统仿真软件开发公司。MS公司自主开发了多刚体动力学软件 VehicleSim,VehicleSim 由人工智能语言 LISP 编写而成,它可以根据用户输入的简单系统定义,推导出复杂的多刚体机械系统动力学模型并生成相应的计算机程序,因而被广泛地应用在汽车、机器人和卫星等领域。MS公司利用 VehicleSim 技术开发出 CarSim、TruckSim 和 BikeSim,这些软件被国际上众多的汽车主机厂和零部件供应商所采用,享有很高的声誉。其中 CarSim 软件主要针对四轮汽车和轻型卡车;TruckSim 软件主要针对多轴汽车和双轮胎卡车;BikeSim 软件主要针对两轮摩托车。这里的 Sim 指的就是 Simulation,即仿真。

CarSim 软件包括图形化数据库、车辆数学模型及求解器、绘图器、仿真动画显示器等多种模块。

CarSim 软件主要用于仿真及分析车辆在不同3D路面上对驾驶控制的反应,适用车型包括轿车、轻型货车及旅行车、SUV等。CarSim 将所有预测车辆动态行为所需的工具整合为一,使其仿真结果具有高度准确性。

CarSim 软件具有以下主要功能。

(1) 可分析车辆的动力性、燃油经济性、操纵稳定性、制动性及平顺性。

(2) 可通过软件如 MATLAB、Excel 等进行绘图和分析。

(3) 可用图形曲线及三维动画形式观察仿真的结果。

(4) 可实时高速运行,支持硬件在环,提供与一些硬件实时系统的接口,可联合进行硬件在环仿真。

(5) 先进的事件处理技术,实现复杂工况的仿真。

(6) 提供 20 余种车型的建模数据库。

(7) 可实现与 Simulink 的相互调用。

(8) 新增自动驾驶仿真功能,支持 V2V 和 ADAS 的开发。

CarSim 软件自带丰富的车辆模型库,用户只需修改特定的车辆参数即可建立满足用户需求的车辆模型,大大简化了车辆模型建立的复杂程度,提高了仿真分析的效率。CarSim 不仅自带了预测模型控制器,可进行智能车辆的相关研究分析,还提供了上百个输入变量和输出变量,可通过与其他软件如 MATLAB、ADAMS 等进行联合仿真,完成车辆操纵稳定性、动力性、制动性等性能的分析,验证所设计的控制规律的正确性和有效性。具有使用简单、运算迅速、仿真精确、软件扩展性好等特点,因此被广泛用于车辆控制系统的开发。

图 2-1 所示为 CarSim 软件中模型的建立和仿真。

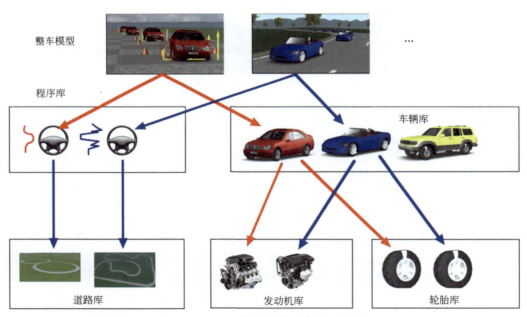

图 2-1　CarSim 软件中模型的建立和仿真

CarSim 软件常与 MATLAB 中的 Simulink 进行联合仿真。图 2-2 所示为车道保持辅助系统联合仿真模型。汽车模型将状态量输入车道保持预测控制器,控制器求解得到未来预测时域内控制量序列,即前轮转角,再作用于汽车模型。

图 2-3 所示为在 CarSim 中生成的初始位置偏离修正过程仿真动画截图,分别用 5 个时刻车辆位置及状态来表述偏离修正过程。

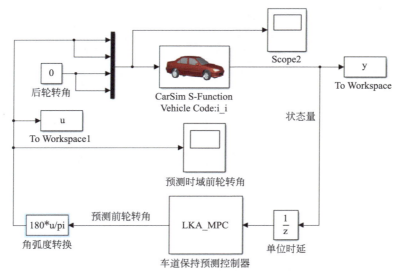

图 2-2　车道保持辅助系统联合仿真模型

图 2-3　偏离修正过程仿真动画截图

图 2-4 所示为在 CarSim 中生成的仿真动画截图,用 7 个不同时刻汽车的运动状态来表示路径跟踪过程。

图 2-4　路径跟踪仿真动画截图

图 2-5 所示为汽车自适应巡航控制系统的联合仿真模型。目标车辆的信号由毫米波雷达获取，毫米波雷达将信号传递给 ACC 预测控制器，输出期望的加速度，再由期望转矩模型计算出期望的输出转矩，作为 CarSim 整车模型的输入信号，车辆模型再根据输入的转矩信号输出对应的车速、加速踏板开度与驱动轮总转矩信号。

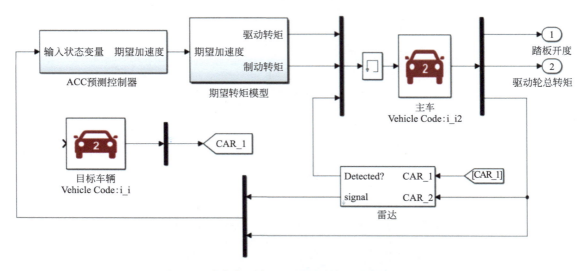

图 2-5　汽车自适应巡航控制系统的联合仿真模型

设置主车道前方有两辆车，主车为蓝色车辆，设置两侧车道有车辆行驶，同向车道的车辆速度为主车速度的 0.9 倍，异向车道的车辆速度与主车速度相同。前方和两侧都装有毫米波雷达分别用于探测前方和两侧车辆的距离，设置前方雷达探测的有效范围为 0~100m，角度为 $-1°$~$1°$，主车的行驶环境如图 2-6 所示。

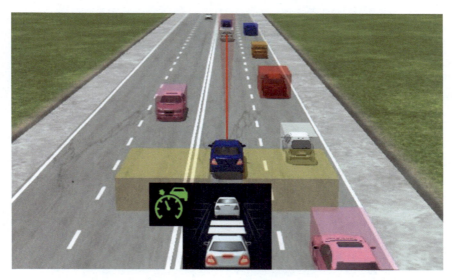

图 2-6　主车的行驶环境

假设主车初始车速为 110km/h，仿真时间为 90s，车辆行驶状况如图 2-7 所示。

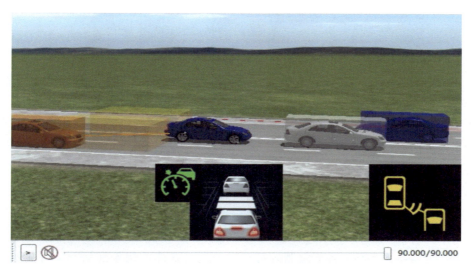

图 2-7　汽车自适应巡航控制系统动画仿真

第二节　PreScan 软件

PreScan 是西门子公司旗下的汽车驾驶仿真软件,它是以物理模型为基础,开发汽车先进驾驶辅助系统(ADAS)和智能汽车系统的仿真平台;支持摄像头、毫米波雷达、激光雷达、GPS 以及 V2V/V2I 等多种应用功能的开发。PreScan 软件是基于 MATLAB 仿真平台,主要用于 ADAS 和无人自动驾驶系统的仿真模拟软件,包括多种基于摄像头、毫米波雷达、激光雷达、GPS 以及 V2V/V2I 的智能驾驶应用。PreScan 可用于从基于模型的控制器设计到利用软件在环和硬件在环系统进行的实时测试等。PreScan 可在开环、闭环以及离线和在线模式下运行。它是一种开放型软件平台,其灵活的界面可连接至第三方的汽车动力学模型和第三方的硬件在环模拟器/硬件。

PreScan 软件由多个模块组成,仿真主要分为以下四个步骤。

(1) 搭建场景。PreScan 提供一个强大的图形编辑器,用户可以使用道路分段,包括交通标牌、树木和建筑物的基础组件库;包括机动车、自行车和行人的交通参与者库;修改天气条件(如雨、雪和雾)以及光源(如太阳光、大灯和路灯)来构建丰富的仿真场景。新版的 PreScan 也支持导入 OpenDrive 格式的高精地图,用来建立更加真实的场景。

(2) 添加传感器。PreScan 支持种类丰富的传感器,包括超声波雷达、毫米波雷达、激光雷达、单目和双目相机、鱼眼相机、V2X 等。用户可以根据自己的需要进行添加。

(3) 添加控制系统。可以通过 MATLAB/Simulink 建立控制模型,也可以和第三方动力学仿真模型进行闭环控制。

(4) 运行仿真。3D 可视化查看器允许用户分析试验的结果,同时可以提供图片和动画生成功能,也可以实现硬件在环仿真。

图 2-8 所示为在 PreScan 中搭建的交叉口仿真模型。

利用 MATLAB 和 PreScan,建立智能网联汽车交叉口通行联合仿真模型,对交叉口交

图 2-8　交叉口仿真模型

通进行仿真。PreScan 中建立的自动驾驶环境可以通过软件内部接口与 MATLAB/Simulink 建立的控制算法进行联合仿真,实现对行驶车辆、交叉口信号灯等交通参与者的控制。

图 2-9 所示为汽车在交叉口排队等待的仿真。

图 2-9　汽车在交叉口排队等待的仿真

图 2-10 所示为汽车减速不停车编队行驶的仿真。

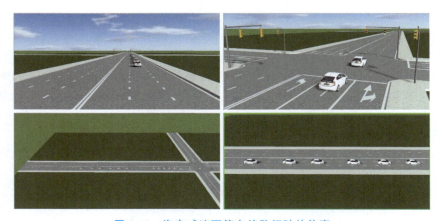

图 2-10　汽车减速不停车编队行驶的仿真

第三节　CarMaker 软件

CarMaker 软件是德国 IPG 公司推出的动力学、ADAS 和自动驾驶仿真软件。

CarMaker 软件包括以下模块。

（1）完整的车辆动力学模型。包括车身、悬架、转向系统、ABS/ESP 液压模型、动力系统、3D 空气动力学模型等，进行 ADAS 测试不需要再配备其他车辆动力学模型；有精准的制动系统和转向系统模型，助力 ADAS 性能测试和自动驾驶算法开发。

（2）具有新能源汽车动力系统模型。可以对新能源汽车进行仿真。

（3）具有驾驶员模型。可以对车辆、驾驶员、道路、交通环境的闭环系统仿真。

（4）复杂的交通和道路模型。可以满足 ADAS 测试所需的复杂逼真的交通场景的搭建；搭建场景采用拖拽方式，非常方便。

（5）传感器模型。包括 ADAS 应用中几乎所有传感器模型，并且包含高级的物理传感器模型。

（6）自动测试软件。

CarMaker 作为平台软件，可以与很多第三方软件进行集成，如 ADAMS、AVL-Cruise、rFpro 等，可利用各软件的优势进行联合仿真。同时，CarMaker 配套的硬件提供了大量的板卡接口，可以方便地与 ECU 或者传感器进行硬件在环测试和车辆在环测试。

CarMaker 软件具有以下功能。

（1）车辆动力学相关控制系统的开发及测试。应用于整车动力学性能测试仿真，提供国际标准的测试用例，支持客户自定义测试用例的开发；可以用于研究垂向动力学、纵向动力学、横向动力学；可以用于 ABS、ASR、ESP、EPS 等电控单元的开发和硬件在环测试。

（2）先进驾驶辅助系统的开发及测试。应用于车道偏离预警系统、夜视辅助系统、自适应巡航控制系统、自动泊车辅助系统、自适应灯光系统等各种 ADAS 和自动驾驶系统的开发和测试。

图 2-11 所示为 CarMaker 软件仿真场景。

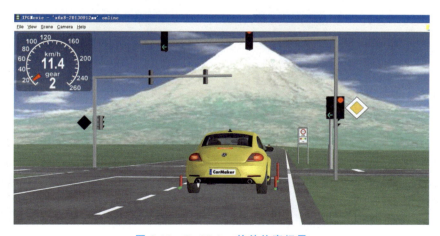

图 2-11　CarMaker 软件仿真场景

第四节　VTD 软件

VTD（Virtual Test Drive）是德国 VIRES 公司开发的一套用于 ADAS、主动安全和自动驾驶的完整模块化仿真工具链。VTD 运行于 Linux 平台，它的功能覆盖了道路环境建模、交通场景建模、天气和环境模拟、物理真实的传感器仿真、场景仿真管理以及高精度的实时画面渲染等。可以支持从软件在环到硬件在环和实车在环的全周期开发流程，开放式的模块式框架可以方便地与第三方工具和插件联合仿真。

VTD 的仿真流程主要由路网搭建、动态场景配置和仿真运行三个步骤组成。

（1）VTD 提供了图形化的交互式路网编辑器，在使用各种交通元素构建包含多类型车道复杂道路仿真环境的同时，可以同步生成 OpenDrive 格式的高精地图。

（2）在动态场景的建立上，VTD 提供了图形化的交互式场景编辑器，提供了在 OpenDrive 基础上添加用户自定义行为控制的交通体，或者是某区域连续运行的交通流。

（3）无论是软件在环还是硬件在环，无论是实时还是非实时的仿真，无论是单机还是高性能计算的环境，VTD 都提供了相应的解决方案。VTD 运行时可模拟实时高质量的光影效果及路面反光、车身渲染、雨雪雾天气渲染、传感器成像渲染、大灯光视觉效果等。

图 2-12 所示为 VTD 软件仿真场景。

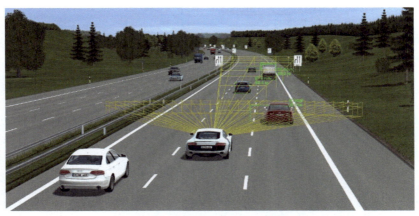

图 2-12　VTD 软件仿真场景

第五节　51Sim-One 软件

51Sim-One 是 51VR 公司自主研发的一款集多传感器仿真、交通流与智能体仿真、感知与决策仿真、自动驾驶行为训练等一体化的自动驾驶仿真与测试平台。该仿真平台基于物理特性的机理建模，具有高精度和实时仿真的特点，用于自动驾驶产品的研发、测试和验证，可为用户快速积累自动驾驶经验，保证产品性能安全性与可靠性，提高产品研发速度并降低开发成本。

在场景构建方面，可以通过世界编辑器（World Editor）快速地从无到有创建基于

OpenDrive 的路网，或者通过点云数据和地图影像等真实数据还原路网信息。支持导入已有的 OpenDrive 格式的文件进行二次编辑，最终由 51Sim-One 自动生成所需要的静态场景。支持在场景中自由地配置全局交通流、独立的交通智能体、车辆、行人等元素来构建动态场景，结合光照、天气等环境的模拟来呈现丰富多变的虚拟世界。同时，51Sim-One 已经内置了一系列场景库和测试案例库，无论是开放区域的真实场景、大规模的城市道路还是乡村道路、高速公路、停车场等环境都可以轻松再现，再加上大量的危险工况测试案例，能够快速达成测试目标。

在传感器仿真方面，51Sim-One 支持通用类型或者定制需求传感器的多路仿真，满足对于感知系统算法的测试与训练，同时也支持各种硬件在环的测试需求。对于摄像头仿真，51Sim-One 提供了语义分割图、深度图、2D/3D 包围盒等带注释的图像数据集，单目、广角、鱼眼等摄像头的仿真。对于雷达仿真，可以提供激光雷达点云原始数据，带标注点云数据，识别物的包围盒等数据；同时也提供目标级毫米波雷达检测物数据。

在动力学仿真与开放接入方面，51Sim-One 提供了一套内置的动力学系统，可以自定义车辆动力学的各种参数，包括车辆的外观尺寸，以及动力总成、轮胎、转向系统与悬挂特性等。同时，51Sim-One 也支持接入第三方软件，例如 CarSim、CarMaker 等动力学模块来完成更为复杂的动力学仿真。

在控制系统解耦对接方面，51Sim-One 提供丰富的接口来对接控制系统，包括但不限于 MATLAB，基于 ROS、Protobuf 的接口，转向盘、模拟器等人工驾驶接入。51Sim-One 支持多种对接方式，可以选择只接入感知系统进行目标识别和预测的测试，也可以选择直接跳过感知系统从决策系统输入接入，或者将两者同时接入进行整体测试与训练。

在测试框架上，51Sim-One 提供工具管理大批量的案例，支持批量测试任务的运行以及连续自动测试。能以可视化的方式实时监控正在运行中的测试案例，也可以通过回放系统来逐帧分析已经完成的测试案例。

在加速架构上，51Sim-One 基于分布式计算集群的构架，提供高达 10 倍速的仿真加速。未来更可以通过增加计算集群的方式进一步提高加速能力。

在数据分析方面，51Sim-One 提供可自定义的数据、图标以及报告的输出能力，帮助快速地分析数据，输出最终的测试报告。

在行业软件的整合方面，51Sim-One 提供灵活的集成方案，方便接入各种行业软件。可以接入 MATLAB、基于 ROS 的规划控制系统作为车辆的控制系统驾驶，也可以使用 CarSim、CarMaker 的动力学模块来解算车辆动力学。

51Sim-One 仿真平台案例库支持来自真实采集的危险工况和人工编辑的标准案例。目前提供的场景包括以下内容。

（1）不同的路型，包括直道、十字路口、弯道、调头、环岛、人行横道等。

（2）不同的障碍物类型，包括行人、机动车、非机动车、静态物体等。

（3）不同的道路规划，包括直行、突然插入、变道、转弯、并道、超车、靠边停车等。

（4）不同的红绿灯信号、限速牌、停车牌等。

51Sim-One 同时支持动态智能体交通流场景案例，支持多种地图、车辆类型、车辆密度、驾驶员开车风格配置，进行连续交通流场景仿真。

图 2-13 所示为 51Sim-One 软件仿真场景。

图 2-13　51Sim-One 软件仿真场景

第六节　Vissim 软件

Vissim 是德国 PTV 公司提供的一款世界领先的微观交通流仿真软件。Vissim 可以方便地构建各种复杂的交通环境，包括高速公路、大型环岛、停车场等，也可以在一个仿真场景中模拟包括机动车、卡车、有轨交通和行人的交互行为。它是专业的规划和评价城市、郊区交通设施的有效工具，也可以用来仿真局部紧急情况交通的影响、大量行人的疏散等。Vissim 的仿真可以达到很高的精度，包括微观的个体跟驰行为和变道行为，以及群体的合作和冲突。Vissim 内置了多种分析手段，既能获得不同情况下的多种具体数据结果，也可以从高质量的三维可视化引擎获得直观的理解。无人驾驶算法也可以通过接入 Vissim 的方式使用模拟的高动态交通环境进行仿真测试。

图 2-14 所示为 Vissim 软件仿真场景。

图 2-14　Vissim 软件仿真场景

第七节　Pro-SiVIC 软件

法国 ESI 集团的传感器仿真分析解决方案 Pro-SiVIC 可以帮助交通运输行业的制造商们

对车载的多种感知系统的运行性能进行虚拟测试,并且能够准确地再现出诸如照明条件、天气以及其他道路使用者等影响因素。

Pro-SiVIC 可以用来建立高逼真、与实际场景相当的 3D 场景,并实现对场景中的实时交互进行仿真分析,削减物理样机的需求。客户可以快速并且精确地对各个嵌入系统在典型及极端操作环境下的性能进行仿真分析,它可以提供基于多种技术的传感器模型,例如视觉传感器、毫米波雷达、激光雷达、超声波雷达、GPS、里程表及通信设备等。以汽车行业为例,Pro-SiVIC 提供了多个环境目录,提供具有代表性的不同道路(城市道路、高速以及乡村公路)、交通标志及车道线标记。

Pro-SiVIC 具有以下应用。

(1) 道路和汽车行业。Pro-SiVIC 具有提供完整虚拟样机的能力,为先进驾驶辅助系统在设计、测试、集成和验证阶段节约成本和时间。

(2) 自适应巡航控制。典型的涉及不同车速和车道变更的 ACC 场景可用于测试和提升 ACC 逻辑的鲁棒性。在闭环模拟中,独立环境中运行的先进驾驶辅助系统可以向模拟器发出加速/减速指令。

(3) 自动紧急制动。可以搭建包含多车和不同障碍的自定义场景,使用 Pro-SiVIC 在闭环模拟中评价 ADAS 定义的制动指令对车辆模型的影响。该动力模型可以再现不同倾斜和转动时的变化,真实再现不同传感器实现的感知。

(4) 车道偏离预警。利用包含多种道路曲率等环境特性和可变更的标记的环境模型,可实现不同清晰程度的道路标记对不同情景影响的研究。

(5) 盲区监测。可定义适用于超车或泊车控制策略制定的场景,并可研究运动物体初始位置、速度的影响。

(6) 照明系统的虚拟测试。Pro-SiVIC 提供了功能强大的照明模型,可模拟多个独立光源及其阴影。

(7) 车灯切换。Pro-SiVIC 的照明引擎可以支持夜间应用和自动车灯切换的研究,可以非常准确地再现车前灯。

(8) 交通标志识别。Pro-SiVIC 提供了超过 200 种交通标志。每个标志的尺寸和位置都可以详细调整到其他物体的相对位置上,以研究极端条件下交通标志的检测和识别。

图 2-15 所示为 Pro-SiVIC 软件仿真场景。

图 2-15　Pro-SiVIC 软件仿真场景

第八节　PanoSim 软件

　　PanoSim 是一款集复杂车辆动力学模型、汽车三维行驶环境模型、汽车行驶交通模型、车载环境传感模型、无线通信模型、GPS 和数字地图模型、MATLAB/Simulink 仿真环境自动生成、图形与动画后处理工具等于一体的模拟仿真软件平台。它基于物理建模和精确与高效兼顾的数值仿真原则，逼真地模拟汽车驾驶的各种环境和工况，基于几何模型与物理建模相结合理念建立高精度的摄像机、雷达和无线通信模型，以支持数字仿真环境下汽车动力学与性能、汽车电子控制系统、智能辅助驾驶与主动安全系统、环境传感与感知、自动驾驶等技术和产品的研发、测试和验证。

　　PanoSim 不仅包括复杂的车辆动力学模型及底盘（制动、转向和悬架）、轮胎、驾驶员、动力总成（发动机和变速器）等模型，还支持各种典型驱动形式和悬架形式的大、中、小型轿车的建模以及仿真分析。它提供了三维数字虚拟试验场景建模与编辑功能，支持对道路及道路纹理、车道线、交通标志与设施、天气、夜景等汽车行驶环境的建模与编辑。

　　PanoSim 仿真操作流程简单易懂，制作一个仿真需要以下三个步骤。

　　（1）创建仿真。新建仿真工程，选择合适的道路场景，设置环境天气和光照。

　　（2）设置仿真参数。在道路上添加车辆，设置车辆横向或纵向驾驶参数，设置交通流和行人干扰，安装车载传感器（摄像机、雷达或 V2X），配置交通元素（交通标志、信号灯、障碍物）。

　　（3）分析仿真结果。使用后处理工具对仿真后的数据进行报表分析，或回放仿真动画。

　　图 2-16 所示为 PanoSim 软件仿真场景。

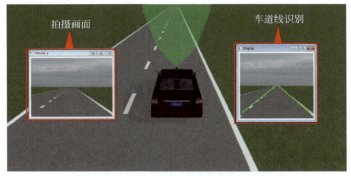

图 2-16　PanoSim 软件仿真场景

第九节　百度 Apollo 仿真平台

　　百度 Apollo 仿真平台作为百度 Apollo 平台的一个重要组成部分，一方面用来支撑内部 Apollo 系统的开发和迭代，一方面为 Apollo 生态的开发者提供基于云端的决策系统仿真服务。Apollo 仿真平台是一个搭建在百度云和 Azure 的云服务，可以使用用户指定的 Apollo 版本在云端进行仿真测试。

　　Apollo 也与 Unity 建立了合作关系，开发了基于 Unity 的真实感虚拟环境仿真，可以提供 3D 的虚拟环境、道路和天气的变化。

Apollo 仿真场景可分为 Worldsim 和 Logsim。Worldsim 是由人为预设的道路和障碍物构成的场景，可以作为单元测试简单高效地测试自动驾驶车辆，而 Logsim 是由路测数据提取的场景，真实反映了实际交通环境中复杂多变的障碍物和交通状况。Apollo 仿真平台也提供了较为完善的场景通过判别系统，可以从交通规则、动力学行为和舒适度等方面对自动驾驶算法做出评价。

目前百度 Apollo 仿真平台提供约 200 个场景，包括以下内容。
（1）不同的路型，包括十字路口、调头、直道、三岔路口、弯道。
（2）不同的障碍物类型，包括行人、机动车、非机动车及其他。
（3）不同的道路规划，包括直行、调头、变道、左转、右转、并道。
（4）不同的红绿灯信号，包括红灯、黄灯、绿灯。

图 2-17 所示为百度 Apollo 仿真场景。

图 2-17　百度 Apollo 仿真场景

第十节　MATLAB 自动驾驶工具箱

MATLAB 自动驾驶工具箱提供了用于设计、仿真和测试 ADAS 以及自动驾驶系统的算法和工具。

自动驾驶工具箱主要包括以下功能。

1. 支持可视化

支持以下典型可视化任务。
（1）能够显示摄像机视频。
（2）显示雷达和视觉鸟瞰图。
（3）显示车道线标记。
（4）显示激光雷达点云。
（5）显示道路地图数据。
（6）多个坐标系之间的变换。
（7）到 ROS 的实时连接和记录数据的回放。
（8）到 CAN 的实时连接和记录数据的回放。
（9）到激光雷达的实时连接和记录数据的回放。

图 2-18 所示为利用摄像机跟踪多目标车辆。

图 2-18　利用摄像机跟踪多目标车辆

2. 构建自动驾驶场景并模拟传感器

使用构建的场景和来自雷达与视觉传感器模型的综合检测，测试自动驾驶算法。支持以下典型驾驶构建任务。

（1）以编程方式构建驾驶场景。
（2）通过图形化界面构建驾驶场景。
（3）从场景库中构建驾驶场景。
（4）模拟雷达、视觉传感器的检测。
（5）将场景集成到车辆控制的闭环仿真。
（6）结合 Unreal 游戏引擎的测试。

图 2-19 所示为从场景库中构建的驾驶场景。

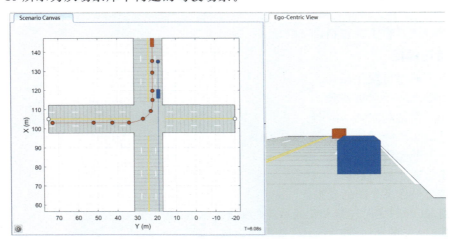

图 2-19　从场景库中构建的驾驶场景

3. 开发自动驾驶控制系统

支持以下典型自动驾驶控制开发任务。
（1）设计纵向与横向模型预测控制器。
（2）设计基于强化学习的控制器。
（3）车辆动力学建模。
（4）实时硬件快速原型。
（5）生成产品级 C/C++ 代码。
（6）生成 AUTOSAR 代码。
（7）功能安全 ISO26262 认证。
图 2-20 所示为研究横向控制的仿真模型。

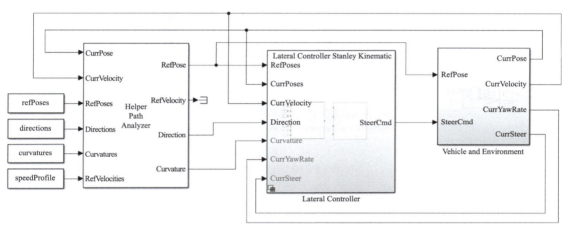

图 2-20 研究横向控制的仿真模型

4. 开发自动驾驶感知系统

支持以下典型自动驾驶感知开发任务。
（1）传感器数据标注。
（2）训练深度学习网络。
（3）设计雷达算法。
（4）设计视觉传感器算法。
（5）设计激光雷达算法。
（6）设计传感器融合与跟踪算法。
（7）生成 C/C++ 代码。
（8）生成 GPU 代码。
图 2-21 所示为视觉传感器检测车道线。

5. 开发自动驾驶规划系统

支持以下典型自动驾驶规划开发任务。
（1）地图的可视化。
（2）访问高精度地图。

图 2-21 视觉传感器检测车道线

(3) 处理占据栅格地图。
(4) 设计定位和 SLAM 算法。
(5) 设计运动规划算法。
(6) 生成 C/C++ 代码。

图 2-22 所示为代客泊车路径规划仿真。

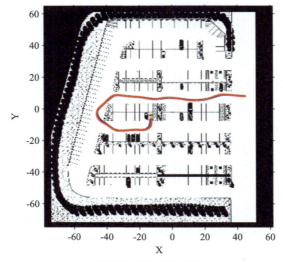

(a) 停车路径规划仿真二维图

(b) 停车路径规划仿真三维图

图 2-22　代客泊车路径规划仿真

6. 设计和仿真完整的自动驾驶系统

支持以下典型集成仿真任务。
(1) 调用 C/C++ 代码。
(2) 调用 Python 代码。
(3) 通过 FMI/FMU 协同仿真。
(4) 通过 CAN 协同仿真。
(5) 通过 ROS 协同仿真。
(6) 通过 Unreal 引擎协同仿真。
(7) 与第三方工具协同仿真，可以连接 150 余种到第三方建模与仿真的接口。

自动驾驶工具箱提供常见 ADAS 的参考应用示例和自动驾驶功能，包括 FCW、AEB、

ACC、LKA 和代客泊车。该工具箱支持 C/C++代码生成，实现快速原型和硬件在环测试，同时还支持传感器融合、跟踪、路径规划和车辆控制器算法。

图 2-23 所示为 MATLAB 自动驾驶工具箱仿真场景。

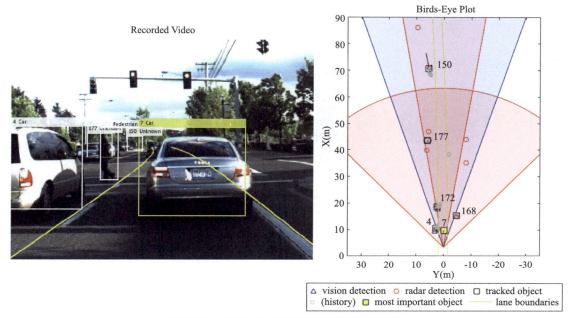

图 2-23　MATLAB 自动驾驶工具箱仿真场景

值得注意的是，目前自动驾驶仿真软件有些是免费开源的，有些软件的部分功能是免费开源的，有些则需要授权才能使用。

第三章
自动驾驶仿真基础知识

自动驾驶仿真基础知识有坐标系及其转换、汽车模型、模型预测控制技术、卡尔曼滤波技术、道路识别技术、车辆识别技术、行人识别技术、路径规划技术和传感器融合技术等。

第一节　坐标系及其转换

无论是先进驾驶辅助系统，还是自动驾驶系统，一个必不可少的重要工作就是计算车辆本身的位置，以及车辆与道路、其他车辆、行人等交通参与者之间的相对位置关系和速度关系。为了描述这些复杂的空间关系和时间关系，需要建立一套时空坐标体系，这是实现各种环境感知和决策规划的前提条件。

时空坐标系包括三维空间坐标系和一维时间坐标系。在此基础上，用解析的形式（坐标）把物体在空间和时间的位置、姿态表示出来。一般三维空间坐标系用三个正交轴 X、Y、Z 表示物体的位置，用绕这三个正交轴的旋转角度——横滚角、俯仰角和偏航角表示物体的姿态。时间坐标系只有一个维度。

下面介绍智能网联汽车驾驶仿真技术中几种常用的坐标系，以及它们之间如何完成关联和转换，最终构建出统一的环境模型。

一、世界坐标系

世界坐标系用于描述地球上的位置关系。地球是一个不规则的椭球，难以直接描述地球表面上的相位关系。目前有多种世界坐标系统作为国际标准，用来描述地球上的绝对位置和相对位置关系，常见的有 WGS-84 经纬坐标系和 UTM 坐标系。

1. WGS-84 经纬坐标系

WGS-84 经纬坐标系是一种国际上采用的地心坐标系。坐标原点为地球质心，其地心空间直角坐标系的 Z 轴指向 BIH（国际时间服务机构）1984 年定义的协议地球极（CTP）方向，X 轴指向 BIH 定义的零子午圈和 CTP 赤道的交点，X 轴、Y 轴与 Z 轴垂直构成右手坐标系，称为世界大地坐标系统，即 WGS-84 经纬坐标系，如图 3-1 所示。

全球定位系统（GPS）是使用 WGS-84 坐标系进行定位的。WGS-84 坐标系采用大地经度、纬度和大地高程来描述地球上任意一点的位置。经线和纬线相互交织构成经纬网，用经度、纬度表示地面上点的位置就是地理坐标。用经度纬度表示的大地坐标是一种椭球面上的坐标，不能直接应用于测绘。因此需要将它们按一定的数学规律转换为平面直角坐标。在平面直角坐标系中能较方便地计算道路上两个物体的相对距离和位置关系。

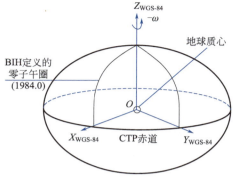

图 3-1　WGS-84 经纬坐标系

2. UTM 坐标系

在测绘（例如高精地图的绘制）和导航（例如无人驾驶汽车的导航）中，常常需要用 m 为单位表示距离和大小，而 GPS 的定位所使用的 WGS-84 坐标却是用经度和纬度表示位置。于是需要一种坐标转换或者映射关系将经度和纬度坐标转换为以 m 为单位的平面直角坐标。目前，这种坐标映射关系有多种标准，例如国际上通用的 UTM（Universal Transverse Mercartor，通用横轴墨卡托）坐标系、北京 54 坐标系和西安 80 坐标系。其基本思想都是把椭球形的地球表面按照小的区块展开，投影到一个曲面（圆柱面或椭圆柱面）上，曲面再次展开铺平成平面，进而构成平面直角坐标系。

UTM 坐标系统使用 UTM 投影将椭球面分区块映射到平面直角坐标系中。这种坐标系统及其所依据的投影已经广泛用于地形图，作为卫星影像和自然资源数据库的参考格网以及要求精确定位的其他应用。UTM 投影是等角横轴割圆柱投影，圆柱割地球于南纬 80°、北纬 84°两条等高圈，之间的地球表面积按经度 6°划分为南北纵带（投影带），如图 3-2 所示。

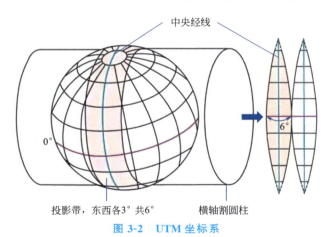

图 3-2　UTM 坐标系

二、车辆坐标系

车辆坐标系用来描述车辆与周围交通参与者之间的相对位置关系。目前常用的车辆坐标系是 ISO（国际标准化组织）车辆坐标系。

MATLAB 自动驾驶工具箱中，车辆坐标系固定在主车上，如图 3-3 所示。其中 X_v 轴指向车辆前方；当向前看时，Y_v 轴指向左方；Z_v 轴指离地面。X_v、Y_v、Z_v 的正方向符合右手法则。绕 X_v 轴的运动为横滚运动，绕 Y_v 轴的运动为俯仰运动，绕 Z_v 轴的运动为偏航运动。主车是指装有传感器能够感知周围环境的车辆。

三、相机投影相关坐标系及其转换

视觉传感器以其低廉的价格和丰富的图像信息,已经成为智能网联汽车必不可少的传感器。视觉传感器的作用是把三维世界中的形状、颜色信息,压缩到一张二维图像上。基于视觉传感器的感知算法则是从二维图像中提取并还原三维世界中的元素和信息,如车道线、车辆、行人等,并计算它们与自己的相对位置。

相机投影相关坐标系有世界坐标系、相机坐标系、图像坐标系、像素坐标系,如图3-4所示。

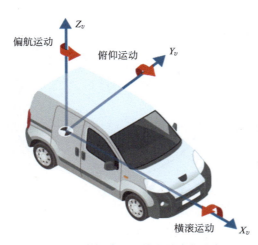

图 3-3 自动驾驶工具箱中的车辆坐标系

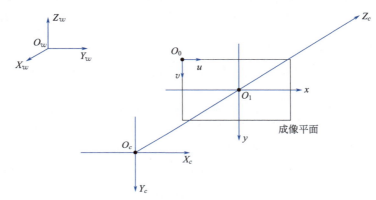

图 3-4 相机投影相关坐标系

(1)世界坐标系。世界坐标系为符合右手系的三维直角坐标系,为用户自定义坐标系,可描述物体相对空间位置关系和相机的相对位置。图3-4中 $O_w X_w Y_w Z_w$ 为世界坐标系,用于描述视觉传感器的位置,单位是 m。

(2)相机坐标系。以相机光心为原点,过原点垂直于成像平面的光轴为 Z_c,建立相机坐标系 $O_c X_c Y_c Z_c$,单位为 m。

(3)图像坐标系。以光轴与成像平面的交点为原点,建立图像坐标系 $O_1 xy$,单位为 mm。

(4)像素坐标系。以成像平面左上角为原点,建立像素坐标系 $O_0 uv$,单位为像素。

从世界坐标系到相机坐标系,涉及旋转运动和平移运动。世界坐标系向相机坐标系转换可以用旋转矩阵和平移矩阵来表示,即

$$\begin{bmatrix} X_c \\ Y_c \\ Z_c \\ 1 \end{bmatrix} = \begin{bmatrix} R & T \\ \vec{0} & 1 \end{bmatrix} \begin{bmatrix} X_w \\ Y_w \\ Z_w \\ 1 \end{bmatrix} = L_w \begin{bmatrix} X_w \\ Y_w \\ Z_w \\ 1 \end{bmatrix} \tag{3-1}$$

式中,R 为 3×3 旋转矩阵;T 为 3×1 平移矩阵;$\vec{0} = [0 \ 0 \ 0]$;L_w 为 4×4 矩阵。

从相机坐标系向图像坐标系转换,是从3D转换到2D,属于透视投影关系,用矩阵表

示为

$$Z_c \begin{bmatrix} x \\ y \\ 1 \end{bmatrix} = \begin{bmatrix} f & 0 & 0 & 0 \\ 0 & f & 0 & 0 \\ 0 & 0 & 1 & 0 \end{bmatrix} \begin{bmatrix} X_c \\ Y_c \\ Z_c \\ 1 \end{bmatrix} \quad (3-2)$$

式中，f 为焦距。

从图像坐标系向像素坐标系转换，转换矩阵为

$$\begin{bmatrix} u \\ v \\ 1 \end{bmatrix} = \begin{bmatrix} \frac{1}{dx} & 0 & u_0 \\ 0 & \frac{1}{dy} & v_0 \\ 0 & 0 & 1 \end{bmatrix} \begin{bmatrix} x \\ y \\ 1 \end{bmatrix} \quad (3-3)$$

式中，u_0、v_0 为图像坐标系原点在像素坐标系中的坐标值；dx 和 dy 表示每一列和每一行分别代表多少 mm，即 1pixel=dx mm。

任意一点从世界坐标系转换到像素坐标系为

$$Z_c \begin{bmatrix} u \\ v \\ 1 \end{bmatrix} = \begin{bmatrix} \frac{1}{dx} & 0 & u_0 \\ 0 & \frac{1}{dy} & v_0 \\ 0 & 0 & 1 \end{bmatrix} \begin{bmatrix} f & 0 & 0 & 0 \\ 0 & f & 0 & 0 \\ 0 & 0 & 1 & 0 \end{bmatrix} \begin{bmatrix} R & T \\ \vec{0} & 1 \end{bmatrix} \begin{bmatrix} X_w \\ Y_w \\ Z_w \\ 1 \end{bmatrix} =$$

$$\begin{bmatrix} f_x & 0 & u_0 & 0 \\ 0 & f_y & v_0 & 0 \\ 0 & 0 & 1 & 0 \end{bmatrix} \begin{bmatrix} R & T \\ \vec{0} & 1 \end{bmatrix} \begin{bmatrix} X_w \\ Y_w \\ Z_w \\ 1 \end{bmatrix} \quad (3-4)$$

最右边等式的第一个矩阵是相机的内部参数，第二个矩阵是相机的外部参数，它们可以通过标定获取。

相机的焦距、像素尺寸和图像中成像中心的位置被称为相机的内部参数，用来确定相机从三维空间到二维图像的投影关系。实际应用中相机的内部参数会更为复杂，还包括图像的畸变率等参数。在自动驾驶应用中，相机的内部参数为常数，使用中不会发生变化，但需要在使用前做好标定工作。相机的拍摄过程，可以抽象成是从三维相机坐标系映射到二维像平面坐标系，再映射到图像坐标系的过程。图像感知算法则是这一过程的逆过程，通过二维图像推断物体在三维相机坐标系中的位置，例如获得距离信息。

如果需要获得物体在世界坐标系中的位置，则还需要知道相机在世界坐标系中的位姿。这一位姿表示被称为相机的外部参数，用来决定相机坐标系与世界坐标系之间相对位置关系。在自动驾驶应用中，得到这一位置关系还需要一系列的标定和定位工作。

四、坐标系间的关联

在实际应用中，需要通过不同传感器确定障碍物与智能网联汽车间的相对位置，同时需要知道智能网联汽车在世界坐标系和地图中的位置与姿态，这就需要将不同的坐标系关联起来，并建立它们之间的转换关系。

1. 从传感器坐标系到车辆坐标系

智能网联汽车一般都装有多个传感器,每个传感器安装的位置、方向都不一样。同一个交通参与者(如车辆、行人)在各个传感器视野中出现的位置也都不同。为了将不同传感器间彼此独立的结果关联起来,建立统一的环境模型,需要找到各个传感器与车体间的位置关系,这也是自动驾驶中感知融合算法的最基本步骤。传感器在车体上的安装位置一旦确定,在运行中就会保持固定,所以可以采用离线标定的方法确定各传感器相对车体的精确位置。

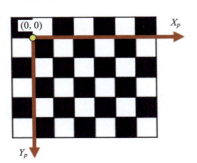

图 3-5　棋牌坐标系

相机的标定需要棋牌坐标系,如图 3-5 所示,通过标定可以估计相机的内、外参数。相机内部参数包括焦距、像素等,外部参数包括相机相对于车辆坐标系的位置和旋转方向等,利用这些参数配置相机模型。

在棋牌坐标系中,X_p 轴指向右边,Y_p 轴指向下方。棋盘原点是棋盘左上角的右下角。每个棋盘角代表坐标系中的另一点,例如,原点右侧的角为(1,0),原点下方的角为(0,1)。

当放置棋盘格图案时,X_p 轴和 Y_p 轴必须与车辆的 X_v 轴和 Y_v 轴对齐。在车辆坐标系中,X_v 轴从车辆向前指向,Y_v 轴指向左方。当向前看时,原点位于路面上,正下方是相机中心。

在水平方向上,棋盘格图案放在地面上或平行于地面,可以将图案放在车辆的前面、后面、左侧或右侧,如图 3-6 所示。

在垂直方向上,棋盘格图案垂直于地面,可以将图案放置在车辆前面、后面、左侧或右侧,如图 3-7 所示。

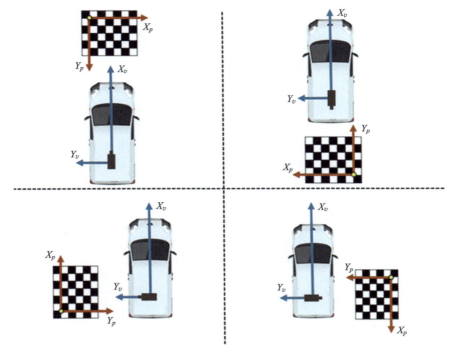

图 3-6　相机水平方向标定

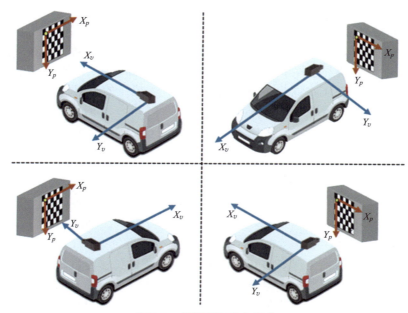

图 3-7　相机垂直方向标定

2. 从车辆坐标系到世界坐标系

车辆坐标系和世界坐标系之间的关系是由车辆本身的位置和姿态决定的，这一转换关系可以从车辆的定位结果中直接得到。通过车辆坐标系和世界坐标系的转换关系，可以确定车辆在高精地图中的位置和方向，进而可以计算出车辆和其他道路元素，例如车道线、红绿灯、停止线之间的相对关系。

五、时间坐标系

自动驾驶应用所应对的是一个随时间变化的环境，所以时间坐标系的设立与统一也是至关重要的。自动驾驶中一般使用多种不同类型的传感器，彼此独立地对环境进行感知。这样会造成各传感器收集的环境数据并不在同一个时间点。即便空间坐标系已经建立了完美的转换关系，在时间上也无法将环境数据进行统一。所以除了空间坐标系需要进行精确标定外，各个设备之间的时间坐标系也需要进行同步。

1. 统一的时间系统

自动驾驶系统中含有多个主机、传感器和控制器，一般都具有自己独立的时钟。为了建立统一的时间坐标系，让各个设备使用相同的时间基准，需要一个高精度授时系统。自动驾驶中一般采用 GPS 的时钟系统作为各个系统的时间基准。GPS 时间系统规定 1980 年 1 月 6 日零时为时间坐标系的原点，时间向上累加，系统授时精度可以达到纳秒量级。同时自动驾驶中所使用的大部分设备都具备接受外部授时的功能。

2. 硬件同步触发

一些设备的数据采集可以通过外部触发的方式进行激活，于是可以使用同一个外部信号，同时激活多个传感器，从而得到同一个时间点上的环境信息。例如相机的曝光可以通过外部开关信号进行触发，于是智能网联汽车上的多个相机可以使用同一个开关信号进行曝光和采样的硬同步。进而，这一开关信号还可以与激光雷达等其他传感器进行协同，完成不同种类传感器间的同步触发操作。

3. 软件时间对齐

有些传感器的采样不支持外部触发,同时有些设备的工作频率也不一致,无法做到严格的硬时间同步,这就需要在软件中进行处理。有了前面提到的统一的时间系统,通过不同传感器获得的环境信息即便不在同一个时间点上,也有着统一的时间标记。这样通过软件计算,对非同步采样结果进行差值或外推,就可以近似得到同一个时间点上的环境信息,成为决策控制系统进行判断的依据。

第二节　汽车模型

一、汽车运动学模型

汽车运动学模型揭示的是汽车在世界坐标系 OXY 中的位移与汽车车速、横摆角和前轮转角之间的关系。如图 3-8 所示,图中 x 和 y 表示汽车后轮中心在世界坐标系中的坐标;x_f 和 y_f 表示汽车前轮中心在世界坐标系中的坐标;L 为汽车轴距;θ 为汽车横摆角;δ 为汽车前轮转角。

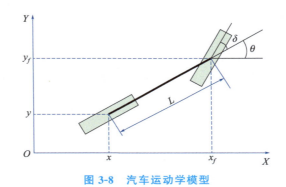

图 3-8　汽车运动学模型

汽车前、后轮中心的坐标与汽车横摆角和前轮转角之间的关系为

$$\begin{cases} \dot{x}_f \sin(\theta+\delta) - \dot{y}_f \cos(\theta+\delta) = 0 \\ \dot{x} \sin\theta - \dot{y} \cos\theta = 0 \end{cases} \tag{3-5}$$

前轮坐标可以用后轮坐标和轴距 L 表示为

$$\begin{cases} x_f = x + L\cos\theta \\ y_f = y + L\sin\theta \end{cases} \tag{3-6}$$

消去 x_f 和 y_f 可得

$$\dot{x}\sin(\theta+\delta) - \dot{y}\cos(\theta+\delta) - \dot{\theta}L\cos\delta = 0 \tag{3-7}$$

后轮的约束条件为

$$\begin{cases} \dot{x} = v_x \cos\theta \\ \dot{y} = v_x \sin\theta \end{cases} \tag{3-8}$$

可以求得 $\dot{\theta}$ 为

$$\dot{\theta} = \frac{v_x \tan\delta}{L} \tag{3-9}$$

汽车运动学模型为

$$\begin{bmatrix} \dot{x} \\ \dot{y} \\ \dot{\theta} \end{bmatrix} = \begin{bmatrix} \cos\theta \\ \sin\theta \\ \tan\delta/L \end{bmatrix} v_x \tag{3-10}$$

智能网联汽车或无人驾驶汽车的路径跟踪控制过程中,一般 $[x, y, \theta]$ 为状态量,$[v_x, \dot{\theta}]$ 为控制量,则汽车运动学模型可以转换为

$$\begin{bmatrix} \dot{x} \\ \dot{y} \\ \dot{\theta} \end{bmatrix} = \begin{bmatrix} \cos\theta \\ \sin\theta \\ 0 \end{bmatrix} v_x + \begin{bmatrix} 0 \\ 0 \\ 1 \end{bmatrix} \dot{\theta} \tag{3-11}$$

二、汽车动力学模型

将汽车简化为一个单轨二轮模型,引入以下假设。

(1) 忽略转向系统的作用,直接以前轮转角作为输入。

(2) 忽略悬架的作用,认为汽车只做平行于地面的平面运动,即汽车沿 z 轴的位移、绕 y 轴的俯仰角和绕 x 轴的侧倾角均为零。

(3) 汽车沿 x 轴的纵向速度不变,只有沿 y 轴的侧向运动和绕 z 轴的横摆运动两个自由度。

(4) 轮胎侧偏特性处于线性范围。

(5) 前、后轮轮距相同,左、右轮转向角相同。

(6) 忽略空气动力的作用。

(7) 忽略左、右轮胎由于载荷变化引起轮胎特性的变化以及轮胎回正力矩的作用。

简化后的二自由度汽车行驶模型如图 3-9 所示。v_x 为汽车质心前进速度;v_y 为汽车质心侧向速度;ω 为汽车横摆角速度;l_f 为汽车质心至前轴距离;l_r 为汽车质心至后轴距离;α_f、α_r 分别为前轮和后轮的侧偏角;δ 为前轮转向角;F_{yf}、F_{yr} 分别为前轮和后轮的侧向

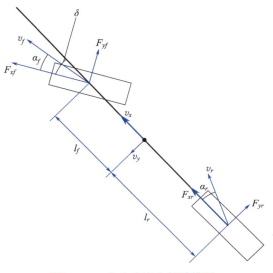

图 3-9 二自由度汽车行驶模型

力；F_{xf}、F_{xr} 分别为前轮和后轮的纵向力。

汽车前轮和后轮的侧偏角分别为

$$\alpha_f = \frac{v_y}{v_x} + \frac{l_f \omega}{v_x} - \delta$$

$$\alpha_r = \frac{v_y}{v_x} - \frac{l_r \omega}{v_x}$$
(3-12)

假设轮胎侧向力处于线性范围内，汽车前轮和后轮侧向力分别为

$$F_{yf} = K_{af} \alpha_f$$
$$F_{yr} = K_{ar} \alpha_r$$
(3-13)

式中，K_{af}、K_{ar} 分别为前轮和后轮综合侧偏刚度。

汽车质心处侧向加速度为

$$a_y = \dot{v}_y + v_x \omega = \ddot{y} + \dot{x}\omega$$
(3-14)

根据牛顿定律，可以列出二自由度汽车的微分方程为

$$ma_y = F_{yf} + F_{yr}$$
$$I_z \dot{\omega} = l_f F_{yf} - l_r F_{yr}$$
(3-15)

式中，m 为汽车质量；I_z 为汽车转动惯量。

汽车动力学方程为

$$m(\ddot{y} + \dot{x}\omega) = K_{af}\left(\frac{\dot{y}}{\dot{x}} + \frac{l_f \omega}{\dot{x}} - \delta\right) + K_{ar}\left(\frac{\dot{y}}{\dot{x}} - \frac{l_r \omega}{\dot{x}}\right)$$

$$I_z \dot{\omega} = l_f K_{af}\left(\frac{\dot{y}}{\dot{x}} + \frac{l_f \omega}{\dot{x}} - \delta\right) - l_r K_{ar}\left(\frac{\dot{y}}{\dot{x}} - \frac{l_r \omega}{\dot{x}}\right)$$
(3-16)

矩阵形式为

$$\begin{bmatrix}\ddot{y}\\ \dot{\omega}\end{bmatrix} = \begin{bmatrix} \dfrac{K_{af}+K_{ar}}{m\dot{x}} & \dfrac{l_f K_{af} - l_r K_{ar}}{m\dot{x}} - \dot{x} \\ \dfrac{l_f K_{af} - l_r K_{ar}}{I_z \dot{x}} & \dfrac{l_f^2 K_{af} + l_r^2 K_{ar}}{I_z \dot{x}} \end{bmatrix}\begin{bmatrix}\dot{y}\\ \omega\end{bmatrix} + \begin{bmatrix} -\dfrac{K_{af}}{m} \\ -\dfrac{l_f K_{af}}{I_z} \end{bmatrix}\delta$$
(3-17)

如图 3-10 所示，建立世界坐标系 XOY 和汽车坐标系 xoy，设参考轨迹曲率为 ρ，汽车横摆角为 θ，参考轨迹对应参考横摆角为 θ_p。

实际汽车在车道上平稳行驶时，横摆角 θ 较小，考虑汽车坐标系与世界坐标系间的转换

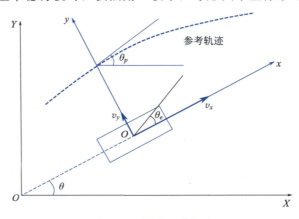

图 3-10 汽车运动关系

关系，得到世界坐标系下汽车速度为

$$\begin{cases} \dot{Y} = \dot{x}\sin\theta + \dot{y}\cos\theta \approx \dot{x}\theta + \dot{y} \\ \dot{X} = \dot{x}\cos\theta - \dot{y}\sin\theta \approx \dot{x} - \dot{y}\theta \end{cases} \tag{3-18}$$

研究汽车横向控制时，参考轨迹纵向速度不变，选取状态变量为 $x_n = [\dot{y}, \theta, \omega, Y]$，控制量 u_n 为前轮转角 δ，输出量为 $y_n = [\theta, Y]$。

则得到状态方程为

$$\begin{bmatrix} \ddot{y} \\ \dot{\theta} \\ \dot{\omega} \\ \dot{Y} \end{bmatrix} = \begin{bmatrix} \dfrac{K_{af}+K_{ar}}{m\dot{x}} & \dfrac{l_f K_{af}-l_r K_{ar}}{m\dot{x}} - \dot{x} & 0 & 0 \\ 0 & 0 & 1 & 0 \\ \dfrac{l_f K_{af}-l_r K_{ar}}{I_z \dot{x}} & \dfrac{l_r^2 K_{ar}+l_f^2 K_{af}}{I_z \dot{x}} & 0 & 0 \\ 1 & \dot{x} & 0 & 0 \end{bmatrix} \begin{bmatrix} \dot{y} \\ \theta \\ \omega \\ Y \end{bmatrix} + \begin{bmatrix} -\dfrac{K_{af}}{m} \\ 0 \\ \dfrac{l_f K_{af}}{I_z} \\ 0 \end{bmatrix} \delta \tag{3-19}$$

车辆理想侧向加速度为

$$\dot{v}_y(s) = v_x^2 \rho(s) \tag{3-20}$$

式中，$\rho(s)$ 为参考轨迹的曲率。

侧向加速度误差为

$$\ddot{e}_{cg} = (\dot{v}_y + v_x \omega) - \dot{v}_y(s) = \dot{v}_y + v_x \dot{\theta}_e \tag{3-21}$$

式中，$\theta_e = \theta - \theta_p$ 为车辆偏航角。

侧向速度误差为

$$\dot{e}_{cg} = v_y + v_x \sin(\theta_e) \tag{3-22}$$

车辆侧向控制误差模型为

$$\begin{bmatrix} \dot{e}_{cg} \\ \ddot{e}_{cg} \\ \dot{\theta}_e \\ \ddot{\theta}_e \end{bmatrix} = \begin{bmatrix} 0 & 1 & 0 & 0 \\ 0 & \dfrac{-(K_{af}+K_{ar})}{mv_x} & \dfrac{K_{af}+K_{ar}}{m} & \dfrac{l_r K_{ar}-l_f K_{af}}{mv_x} \\ 0 & 0 & 0 & 1 \\ 0 & \dfrac{l_r K_{ar}-l_f K_{af}}{I_z v_x} & \dfrac{l_f K_{af}-l_r K_{ar}}{I_z} & \dfrac{-(l_f^2 K_{af}+l_r^2 K_{ax})}{I_z v_x} \end{bmatrix} \begin{bmatrix} e_{cg} \\ \dot{e}_{cg} \\ \theta_e \\ \dot{\theta}_e \end{bmatrix} +$$

$$\begin{bmatrix} 0 \\ \dfrac{K_{af}}{m} \\ 0 \\ \dfrac{l_f K_{af}}{I_z} \end{bmatrix} \delta + \begin{bmatrix} 0 \\ \dfrac{l_r K_{ar}-l_f K_{af}}{mv_x} - v_x \\ 0 \\ \dfrac{-(l_f^2 K_{af}+l_r^2 K_{ar})}{I_z v_x} \end{bmatrix} \rho(s) \tag{3-23}$$

第三节　模型预测控制技术

模型预测控制是一种先进的控制方法，具有对模型要求低、能处理多变量和有约束的控制等优点。模型预测控制更贴合实际应用情景，可改善控制系统在不确定性影响下保持良好状态的能力。

智能网联汽车的自适应巡航控制、车道保持辅助以及自动驾驶的路径跟踪等，都可以利用模型预测控制技术。

1. 模型预测控制原理

模型预测控制系统由预测模型、参考轨迹滚动优化和在线校正构成，如图 3-11 所示。参考轨迹输入分别为 $s(k)$ 和 $y(k)$，输出为 $y_d(k+i)$；预测模型输入和输出分别为 $u(k)$ 和 $y_m(k+i)$；被控对象输入和输出分别为 $u(k)$ 和 $y(k)$。参考轨迹是预期的控制目标，是平滑、缓和的一条期望曲线。预测模型是基于理论，依据历史信息和假设未来输入，建立用于预测未来状态的数学模型。滚动优化是获得最优 $u(k)$，以滚动式有限时域进行优化，以某一性能最优作为控制目标确定未来状态，反复在线运行。在线校正是为了消除因模型失配或环境干扰导致的控制偏差，对产生的偏差进行补偿，同时作为反馈，为下一个采样时刻的滚动优化提供数据，进行新的优化。

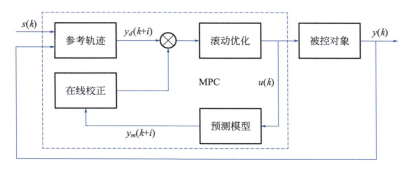

图 3-11　模型预测控制系统结构框图

通过滚动优化和在线校正可以克服被控系统非线性和不确定性，提高系统稳定性和鲁棒性。模型预测控制基本控制思想是求解一个最优化的问题来获得最优的控制序列，控制未来的行为，如图 3-12 所示。曲线 1 为系统控制变量，曲线 2、4 分别为 k、$k+1$ 时刻的参考曲线，对控制指标进行在线优化获得对应时刻最佳的输出曲线 3、5，但是由于受到迟滞、时变等不确定性的影响，在 $k+1$ 时刻输出值与期望的优化值存在偏差 Δy，因此需要对 k 时刻的预测曲线 7 进行误差补偿，得到 $k+1$ 时刻的反馈曲线 6，即校正后的优化曲线，进入

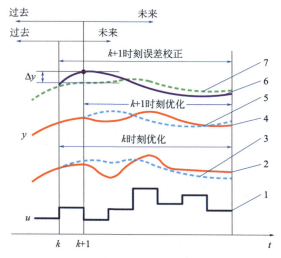

图 3-12　模型预测控制基本方法原理

到下一时刻的在线优化。

2. 自适应巡航系统的模型预测控制

（1）预测模型。为了建立实时线性系统，选取主车的加速度 $a_h(k)$ 为控制变量，相对车速 $v_r(k)$、相对距离 $d_r(k)$、主车车速 $v_h(k)$ 作为输入的状态变量，因此有

$$u(k)=a_h(k)$$
$$x(k)=[d_r(k),v_r(k),v_h(k)]^T \tag{3-24}$$

式中，$u(k)$ 为控制变量；$x(k)$ 为状态变量；k 为自然数。

前方目标车辆的加速度是不可测的，设 k 时刻后，输入发生 P 步变化后稳定，且有 $N \geqslant P$，设 A、B 分别为输入变量和控制变量的待定系数，则未来 N 个时刻系统输入变量的表达式为

$$\begin{aligned}
x(k+1)&=Ax(k)+B(k)\\
x(k+2)&=A^2x(k)+ABu(k)+Bu(k+1)\\
&\vdots\\
x(k+P-1)&=A^{P-1}x(k)+A^{P-2}Bu(k)+\cdots+bu(k+P-2)\\
x(k+P)&=A^Px(k)+A^{P-1}Bu(k)+\cdots+bu(k+P-1)\\
&\vdots\\
x(k+N)&=A^Px(k)+A^{P-1}Bu(k)+\cdots+(A^{N-P}B+\cdots+B)bu(k+N-1)
\end{aligned} \tag{3-25}$$

k 时刻后，未来 N 个时刻系统的预测状态方程式为

$$Y(k)=DX(k)+EU(k) \tag{3-26}$$

式中，$Y(k)=\begin{bmatrix}y(k+1)\\ \vdots\\ y(k+P)\end{bmatrix}$；$D=\begin{bmatrix}CA\\ \vdots\\ CA^P\end{bmatrix}$；$X(k)=\begin{bmatrix}x(k+1)\\ \vdots\\ x(k+P)\end{bmatrix}$；

$E=\begin{bmatrix}CB & 0 & 0\\ \vdots & \ddots & 0\\ CA^{P-1}B & \cdots & CB\\ \vdots & & \vdots\\ CA^{P-1}B & \cdots & \sum_{i=1}^{N-P+1}CA^{i-1}B\end{bmatrix}$；$U(k)=\begin{bmatrix}a_r(k+1)\\ \vdots\\ a_r(k+p)\end{bmatrix}$。

为了简化预测模型，假设目标车辆的加速度为零，而实际发生的变化作为扰动变量，即

$$a_r(k)=-a_h(k) \tag{3-27}$$

相对车速、相对距离及主车车速表达式分别为

$$\begin{aligned}
v_h(k+1)&=v_h(k)+a_h(k)T_s\\
d_r(k+1)&=d_r(k)+v_r(k)T_s-\frac{1}{2}a_n(k)T_s^2\\
v_r(k+1)&=v_r(k)-a_h(k)T_s
\end{aligned} \tag{3-28}$$

因为输入变量可测，采样时间为 T_s，可以获得控制主车加速度的预测模型的状态方程为

$$S:\begin{cases}x(k+1)=Ax(k)+Bu(k)\\ y(k)=Cx(k)\end{cases} \tag{3-29}$$

式中，$A = \begin{bmatrix} 1 & T_s & 0 \\ 0 & 1 & 0 \\ 0 & 0 & 1 \end{bmatrix}$；$B = \begin{bmatrix} -\frac{1}{2}T_s^2 \\ -T_s \\ T_s \end{bmatrix}$；$C = \begin{bmatrix} 1 & 0 & 0 \\ 0 & 1 & 0 \\ 0 & 0 & 1 \end{bmatrix}$；$k = 0,1,2,\cdots,n$。

增量式预测模型是以控制变量的变化率为系统输入，为了防止加速度变化过大，可以选取加速度的变化率作为系统的输入，提高系统稳定性，加速度变化率为

$$\Delta u(k) = u(k) - u(k-1) \tag{3-30}$$

由此可得

$$\begin{aligned} u'(k) &= u(k) - u(k-1) \\ x'(k) &= [d_r(k), v_r(k), v_h(k), u(k-1)]^T \end{aligned} \tag{3-31}$$

增量式预测状态方程为

$$S: \begin{cases} x'(k+1) = Ax'(k) + Bu'(k) \\ y'(k) = Cx'(k) \end{cases} \tag{3-32}$$

式中，$A = \begin{bmatrix} 1 & T_s & 0 & -\frac{1}{2}T_s^2 \\ 0 & 1 & 0 & -T_s \\ 0 & 0 & 1 & T_s \\ 0 & 0 & 0 & 1 \end{bmatrix}$；$B = \begin{bmatrix} -\frac{1}{2}T_s^2 \\ -T_s \\ T_s \\ 1 \end{bmatrix}$；$C = \begin{bmatrix} 1 & 0 & 0 & 0 \\ 0 & 1 & 0 & 0 \\ 0 & 0 & 1 & 0 \\ 0 & 0 & 0 & 1 \end{bmatrix}$；$k = 0,1,2,\cdots,n$。

(2) 有约束多变量滚动优化及反馈校正。实际应用中，选取性能指标需要考虑各种因素，对系统的输入、中间和输出变量进行约束，对于状态方程的在线优化可以采用基于二次型性能指标的二次规划型求解。

自适应巡航控制需要在保证安全性的同时兼顾舒适性的前提下实现跟车功能，因此优化目标可以定为减小跟踪误差，约束车速、加速度的变化频率和幅度，抑制过大的振荡。

跟踪误差直接影响系统的控制效果，在进行跟车时，实际的行车间距与期望的行车间距存在一定的误差，期望的行车间距为

$$d_e = c_0 + c_1 v_m + c_2 v_r + c_3 v_r^2 \tag{3-33}$$

式中，v_m 为较大车速；v_r 为相对车速；c_0、c_1、c_2、c_3 为大于零的常数。

跟车误差的优化目标是在不影响安全性的前提下尽可能小，由于在建立期望相对车距函数时已经考虑了安全距离的问题，因此只需要对误差值取极小值，跟车误差优化值为

$$J_d(k) = \min e_d(k) = \min |d_r(k) - d_e(k)| \tag{3-34}$$

式中，$J_d(k)$ 为跟车误差优化值；$e_d(k)$ 为跟车误差。

跟车的最终目标是在一定时间内与前车车速保持一致，进行稳定跟车，相对车速应满足

$$\begin{cases} J_v(k) = \min v_r(k) \\ \lim_{k \to \infty} v_r(k) = 0 \end{cases} \tag{3-35}$$

式中，$J_v(k)$ 为相对车速优化值。

纵向行车舒适性可以由加速度及其变化率来评定，行驶过程中加速度及其变化率分别在 $-1 \sim 1 \text{m/s}^2$ 和 $-0.2 \sim 0.2 \text{m/s}^2$ 时舒适性最佳。汽车启动加速度一般为 $2 \sim 3 \text{m/s}^2$，在这里不考虑紧急制动，制动加速度控制在 $-3 \sim 3 \text{m/s}^2$ 最佳。

因此可以选取 $-3 \sim 2 \text{m/s}^2$ 作为加速度的限定范围，考虑到不影响各种工况下系统的快

速响应，允许加速度突变，当车速接近稳态时要求加速度变化率为 $-0.5\sim0.5$。加速度及其变化率在满足约束条件的情况下尽可能取极小值，其优化值为

$$J_{a_h}(k) = \min a_h(k) \quad -3 \leqslant a_h \leqslant 2$$
$$J_{u'}(k) = \min u'(k) \quad -0.5 \leqslant u' \leqslant 0.5 \tag{3-36}$$

式中，$J_{a_h}(k)$ 为主车加速度优化值；$J_{u'}(k)$ 为主车加速度变化率优化值。

对控制量和输出量进行约束后，在未来任意时刻，控制量的增量和输出量的预测值的每一次优化都需要满足约束条件，即

$$u'_{\min}(k) \leqslant u'(k) = u'(k-1) + \Delta u'(k) \leqslant u'_{\max}(k)$$
$$y'_{\min}(k) \leqslant y'(k) = y'(k-1) + \Delta y'(k) \leqslant y'_{\max}(k) \tag{3-37}$$

式中，$u'_{\min}(k)$ 为控制变量的最小值；$u'_{\max}(k)$ 为控制变量的最大值；$y'_{\min}(k)$ 为输出变量的最小值；$y'_{\max}(k)$ 为输出变量的最大值。

控制变量最大、最小值和输出变量最大、最小值分别为2、−3和0.5、−0.5。采用软约束方法避免突变的现象，输入变量的参考轨迹和偏差量分别为

$$x_r(k) = [d_e(k) \quad 0 \quad v_r(k)]^T$$
$$x_e(k) = x'(k) - x_r(k) \tag{3-38}$$

式中，$x_r(k)$ 为给定的参考轨迹；$x_e(k)$ 为偏差量。

二次型优化性能指标的向量形式的表达式为

$$\min_{u'(k)} J(k) = \|X'(k)\|^2_{Q(k)} + \|U'(k)\|^2_{R(k)} \tag{3-39}$$

式中，$X'(k)$ 为输入变量向量形式；$U'(k)$ 为控制变量向量形式；$Q(k)$ 为误差权矩阵；$R(k)$ 为控制权矩阵。

对输入与输出变量满足约束条件的程度调节可以通过改变对角误差和控制权矩阵系数来实现。权矩阵用于对求解的结果反复进行检验和调整，从而获得较理想的输出值。将跟车误差、相对车速与相对加速度作为优化问题的输入变量，加速度变化率依旧作为控制变量，即 $X'(k) = [e_d(k), v_r(k), a_h(k-1)]^T$，$U'(k) = u'(k)$。

对应的权矩阵 $Q(k) = \text{diag}[q_{e_d}(k), q_{v_r}(k), q_{a_h}(k)]$，$R(k) = r_{u'}(k)$，通过调节权矩阵中加权系数类似于影响因子，代表了系统工作时各变量的重要程度，对跟踪、安全和舒适性能进行平衡，达到最佳效果。

通过上述分析，获得最终的优化问题：在满足变量约束的情况下即以有限控制量作为优化变量，对未来 N 个时刻在线求出数学规划问题，即转变成二次规划问题求解。具体的优化表达式为

$$\min_{u'(k)} J(k) = \sum_1^N [X'^T(k+1|k)Q(k)X'(k+1|k)] + \sum_0^N [u'^T(k+1|k)R(k)u'(k+1|k)]$$
$$\text{s.t.} \quad S: \begin{cases} x'(k+1) = A'x'(k) + B'u'(k) \\ y'(k) = C'x'(k) \end{cases}$$
$$u'_{\min}(k) \leqslant u'(k) \leqslant u'_{\max}(k)$$
$$y'_{\min}(k) \leqslant y'(k) \leqslant y'_{\max}(k) \tag{3-40}$$

通常优化方程在某些时刻是无解的，因此需要添加松弛因子，同时还需要将优化方程转化成标准二次型才能进行求解，具体的转化方法可以通过编程完成，最终的求解通过 MATLAB 中的 quadprog 函数实现。转变后的优化方程为

$$\min_{u'(k)} J'(k) = \min_{u'(k)} J(k) + \rho \varepsilon^2 \tag{3-41}$$

式中，ε为松弛因子；ρ为待定系数。

反馈校正是将输出的信号反馈到系统的输入进行实时校正。由于本系统整个过程是闭环滚动的，系统的输出即为输入变量，并且可测，因此可以作为下一步预测和优化的基点。

外界不引入其他措施通过状态的刷新，实现预测向实际接近，即循环优化的过程中会产生一系列控制变量增量，不断进行更新，因此每一次输入控制增量进行叠加后再作为系统的输入，每个周期如此反复，实现系统的校正。

3. 车道保持辅助系统的模型预测控制

研究预测控制在车道保持中的应用，根据预测控制原理设计出车道中心线跟踪控制器结构如图 3-13 所示。

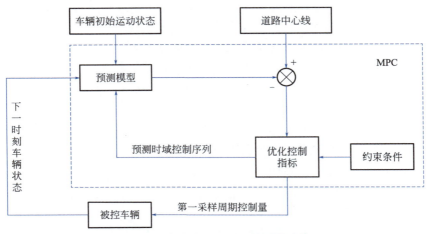

图 3-13 车道中心线跟踪控制器结构

（1）建立预测模型。选取状态变量为 $x_n = [\dot{y}, \theta, \omega, Y]^T$，控制量 u_n 为前轮转角 δ，输出量为 $y_n = [\theta, Y]$，则系统状态方程为

$$\begin{cases} \dot{x}_n = A_n x_n + B_n u_n \\ y_n = C_n x_n \end{cases} \tag{3-42}$$

式中，$A_n = \begin{bmatrix} \dfrac{K_{\alpha f}+K_{\alpha r}}{m\dot{x}} & \dfrac{l_f K_{\alpha f}-l_r K_{\alpha r}}{m\dot{x}}-\dot{x} & 0 & 0 \\ 0 & 0 & 1 & 0 \\ \dfrac{l_f K_{\alpha f}-l_r K_{\alpha r}}{I_z \dot{x}} & \dfrac{l_f^2 K_{\alpha r}+l_f K_{\alpha f}}{I_z \dot{x}} & 0 & 0 \\ 1 & \dot{x} & 0 & 0 \end{bmatrix}$；$B_n = \begin{bmatrix} -\dfrac{K_{\alpha f}}{m} \\ 0 \\ \dfrac{l_f K_{\alpha f}}{I_z} \\ 0 \end{bmatrix}$；$C_n = [0 \ 1 \ 0 \ 1]$。

在已知参考轨迹的情况下，参考轨迹对应的参考航向角确定，状态变量 x_n 实时可测。为获取离散化的状态空间方程，需将系统状态方程离散化。首先令

$$\begin{aligned} A &= e^{A_n T} \\ B &= \int_0^T e^{A_n T} dt \cdot B_n \\ C &= C_n \end{aligned} \tag{3-43}$$

式中，T 为采样周期。

得到离散状态空间方程为

$$\begin{cases} x_n(k+1) = Ax_n(k) + Bu_n(k) \\ y_n(k) = Cx_n(k) \end{cases} \tag{3-44}$$

设系统控制时域为 P 个采样周期，预测时域为 N 个采样周期，满足 $N \geqslant P$ 从时刻 k 起，系统输入发生 P 步变化，之后保持不变，根据离散状态空间方程可预测未来 N 个采样时刻的系统状态为

$$\begin{gathered} x(k+1) = Ax(k) + Bu(k) \\ x(k+2) = A^2 x(k) + ABu(k) + Bu(k+1) \\ \vdots \\ x(k+P-1) = A^{P-1} x(k) + A^{P-2} Bu(k) + \cdots + Bu(k+P-2) \\ x(k+P) = A^P x(k) + A^{P-1} Bu(k) + \cdots + Bu(k+P-1) \\ \vdots \\ x(k+N) = A^P x(k) + A^{P-1} Bu(k) + \cdots + (A^{N-P}B + \cdots + B)u(k+N-1) \end{gathered} \tag{3-45}$$

由系统输出方程得到系统输出为

$$\begin{gathered} y(k+1) = CAx(k) + CBu(k) \\ y(k+2) = CA^2 x(k) + CABu(k) + CBu(k+1) \\ \vdots \\ y(k+P-1) = CA^{P-1} x(k) + CA^{P-2} Bu(k) + \cdots + CBu(k+P-2) \\ y(k+P) = CA^P x(k) + CA^{P-1} Bu(k) + \cdots + CBu(k+P-1) \\ \vdots \\ y(k+N) = CA^P x(k) + CA^{P-1} Bu(k) + \cdots + C(A^{N-P}B + \cdots + B)u(k+N-1) \end{gathered} \tag{3-46}$$

用向量形式表示系统输出方程得到

$$Y(k) = DX(k) + EU(k) \tag{3-47}$$

式中，$Y(k) = \begin{bmatrix} y(k+1) \\ \vdots \\ y(k+P) \end{bmatrix}$；$D = \begin{bmatrix} CA \\ \vdots \\ CA^P \end{bmatrix}$；$U(k) = \begin{bmatrix} u(k) \\ u(k+1) \\ \vdots \\ u(k+P-1) \end{bmatrix}$；

$$E = \begin{bmatrix} CB & 0 & 0 \\ \vdots & \ddots & 0 \\ CA^{P-1}B & \cdots & CB \\ \vdots & & \vdots \\ CA^{P-1}B & \cdots & \sum_{i=1}^{N-P+1} CA^{i-1}B \end{bmatrix}。$$

(2) 带约束滚动优化。为了优化系统跟踪的能力，根据状态量设定优化目标函数为

$$J_x(k) = \min x_d(k) = \min |x_n(k) - x_e(k)| \tag{3-48}$$

为优化系统控制量平稳变化性，根据控制量增量设定优化目标函数为

$$J_{\Delta u}(k) = \min |\Delta u_n(k)| \tag{3-49}$$

考虑汽车条件对控制量的限制，根据控制量设定优化目标函数为

$$J_u(k) = \min |u_n(k)| \tag{3-50}$$

设定控制 k 时刻的优化问题可表述为确定 k 时刻起 P 个控制量 $u(k)$、$u(k+1)$、$\cdots$、$u(k+P-1)$，使被控对象在未来 N 个时刻状态镇定，x 趋近于 0，同时考虑约束条件，抑

制控制量的剧烈变化。优化性能指标函数为

$$J(k) = \sum_{i=1}^{P} \| x_n(k+i|k) - x_e(k+i|k) \|_Q^2 + \sum_{i=1}^{N} \| \Delta u_n(k+i|k) \|_R^2 + \sum_{i=1}^{N} \| u_n(k+i|k) \|_P^2 \quad (3-51)$$

结合向量形式的输出方程，优化性能指标可表示为

$$\min_{U(k)} J(k) = \| \Delta X(k) \|_Q^2 + \| \Delta U(k) \|_R^2 + \| U(k) \|_P^2 \quad (3-52)$$

式中，Q、R、P 分别为误差权矩阵、控制增量权矩阵和控制量权矩阵。

权矩阵 $Q(k) = \mathrm{diag}[q_{e_d}(k), q_{v_r}(k), q_{a_h}(k)]$、$R(k) = r_{u'}(k)$、$P(k) = r_u(k)$ 可通过 MATLAB 中 quadprog 函数求得，调节权矩阵中不同的加权系数，反映了系统工作时各变量的重要程度，Q 表示输出误差加权，R 表示控制增量加权，P 表示控制量加权。

需要施加的约束条件包括控制量约束、控制增量约束和输出量约束，分别为

$$u_{\min}(k+i) \leq u(k+i) \leq u_{\max}(k+i), \quad i = 0, 1, \cdots, N-1 \quad (3-53)$$

$$\Delta u_{\min}(k+i) \leq \Delta u(k+i) \leq \Delta u_{\max}(k+i), \quad i = 0, 1, \cdots, N-1 \quad (3-54)$$

$$y_{\min}(k+i) \leq y(k+i) \leq y_{\max}(k+i), \quad i = 0, 1, \cdots, N-1 \quad (3-55)$$

性能指标函数中求解控制时域内控制增量，为简化计算，可将控制量约束条件转化为控制增量及转换矩阵相乘的形式，即

$$u(k+i) = u(k+i-1) + \Delta u(k+i) \quad (3-56)$$

$$U_k = I_P \otimes u(i-1) \quad (3-57)$$

$$H = \begin{bmatrix} 1 & 0 & 0 & \cdots & 0 \\ 1 & 1 & 0 & \cdots & 0 \\ 1 & 1 & 1 & \ddots & 0 \\ \vdots & \vdots & \ddots & \ddots & 0 \\ 1 & 1 & \cdots & 1 & 1 \end{bmatrix}_P \otimes I_P \quad (3-58)$$

控制时域内控制量约束形式为

$$U_{\min} \leq H \Delta U_k + U_k \leq U_{\max} \quad (3-59)$$

考虑到控制具有多个约束条件，在动态变化过程中某些时刻优化方程可能无解，为避免可能出现的无解问题可在优化目标函数中添加松弛因子，放宽部分约束条件，以使优化方程始终有解，添加松弛因子的优化性能指标函数为

$$\min_{U(k)} J'(k) = \min_{U(k)} J(k) + \rho \varepsilon^2 \quad (3-60)$$

式中，ρ 为待定权重系数；ε 为松弛因子。

综合目标函数和约束条件，设计的控制器在每个采样周期内的控制优化过程可转化为在约束条件下求性能指标函数最小值的二次规划问题，即

$$\min_{U(k)} J(k) = \sum_{1}^{P} [\Delta X^{\mathrm{T}}(k) Q(k) \Delta X(k)] + \sum_{0}^{N} [\Delta U^{\mathrm{T}}(k) R(k) \Delta U(k)] + \sum_{0}^{N} [U^{\mathrm{T}}(k) P(k) \Delta U(k)] + \rho \varepsilon^2 \quad (3-61)$$

s. t.
$$\Delta U_{\min} \leq \Delta U_k \leq \Delta U_{\max}$$
$$U_{\min} \leq H \Delta U_k + U_k \leq \Delta U_{\max}$$
$$y_{h\min} \leq y_h(k) \leq y_{h\max}$$

$$y_{s\min}-\varepsilon \leqslant y_s(k) \leqslant y_{s\max}+\varepsilon$$

使用 MATLAB 中 quadprog 函数根据有效集法或内点法求解此二次规划问题，每一时刻 k，可通过求解式(3-61) 得到该时刻起控制时域 P 内的控制增量序列及松弛因子为

$$\Delta U_k = [\Delta u_k, \Delta u_{k+1}, \cdots, \Delta u_{k+P-1}, \varepsilon]^T \tag{3-62}$$

获取当前时刻未来控制增量序列后，使用 ΔU_k 第一个元素作为实际控制输入增量施加于系统，此时控制量变为

$$u_n(k) = u_n(k-1) + \Delta u_k \tag{3-63}$$

进行到 $k+1$ 时刻，重复式(3-61)~式(3-63) 过程，循环滚动优化实现对参考轨迹的跟踪控制。

(3) 约束条件设定。建立的车辆动力学模型基于小偏角假设，为保证汽车具有良好的操纵稳定性，轮胎需工作于线性区域，故设定轮胎侧偏角理想约束为

$$-3° \leqslant \alpha \leqslant 3° \tag{3-64}$$

在理想侧偏角约束下优化方程可能在某些时刻无解，故使用添加松弛因子的优化方程来进行优化求解，此时侧偏角约束条件可适当放宽，考虑到操纵稳定性的要求，可选取轮胎侧偏角软约束为 $-5° \leqslant \alpha \leqslant 5°$。每一时刻轮胎侧偏角可根据选取的状态量 $x_n = [\dot{y} \quad \theta \quad \omega \quad Y]^T$ 计算得出

$$\begin{cases} \alpha_f(t) = \dfrac{\dot{y}(t) + l_f \omega(t)}{v_x} - \delta(t-1) \\ \alpha_r(t) = \dfrac{\dot{y}(t) - l_r \omega(t)}{v_x} \end{cases} \tag{3-65}$$

考虑到汽车自身的限制，需对汽车前轮转角及其增量施加约束，可将约束表示为

$$\begin{cases} \delta_{\min} \leqslant \delta \leqslant \delta_{\max} \\ \Delta\delta_{\min} \leqslant \Delta\delta \leqslant \Delta\delta_{\max} \end{cases} \tag{3-66}$$

这里选取 $-15° \leqslant \delta \leqslant 15°$，每个采样周期内转角变化量满足 $-0.4° \leqslant \Delta\delta \leqslant 0.4°$。

考虑到汽车驾驶的舒适性与安全性，需对汽车横摆角速度 ω 和汽车质心侧偏角 β 施加约束，假设汽车行驶在附着良好的干燥沥青路面上，约束为

$$\begin{cases} \omega_{\min} \leqslant \omega \leqslant \omega_{\max} \\ \omega_{\min} = -\mu g / \dot{x} \\ \omega_{\max} = \mu g / \dot{x} \\ -12° \leqslant \beta \leqslant 12° \end{cases} \tag{3-67}$$

式中，μ 为地面附着系数，该约束条件随汽车的速度及地面附着系数动态变化。

第四节　卡尔曼滤波技术

卡尔曼滤波是一种利用线性系统状态方程，通过系统输入输出观测数据，对系统状态进行最优估计的算法。由于观测数据中包括系统中的噪声和干扰的影响，所以最优估计也可视为滤波过程。数据滤波是去除噪声还原真实数据的一种数据处理技术，卡尔曼滤波在测量方差已知的情况下能够从一系列存在测量噪声的数据中，估计动态系统的状态。由于便于计算机编程实现，并能够对现场采集的数据进行实时的更新和处理，卡尔曼滤波是目前应用最为

广泛的滤波方法，在通信、导航、制导与控制等多领域得到了较好的应用。

例如，在雷达测量中，人们感兴趣的是跟踪目标，但目标的位置、速度、加速度的测量值往往在任何时候都有噪声。卡尔曼滤波利用目标的动态信息，设法去掉噪声的影响，得到一个关于目标位置的好的估计。这个估计可以是对当前目标位置的估计，也可以是对将来位置的估计，也可以是对过去位置的估计。

一、线性卡尔曼滤波

1. 状态方程

对于自动驾驶工具箱中的大多数物体的跟踪，状态向量由一维、二维或三维位置和速度组成。

对于一个沿着 x 轴方向运动并保持恒定加速度的物体，可以将其牛顿方程转化为空间状态方程。

牛顿方程为

$$f = m\ddot{x}$$
$$\ddot{x} = \frac{f}{m} = a \tag{3-68}$$

式中，m 为物体质量；a 为物体加速度；f 为物体所受外力。

定义状态变量为 $x_1 = x$，$x_2 = \dot{x}$，则牛顿定律的状态空间方程为

$$\frac{d}{dt}\begin{bmatrix} x_1 \\ x_2 \end{bmatrix} = \begin{bmatrix} 0 & 1 \\ 0 & 0 \end{bmatrix}\begin{bmatrix} x_1 \\ x_2 \end{bmatrix} + \begin{bmatrix} 0 \\ 1 \end{bmatrix}a \tag{3-69}$$

有时模型包含过程噪声，以反映运动模型中的不确定性。在这种情况下，牛顿方程需要增加一个附加项，即

$$\frac{d}{dt}\begin{bmatrix} x_1 \\ x_2 \end{bmatrix} = \begin{bmatrix} 0 & 1 \\ 0 & 0 \end{bmatrix}\begin{bmatrix} x_1 \\ x_2 \end{bmatrix} + \begin{bmatrix} 0 \\ 1 \end{bmatrix}a + \begin{bmatrix} 0 \\ 1 \end{bmatrix}u_k \tag{3-70}$$

式中，u_k 为加速度的扰动噪声，假设它是均值为零的高斯白噪声。

将一维方程扩展为二维方程，即

$$\frac{d}{dt}\begin{bmatrix} x_1 \\ x_2 \\ y_1 \\ y_2 \end{bmatrix} = \begin{bmatrix} 0 & 1 & 0 & 0 \\ 0 & 0 & 0 & 0 \\ 0 & 0 & 0 & 1 \\ 0 & 0 & 0 & 0 \end{bmatrix}\begin{bmatrix} x_1 \\ x_2 \\ y_1 \\ y_2 \end{bmatrix} + \begin{bmatrix} 0 \\ a_x \\ 0 \\ a_y \end{bmatrix} + \begin{bmatrix} 0 \\ v_x \\ 0 \\ v_y \end{bmatrix} \tag{3-71}$$

对于离散形式，牛顿定律的状态空间方程变为

$$\begin{bmatrix} x_{1,k+1} \\ x_{2,k+1} \end{bmatrix} = \begin{bmatrix} 1 & T \\ 0 & 1 \end{bmatrix}\begin{bmatrix} x_{1,k} \\ x_{2,k} \end{bmatrix} + \begin{bmatrix} 0 \\ T \end{bmatrix}a + \begin{bmatrix} 0 \\ 1 \end{bmatrix}\tilde{v} \tag{3-72}$$

式中，T 为采样周期；x_k 为离散时刻 k 对应的状态；x_{k+1} 为离散时刻 $k+1$ 对应的状态。

离散状态方程可表示为

$$x_{k+1} = F_k x_k + G_k u_k + v_k \tag{3-73}$$

式中，x_{k+1} 为 $k+1$ 时刻系统特征的状态变量；x_k 为 k 时刻系统特征的状态变量；F_k 为状态 k 时刻到 $k+1$ 时刻的转移矩阵；G_k 为状态 k 时刻到 $k+1$ 时刻的控制矩阵；v_k 为状态 k 时刻随机噪声扰动矩阵。

2. 测量方程

测量依赖于持续变化的状态向量。例如，在雷达测量系统中，测量可以为球面坐标（范围、方位和高度），状态向量为笛卡尔位置和速度。对于线性卡尔曼滤波器，测量值一直为状态向量的线性函数，排除球面坐标。如果要用球面坐标，需要用扩展卡尔曼滤波器。

测量方程为

$$z_k = H_k x_k + \omega_k \tag{3-74}$$

式中，z_k 为测量变量；H_k 为状态向量对测量向量的增益；ω_k 为测量噪声向量，测量噪声是均值为零的高斯白噪声。

3. 线性卡尔曼滤波器方程

如果不考虑噪声，则状态方程和测量方程分别为

$$\begin{aligned} x_{k+1} &= F_k x_k + G_k u_k \\ z_k &= H_k x_k \end{aligned} \tag{3-75}$$

4. 滤波器循环

滤波器循环工作过程如下。

（1）初始化。设置状态变量初值为 $x_{0|0}$，协方差矩阵初值为 $P_{0|0}$。

（2）用运动方程将状态转移到下一时刻。$k+1$ 时刻状态变量的估计值为

$$x_{k+1|k} = F_k x_{k|k} + G_k u_k \tag{3-76}$$

协方差矩阵的先验值为

$$P_{k+1|k} = F_k P_{k|k} F_k^{\mathrm{T}} + Q_k \tag{3-77}$$

$k+1$ 时刻测量变量的估计值为

$$z_{k+1|k} = H_{k+1} x_{k+1|k} \tag{3-78}$$

（3）用实际测量值与预测测量值之间的偏差修正更新时刻的状态。修正需要计算卡尔曼增益。测量值的预测协方差为

$$S_{k+1} = H_{k+1} P_{k+1|k} H_{k+1}^{\mathrm{T}} + R_{k+1} \tag{3-79}$$

卡尔曼增益为

$$K_{k+1} = P_{k+1|k} H_{k+1}^{\mathrm{T}} S_{k+1}^{-1} \tag{3-80}$$

（4）用测量值修正预测估计。假设估计为预测状态和测量之间的线性组合，修正后估计值为

$$x_{k+1|k+1} = P_{k+1|k} - K_{k+1} S_{k+1} K'_{k+1} \tag{3-81}$$

修正协方差矩阵为

$$P_{k+1|k+1} = P_{k+1|k} - K_{k+1} S_{k+1} K'_{k+1} \tag{3-82}$$

通过比较测量估计值与实际测量值，可以估计滤波器的性能。

二、扩展卡尔曼滤波

当物体运动遵循非线性状态方程或测量为状态的非线性函数时，采用扩展卡尔曼滤波器。例如，当状态或测量值通过球面坐标系得到的方位角、高度值等。

1. 状态更新模型

扩展卡尔曼滤波器线性化状态方程，更新后的状态和协方差矩阵与前一时刻的状态和协方差矩阵保持线性关系。但是，线性卡尔曼滤波器的状态转移矩阵用状态方程的雅克比矩阵替代。雅克比矩阵不是恒定的，而是依赖于状态自身及时间。为了利用扩展卡尔曼滤波器，需要确定状态转移函数及其雅克比矩阵。

假设预测状态与先前状况、控制、噪声和时间的函数关系可以用解析表达式表示为

$$x_{k+1}=f(x_k,u_k,\omega_k,t) \tag{3-83}$$

预测状态关于先前状态的雅克比矩阵为

$$F^{(x)}=\frac{\partial f}{\partial x} \tag{3-84}$$

预测状态关于噪声的雅克比矩阵为

$$F^{(\omega)}=\frac{\partial f}{\partial \omega_i} \tag{3-85}$$

当输入噪声在状态更新方程中为线性时,该函数可简化为

$$x_{k+1}=f(x_k,u_k,t)+\omega_k \tag{3-86}$$

2. 测量模型

在扩展卡尔曼滤波器中,测量可以为状态和测量噪声的非线性函数,即

$$z_k=h(x_k,u_k,t) \tag{3-87}$$

测量关于状态的雅克比矩阵为

$$H^{(x)}=\frac{\partial h}{\partial x} \tag{3-88}$$

测量关于噪声的雅克比矩阵为

$$H^{(u)}=\frac{\partial h}{\partial u} \tag{3-89}$$

当噪声在测量方程中为线性时,测量函数可简化为

$$z_k=h(x_k,t)+u_k \tag{3-90}$$

3. 扩展卡尔曼滤波器循环

扩展卡尔曼滤波器循环与线性卡尔曼滤波器循环基本相同,只是状态转移矩阵用状态雅克比矩阵替代,测量矩阵用适当的雅克比矩阵替代。

第五节 道路识别技术

道路识别技术主要用于车道偏离报警系统和车道保持辅助系统等。在实现方法上主要分为基于雷达成像原理的雷达传感器和基于机器视觉图像的视觉传感器两类,目前以视觉传感器识别为主。

一、图像特征分类

要对图像中的物体进行分类,就需要先知道图像中各个部分的特征,利用这些特征作为划分的标准。从某种意义上说,特征的合适与否对分类的精确度起着决定性作用。图像中的特征最基本的是颜色,除此之外,还有纹理、形状等就个体而言的特征以及空间位置关系这种整体的特征。

1. 颜色特征

颜色特征就是对图像或者图像区域当中色彩的一个描述,它的特点是并不关注细节,不关注具体的某一个像素,而是从整体上来统计图像或者图像区域中的色彩。颜色特征有它自己的优点,例如颜色是不会因为旋转图像发生变化的,即使是放大或者缩小图像,也一样不

会有影响。但是颜色特征也不太适用于对图像中的某一局部进行描述。在图像处理中,常用的颜色特征包括颜色直方图、颜色集、颜色矩、颜色聚合向量等。

(1) 颜色直方图。颜色直方图是对不同灰度级在图像中所占比例的一个统计分析,它的优点和缺点都在于它的计算与像素点的空间位置无关,它是一个完全的统计特性。这样一方面计算方便,对于不需要考虑空间位置的问题很适用,另一方面对于识别出物体的具体位置就显得不适用了,常用 RGB、HSV、HSI 等颜色空间下的图像来计算图像的颜色直方图。

RGB 模型也称为加色法混色模型,它是将彩色信息分成三个分量(R、G、B 分别代表红、绿、蓝),三个分量的不同组合可以表示出不同的颜色。RGB 模型可以建立在三维坐标系中,三个坐标轴分别用 RGB 的三个分量 R、G、B 表示,如图 3-14 所示。

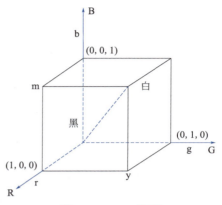

图 3-14 RGB 模型

RGB 模型的空间是一个正方体,原点代表黑色,对角顶点代表白色,RGB 颜色空间中的任意一种颜色可以用从原点的矢量表示。一般情况下,要将 RGB 颜色模型立方体归一化为单位立方体,此时 RGB 每个分量的值在 [0,1] 之间。RGB 颜色模型的优点是看起来比较直观,缺点是 R、G、B 三个分量相互依赖,任何一个分量发生改变,都会影响到整体颜色的改变。

RGB 模型是人眼最直观的颜色模式,能够直观地表示物体的色彩,是一种重要的颜色模型,大多数彩色摄像头都用 RGB 格式获取图像。

HSV 模型用色调(H)、饱和度(S)和亮度(V)三种属性表达颜色特征。其中色调是与混合光谱中的光的波长相联系的,反映了人们对颜色种类的感受;饱和度与色调的纯度有关,表示颜色的浓度;亮度表示人眼感受颜色的强弱程度,颜色中掺入白色越多就越明亮。这三种属性能够独立表达人们感受颜色的过程,互相不受影响,因此 HSV 模型也称为主观颜色模型。

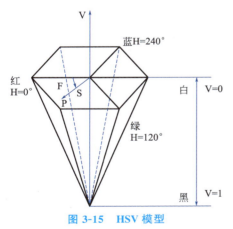

图 3-15 HSV 模型

HSV 模型也称六角锥体模型,如图 3-15 所示。色调 H 用绕中轴旋转的角度表示,取值范围为 0°~360°,红色为 0°,按逆时针角度方向计算,绿色为 120°,蓝色为 240°;亮度 V 用垂直轴线上的大小表示,取值范围为 0~1;饱和度 S 用离中心轴线的距离表示,取值范围为 0~1。当 S=1 并且 V=1 时,得到纯色彩。

HSV 模型有两个显著特点:第一,在 HSV 模型中亮度分量 V 和色调分量 H 是相互独立的,V 分量与图像的颜色无关,只与图像的光照强度有关;第二,色调分量 H 及饱和度分量 S 互相独立,并且与人们感知色彩的方式紧密相连。这些优点使 HSV 模型可以充分发挥色调分量 H 的作用,适合基于人类的视觉系统对彩色图像分析的算法。

HSI 模型较好地反映了人们的视觉系统对不同色彩的感知方式,在该模型中用色调(H)、色饱和度(S)及强度(I)三个基本分量来表达不同的颜色。H 与光波的波长紧密相关，不同 H 的值代表着不同的颜色，如当 H 值的取值范围为 0°～360°时，红色、绿色和蓝色的 H 值分别为 0°、120°和 240°；S 代表颜色的纯度，纯色是完全饱和的，颜色也最鲜艳，向纯光谱色中加入白光会降低饱和度；I 表示成像的亮度和图像的灰度，I 是一个主观的概念，表达了人类视觉对颜色明亮程度的感知。I 与图像的彩色信息无关，H 和 S 与人们感受颜色的方式紧密相连，因此 HSI 颜色模型得到了广泛的应用，成为颜色检测及分析的常用模型。

（2）颜色集。颜色集可以视为颜色直方图的一个变种。颜色集的计算需要在视觉均衡的颜色空间中进行，例如 HSV 颜色空间。所以计算时首先将 RGB 颜色空间转化到此颜色空间。然后把颜色空间分成若干个柄，再以色彩特征把图像划分成若干子图像。对于三个颜色分量，只保留其中一个量化此颜色空间，并用这个颜色分量作为索引，从而用一个二进制颜色索引集来表达完整的图像。

（3）颜色矩。颜色矩是用来表达图像或者图像区域中颜色分布的一种方法，常用的有三种，即颜色的一阶矩（均值）、二阶矩（方差）、三阶矩（偏斜度）。它们可以比较充分地表达一幅图像或者图像区域中的色彩分布。

（4）颜色聚合向量。在求解颜色聚合向量时，首先要获取图像的直方图，然后利用它把其中每个柄的像素划分成两个部分。划分的方法是先给定一个阈值，然后统计柄中部分像素占据的连续面积，如果它们大于这个阈值，那么这个区域中的像素就是定义的聚合像素，反之则不是。

2. 纹理特征

纹理特征给人的直观印象是图像中色彩分布的某种规律性，它也是面向全局的，但是它和颜色特征还不太一样，它在对每个像素点进行讨论时，往往需要在此像素点的邻域内进行分析。纹理特征是不会因为图像的旋转而发生变化的，对于一些噪声也有比较好的适应性。但是它也有自己的缺点，例如当放大或缩小图像时，纹理特征会发生变化，而且光线的变化也会对纹理特征产生影响。纹理特征提取方法有很多，如统计方法、结构方法、模型方法和信号处理方法等。

（1）统计方法。统计方法是基于像元及其邻域的灰度属性，研究纹理区域中的统计特性，或像元及其邻域内的灰度的一阶、二阶或高阶统计特性，如灰度共生矩阵法。

（2）结构方法。结构方法是基于纹理基元分析纹理特征，着力找出纹理基元，认为纹理由许多纹理基元构成，不同类型的纹理基元、不同的方向和数目等，决定了纹理的表现形式，如数学形态学法。

（3）模型方法。模型方法中，假设纹理是以某种参数控制的分布模型方式形成的，从纹理图像的实现来估计计算模型参数，以参数为特征或采用某种分类策略进行图像分割，如随机场模型法。

（4）信号处理方法。信号处理方法是建立在时域、频域分析与多尺度分析基础上，对纹理图像中某个区域内实行某种变换后，再提取保持相对平稳的特征值，以此特征值作为特征表示区域内的一致性以及区域间的相异性，如小波变换方法。

信号处理方法是从变换域中提取纹理特征，其他方法是从图像域中提取纹理特征。

3. 形状特征

形状特征的提出主要是为了讨论图像或图像区域中物体的各种形式的形状。这里的形状包含了图像或图像区域的周长、面积、凹凸性以及几何形状等特征。按照形状特征的关注点不同，一般把形状特征分为着眼于边界的特征和关系到整个区域的特征。比较成熟的形状特征描述方法有边界特征法、傅里叶形状描述符法和几何参数法。

(1) 边界特征法。边界特征法着眼于图像中的边界，借以描述图像的形状，采用 Hough 变换提取直线和圆就是这类方法的典型应用。

(2) 傅里叶形状描述符法。傅里叶形状描述符法是针对物体的边界进行傅里叶变换，因为边界有封装和周期性的特征，它可以把二维的问题降成一维。

(3) 几何参数法。几何参数法是利用形状的定量计算来描述形状特征，计算的参数包括矩、面积、周长、圆度、偏心率等。

4. 空间关系特征

图像中的物体是丰富多彩的，物体作为一个独立的个体会有它自己的特性，而从整体来看，物体和物体之间也会存在一定的联系，其中最直接的联系就是空间位置关系。例如物体之间可能邻接，也可能是被其他物体间隔的。物体和物体之间可能有相互重叠的情况，也有互不关联的状况。在描述空间位置时可以用绝对的描述，例如用具体的图像中的坐标；也可以用相对的描述，例如相对某一物体的左或右等。空间位置关系的作用是加强了图像中物体彼此区分的能力。但是存在的问题是空间位置关系随着图像的旋转会发生变化，而尺度的变化也同样会影响它的效果。正是因为这个特点，一般都要将空间位置关系和其他特征配合起来使用。

二、道路识别方法

为了能在智能网联汽车的先进驾驶辅助系统中应用视觉识别技术，视觉识别必须具备实时性、鲁棒性、实用性这三个特点。实时性是指系统的数据处理必须与车辆的行驶速度同步进行；鲁棒性是指智能网联汽车上的机器视觉系统对不同的道路环境和变化的气候条件具有良好的适应性；实用性是指智能网联汽车先进驾驶辅助系统能够为普通用户所接受。

道路识别算法大体可以分为基于区域分割的识别方法、基于道路特征的识别方法和基于道路模型的识别方法。

1. 基于区域分割的识别方法

基于区域分割的识别方法是把道路图像的像素分为道路和非道路两类。分割的依据一般是颜色特征或纹理特征。基于颜色特征的区域分割方法的依据是道路图像中道路部分的像素与非道路部分的像素的颜色存在显著差别。根据采集到的图像性质，颜色特征可以分为灰度特征和彩色特征两类。灰度特征来自灰度图像，可用的信息为亮度的大小。彩色特征除了亮度信息外，还包含色调和饱和度。基于颜色特征的车道检测的本质是彩色图像分割问题，主要涉及颜色空间的选择和采用的分割策略两个方面。当然，由于不同道路的颜色和纹理会有变化，道路的颜色也随时间变化而变化，基于区域的分割是一个很困难的问题，同时路面区域分割方法大多计算量大，难以精确定位车道的边界。

2. 基于道路特征的识别方法

基于道路特征的识别方法主要是结合道路图像的一些特征，如颜色、梯度、纹理等特征，从所获取的图像中识别出道路边界或车道线，适合于有明显边界特征的道路。基于特征的车道检测过程一般分为两个阶段：第一个阶段为特征提取，主要是利用图像预处理技术、边缘检测技术提取属于车道线的像素集合，并利用相位技术确定车道线像素的方向；第二个阶段是特征聚合，即把车道线像素聚合为车道线，包括利用车道线宽度恒定的约束进行车道线局部聚合，再利用车道线平滑性约束以及平行车道线交于消隐点的约束进行车道线的长聚合。

基于道路特征的车道线识别算法中的特征主要可以分为灰度特征和彩色特征。基于灰度特征的识别方法是从车辆前方的序列灰度图像中，利用道路边界和车道线的灰度特征而完成的对道路边界及车道线的识别；基于彩色特征的识别方法是利用从获取的序列彩色图像中，根据道路边界及车道线的特殊彩色特征来完成对道路边界和车道线的识别。目前应用较多的是基于灰度特征的识别方法。

基于道路特征的识别方法与道路形状没有关系，鲁棒性较好，但对阴影和水迹较为敏感，且计算量较大。

3. 基于道路模型的识别方法

基于道路模型的识别方法主要是基于不同的（2D 或 3D）道路图像模型，采用不同的检测技术（Hough 变换、模板匹配技术、神经网络技术等）对道路边界或车道线进行识别。

在道路平坦的假设前提下，可以认为道路图像中的车道线在同一平面上，这时道路模型有直线模型、多项式曲线模型、双曲线模型以及样条曲线模型等。目前最常用的道路几何模型是直线道路模型。

为了更准确地描述道路形状，提出了曲线道路模型。常用的曲线道路模型有同心圆曲线模型、二次曲线模型、抛物线模型、双曲线模型、直线-抛物线模型、线性双曲线模型、广义曲线模型、回旋曲线模型、样条曲线模型、圆锥曲线模型和分段曲率模型等。

在道路不平坦的情况下，可以利用双目视觉系统获得立体道路图像，通过建立 3D 道路图像模型进行车道检测。

基于 2D 道路图像模型的识别方法便于采用，且不需要精确标定或已知车辆自身参数，其不利之处是很难对车辆位置进行估计。基于 3D 道路图像模型的识别方法主要用于对距离的分析不是要求很高的没有标识的道路识别，缺点是模型比较简单或噪声强度比较大时识别精度较低，模型比较复杂时模型的更新较困难。

由于道路模型在结构上有规律可循，从而可以利用少量信息求解出整个道路模型，进而对阴影、水迹等因素具有较高的抗干扰性。基于视觉的道路模型需要满足以下几个特点。

（1）**准确度高**。道路模型要求准确地描述道路的实际特征。现实道路形状多样，为模型的建立增加了难度，所以如何根据实际的应用需求选择和求解模型是关键。

（2）**鲁棒性高**。模型的鲁棒性主要体现在对外界干扰因素的适应性。当由于外界干扰造成局部特征信息的获取失败或失效时，不会影响整体模型的求解。

（3）**实时性好**。基于视觉的导航系统中，实时性是一个重要因素。通常为了提高模型拟合的准确度，必须尽可能多地利用道路特征信息，并利用复杂的算法排除干扰，这将会大大增加计算量。因此如何在保证模型有效性的情况下减少算法计算量，是影响模型是否高效的重要因素。

（4）**灵活性好**。为了适应显示道路形状多样性的特点，模型还需要具备构造和求解的灵活性。极少或不会因为道路相撞的变化，而造成模型求解方式的改变或失效。

基于模型的识别方法检测出的道路较为完整，只需较少的参数就可以表示整个道路，所以基于模型的方法对阴影、水迹等外界影响有较强的抗干扰性，不过在道路类型比较复杂的情况下，很难建立准确的模型，降低了对任意类型道路检测的灵活性。

4. 基于道路特征与模型相结合的识别方法

基于道路特征与模型相结合的识别方法的基本思想在于利用基于道路特征的识别方法在对抗阴影、光照变化等方面的鲁棒性，对待处理图像进行分割，找出其中道路区域，再根据道路区域与非道路区域的分割结果找出道路边界，并使用道路边界拟合道路模型，从而达到综合利用基于道路特征的识别方法与基于道路模型的识别方法的目的。

基于道路特征与模型相结合的识别方法能否取得好的识别效果，关键之处在于分割与拟合这两个过程。基于特征的分割过程能否准确地分割待处理图像的道路区域与非道路区域，将直接影响拟合的准确性；道路模型的拟合过程能否排除分割过程残留的噪声的影响，能否适应复杂环境中道路形状的变化，将直接影响道路检测的最终结果。因此，能否找到一种鲁棒性强的分割方法以及一种能适应多种道路形状变化的道路模型，是算法成功的关键之处。

图 3-16 所示为车道线识别。

图 3-16 车道线识别

第六节 车辆识别技术

前方车辆检测是判断安全车距的前提，车辆检测的准确与否不仅决定了测距的准确性，而且决定了是否能够及时发现一些潜在的交通事故。

识别算法用于确定图像序列中是否存在车辆，并获得其基本信息，如大小、位置等。摄像头跟随车辆在道路上运动时，所获取的道路图像中车辆的大小、位置和亮度等是在不断变化的。根据车辆识别的初始结果，对车辆大小、位置和亮度的变化进行跟踪。由于车辆识别时需要对所有图像进行搜索，所以算法的耗时较多。而跟踪算法可以在一定的时间和空间条件约束下进行目标搜索，还可以借助一些先验知识，因此计算量较小，一般可以满足预警系统的实时性要求。

目前用于识别前方运动车辆的方法主要有基于特征的识别方法、基于机器学习的识别方法、基于光流场的识别方法和基于模型的识别方法等。

1. 基于特征的识别方法

基于特征的识别方法是在车辆识别中最常用的方法之一，又称为基于先验知识的识别方法。

对于行驶在前方的车辆，其颜色、轮廓、对称性等特征都可以用来将车辆与周围背景区别开。因此，基于特征的车辆识别方法就以这些车辆的外形特征为基础从图像中识别前方行驶的车辆。当前常用的基于特征的方法有使用阴影特征的方法、使用边缘特征的方法、使用对称特征的方法、使用位置特征的方法和使用车辆尾灯特征的方法等。

（1）使用阴影特征的方法。前方运动车辆底部的阴影是一个非常明显的特征。通常的做法是先使用阴影找到车辆的候选区域，再利用其他特征或者方法对候选区域进行下一步验证。

（2）使用边缘特征的方法。前方运动车辆无论是水平方向上还是垂直方向上都有着显著的边缘特征，边缘特征通常与车辆所符合的几何规则结合起来运用。

（3）使用对称特征的方法。前方运动车辆在灰度化的图像中表现出较为明显的对称特征。一般来说对称特征分为灰度对称和轮廓对称两类特征。灰度对称特征一般指统计意义上的对称特征，而轮廓对称特征指的是几何规则上的对称特征。

（4）使用位置特征的方法。一般情况下，前方运动车辆存在于车道区域内，所以在定位出车道区域的前提下，将检测范围限制在车道区域内，不但可以减少计算量，还能提高识别的准确率。而在车道区域内如果检测到不属于车道的物体，一般都是车辆或者障碍物，对于驾驶员来说都是需要注意的目标物体。

（5）使用车辆尾灯特征的方法。在夜间驾驶场景中前方运动车辆的尾灯是将车辆与背景区别出来的显著且稳定的特征。夜间车辆尾灯在图像中呈现的是高亮度、高对称性的红白色车灯对。利用空间以及几何规则能够判断前方是否存在车辆及其所在的位置。

因为周围环境的干扰和光照条件的多样性，如果仅仅使用一个特征实现对车辆的识别难以达到良好的稳定性和准确性。所以如果想获得较好的识别效果，目前都是使用多个特征相结合的方法完成对前方运动车辆的识别。

2. 基于机器学习的识别方法

前方运动车辆的识别其实是对图像中车辆区域与非车辆区域的定位与判断的问题。基于机器学习的识别方法一般需要从正样本集和负样本集提取目标特征，再训练出识别车辆区域与非车辆区域的决策边界，最后使用分类器判断目标。通常的识别过程是对原始图像进行不同比例的缩放，得到一系列的缩放图像，然后在这些缩放图像中全局搜索所有与训练样本尺度相同的区域，再由分类器判断这些区域是否为目标区域，最后确定目标区域并获取目标区域的信息。

机器学习的方法无法预先定位车辆可能存在的区域，因此只能对图像进行全局搜索，这样造成识别过程的计算复杂度高，无法保证识别的实时性。

3. 基于光流场的识别方法

光流场是指图像中所有像素点构成的一种二维瞬时速度场，其中的二维速度矢量是景物中可见点的三维速度矢量在成像表面的投影。通常光流场是由于摄像头、运动目标或两者在同时运动的过程中产生的。在存在独立运动目标的场景中，通过分析光流可以检测目标数量、目标运动速度、目标相对距离以及目标表面结构等。

光流分析的常用方法有特征光流法和连续光流法。特征光流法是在求解特征点处光流时，利用图像角点和边缘等进行特征匹配。特征光流法的主要优点是能够处理帧间位移较大的目标，对于帧间运动限制很小；降低了对噪声的敏感性；所用特征点较少，计算量较小。主要缺点是难以从得到的稀疏光流场中提取运动目标的精确形状；不能很好地解决特征匹配问题。连续光流法大多采用基于帧间图像强度守恒的梯度算法，其中最为经典的算法是L-K法和H-S法。

光流场在进行运动背景下的目标识别时效果较好，但也存在计算量较大、对噪声敏感等缺点。在对前方车辆进行识别尤其是车辆距离较远时，目标车辆在两帧之间的位移非常小，有时仅移动一个像素，这种情况下不能使用连续光流法。另外，车辆在道路上运动时，车与车之间的相对运动较小，而车与背景之间的相对运动较大，这就导致了图像中的光流包含了较多的背景光流，而目标车辆光流相对较少，因此特征光流法也不适用于前方车辆识别。但是在进行从旁边超过的车辆识别时，由于超越车辆和摄像头之间的相对运动速度较大，所以在识别从旁边超过的车辆时采用基于光流场的方法效果较好。

4. 基于模型的识别方法

基于模型的识别方法是根据前方运动车辆的参数来建立二维或三维模型，然后利用指定的搜索算法来匹配查找前方车辆。这种方法对建立的模型依赖度高，车辆外部形状各异，难以通过仅建立一种或者少数几种模型的方法来对车辆实施有效的识别，如果为每种车辆外形都建立精确的模型又将大幅增加识别过程中的计算量。

多传感器融合技术是未来车辆识别技术的发展方向。目前，在车辆识别中主要有两种融合技术，即视觉传感器和激光雷达传感器的融合技术以及视觉传感器和毫米波雷达传感器的融合技术。

图 3-17 所示为车辆识别。

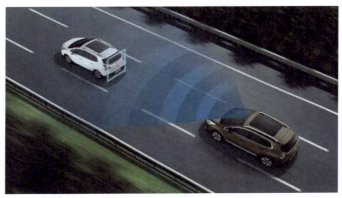

图 3-17　车辆识别

第七节　行人识别技术

行人识别技术是智能网联汽车先进驾驶辅助系统的重要组成部分。行人是道路交通的主体和主要参与者，由于其行为具有非常大的随意性，加上驾驶员在车内视野变窄以及长时间驾驶导致的视觉疲劳，使行人在交通事故中很容易受到伤害。行人识别技术能够及时准确地识别出车辆前方的行人，并根据不同危险级别提供不同的预警提示，如距离车辆越近的行人危险级别越高，提示音也应越急促，以保证驾驶员具有足够的反应时间，能够极大降低甚至避免撞人事故的发生。

一、行人识别类型

行人识别技术是采用安装在车辆前方的视觉传感器（摄像头）采集前方场景的图像信息，通过一系列复杂的算法分析处理这些图像信息实现对行人的识别。根据所采用摄像头的不同，又可将基于视觉的行人识别方法分为可见光行人识别和红外行人识别。

1. 可见光行人识别

可见光行人识别采用的视觉传感器为普通光学摄像头，由于普通摄像头基于可见光进行成像，非常符合人的正常视觉习惯，并且硬件成本低；但是受到光照条件的限制，该方法只能应用在白天，在光照条件很差的阴雨天或夜间则无法使用。

2. 红外行人识别

红外行人识别采用红外热成像摄像头，利用物体发出的热红外线进行成像，不依赖于光照，具有很好的夜视功能，在白天和晚上都适用，尤其是在夜间以及光线较差的阴雨天具有无可替代的优势。红外行人识别相比可见光行人识别的主要优势包括：红外摄像头靠感知物体发出的红外线（与温度成正比）进行成像，与可见光光照条件无关，对于夜间场景中的发热物体检测有明显的优势；行人属于恒温动物，温度一般会高于周围背景很多，在红外图像中表现为行人相对于背景明亮突出；由于红外成像不依赖于光照条件，对光照明暗、物体颜色变化以及纹理和阴影干扰不敏感。随着红外成像技术的不断发展，红外摄像头的硬件成本也在逐渐降低，由原来的军事应用开始转向了民事应用。

二、行人识别特征

行人识别特征的提取就是利用数学方法和图像处理技术从原始的灰度图像或者彩色图像中提取表征人体信息的特征，它伴随着分类器训练和识别的全过程，直接关系到行人识别系统的性能，因此行人识别特征提取是行人识别的关键技术。在实际环境中，由于行人自身的姿态不同、服饰各异和背景复杂等因素的影响，使行人特征提取比较困难，因此选取的行人特征要鲁棒性比较好。目前行人识别特征主要有 HOG 特征、Haar 小波特征、Edgelet 特征和颜色特征等。

1. HOG 特征

HOG 特征的主要思想是用局部梯度大小和梯度方向的分布来描述对象的局部外观和外形，而梯度和边缘的确切位置不需要知道。

梯度方向直方图描述符一般有三种不同形式，如图 3-18 所示，都是基于密集型的网格单元，用图像梯度方向的信息代表局部的形状信息。图 3-18（a）所示为矩形梯度方向直方图描述符；图 3-18（b）所示为圆形梯度方向直方图描述符；图 3-18（c）所示为单个中心单元的圆形梯度方向直方图描述符。

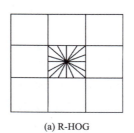
(a) R-HOG

(b) C-HOG   (c) 单个中心单元的G-HOG

图 3-18　梯度方向直方图描述符

2. Haar 小波特征

Haar 小波特征反应图像局部的灰度值变化，是黑色矩形与白色矩形在图像子窗口中对应区域灰度级总和的差值。Haar 小波特征计算方便且能充分描述目标特征，常与 Adaboost 级联分类器结合，识别行人目标。

常用的 Haar 小波特征主要分为八种线性特征、四种边缘特征、两种圆心环特征和一种特定方向特征，如图 3-19 所示。

可以看出，Haar 小波特征都是由 2～4 个白色和黑色的矩形框构成。由该特征定义可

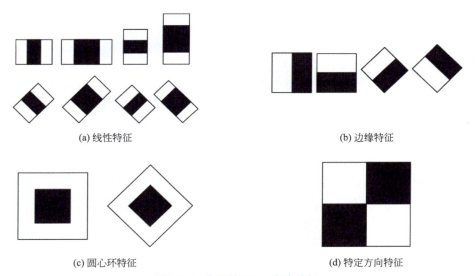

图 3-19　常用的 Haar 小波特征

知,每一种特征的计算都是黑色填充区域的像素值之和与白色填充区域的像素值之和的差值,这种差值就是 Haar 小波特征的特征值。实验表明,一副很小的图像就可以提取成千上万的 Haar 小波特征,这样就给算法带来了巨大的计算量,严重降低了检测 Haar 和分类器的训练的速度,为了解决这些问题,可以在特征提取中引入积分图的概念,并应用到实际的对象检测框架中。

3. Edgelet 特征

Edgelet 特征描述的是人体的局部轮廓特征,该特征不需要人工标注,从而避免了重复计算相似的模板,降低了计算的复杂度,由于是对局部特征的检测,该算法能较好地处理行人之间的遮挡问题,对复杂环境多个行人相互遮挡检测效果明显优于其他特征。

人体部位的定义如图 3-20 所示。

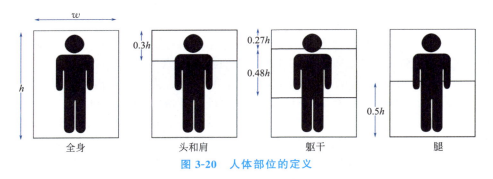

图 3-20　人体部位的定义

每一个 Edgelet 特征就是一条由边缘点组成且包含一定形状与位置信息的小边,主要有直线型、弧形和对称型三种形式的 Edgelet 特征,该方法是通过 Adaboost 算法筛选出一组能力强的 Edgelet 特征进行学习训练,便能识别行人的各个部位,如头、肩、躯干和腿,最后分析各个局部特征相互之间的关系来进行整体的行人识别。

4. 颜色特征

颜色特征具有较强的鲁棒性,图像中子对象的方向和大小的改变对它影响不大,颜色给人以直观的视觉冲击，是最稳定、最可靠的视觉特征，颜色特征经常用来描述跟踪对象以实现目标的跟踪。

颜色特征提取与颜色空间和颜色直方图有关。颜色空间包括 RGB、HSV 和 HIS 等。颜色直方图表示的是整幅图像中不同颜色所占的比例，并不关心每种颜色所处的空间位置，即无法描述图像中的对象。在运动目标的检测与跟踪中，颜色直方图有其独特的优点，即物体形变对其影响较小，由于颜色直方图不表示物体的空间位置，仅表示颜色，跟踪目标的颜色不变，形体发生变化不会影响颜色直方图的分布，所以应用颜色直方图作为特征进行行人跟踪，很好地改善了行人动作随意和形变较大的缺点。

上述四种特征各有优缺点，概括如下。

（1）HOG 特征是比较经典的行人特征，具有良好的光照不变性和尺度不变性，能较强地描述行人的特征，对环境适应性较强，但它也有其自身的不足，如特征维数较高和计算量大，难以保证实时性。

（2）Haar 小波特征容易理解，计算简单，特别是引入积分图概念后，计算速度提高，实时性高，在稀疏行人且遮挡不严重的环境下识别效果较好，但是它对光照和环境遮挡等因素敏感，适应性差，不适合复杂易变的行人场景。

（3）Edgelet 特征表征的是人体局部轮廓特征，可以处理一定遮挡情况下的行人识别，但是该算法是要去匹配图像中所有相似形状的边缘，这样就需要耗费大量时间进行搜索，不能达到实时要求。

（4）颜色特征具有较强的鲁棒性，图像中子对象的方向和大小的改变对它影响不大，颜色给人以直观的视觉冲击，是最稳定和最可靠的视觉特征，常应用于行人跟踪领域，但是该特征容易受背景环境的影响。

三、行人识别方法

目前，行人识别方法主要有基于特征分类的识别方法、基于模型的识别方法、基于运动特性的识别方法、基于形状模型的识别方法、小波变换和支持向量机以及神经网络方法等。

（1）基于特征分类的识别方法。基于特征分类的行人识别着重于提取行人特征，然后通过特征匹配来识别行人目标，是目前较为主流的行人识别方法，主要有基于 HOG 特征的行人识别方法、基于小波特征的行人识别方法、基于小边特征的行人识别方法、基于形状轮廓模板特征的行人识别方法、基于部件特征的行人识别方法等。

（2）基于模型的识别方法。基于模型的行人识别是通过建立背景模型识别行人，常用的基于背景建模的行人识别方法有混合高斯法、核密度估计法和 Codebook 法。

（3）基于运动特性的识别方法。基于运动特性的行人识别就是利用人体运动的周期性特性来确定图像中的行人。该方法主要针对运动的行人进行识别，不适合识别静止的行人。基于运动特性的识别方法中，比较典型的算法有背景差分法、帧间差分法和光流法。

（4）基于形状模型的识别方法。基于形状模型的行人识别主要依靠行人形状特征来识别行人，避免了由于背景变化和摄像头运动带来的影响，适合于识别运动和静止的行人。

（5）小波变换和支持向量机。行人检测主要是基于小波模板概念，按照图像中小波相关系数子集定义目标形状的小波模板。系统首先对图像中每个特定大小的窗口以及该窗口进行一定范围的比例缩放得到的窗口进行小波变换，然后利用支持向量机检测变换的结果是否可以与小波模板匹配，如果匹配成功则认为检测到一个行人。

（6）神经网络方法。神经网络方法在行人识别技术中的应用主要是对利用视觉信息探测到的可能含有行人的区域进行分类识别。首先利用立体视觉进行目标区域分割，然后合并和分离子目标候选图像满足行人尺寸和形状约束的子图像，最后将所有探测到的可能含有行人目标的方框区域输入到神经网络进行行人识别。

图 3-21 所示为行人的识别结果。

图 3-21　行人的识别结果

第八节　路径规划技术

路径规划是指在一定的环境模型的基础上，给定汽车起始点和目标点后，按照性能指标规划出一条无碰撞、能安全到达目标点的有效路径。路径规划主要包含两个步骤：建立环境模型，即将现实的环境进行抽象后建立的相关模型；路径搜索，即寻找符合条件的最优路径。不同的环境模型对路径搜索方法具有非常显著的影响。

一、环境模型建立方法

环境模型建立方法主要有可视图法、栅格法、自由空间法和拓扑法等。

1. 可视图法

在 C 空间（Configuration Space，位姿空间）中，运动物体缩小为一点，障碍物边界相应地向外扩展为 C 空间障碍。在二维的情况下，扩展的障碍物边界可由多个多边形表示，用直线将物体运动的起始点 S 和所有 C 空间障碍物的顶点以及目标点 C 连接，并保证这些直线段不与 C 空间障碍物相交，就形成一张图，称为可视图。由于任意两直线的顶点都是可见的，因此从起始点 S 沿着这些直线到达目标点的所有路径均是运动物体的无碰路径。对图搜索就可以找到最短无碰安全运动路径。搜索最优路径的问题就转化为从起始点到目标点经过这些可视直线的最短距离问题。

可视图法的优点是概念直观，实现简单；缺点是缺乏灵活性，一旦车辆的起始点和目标点发生改变，就要重新构造可视图，而且算法的复杂性和障碍物的数量成正比，且不是任何时候都可以获得最优路径。

2. 栅格法

栅格法是用栅格单元表示整个的工作环境，将主车的连续工作环境离散化分解成一系列的栅格单元，一般情况下，栅格大小与主车的尺寸相同，尽量把主车的工作环境划分为尺寸大小相同的栅格，但是也有尺寸大小不同的情况，主要还是根据实际情况来定。主车的整个工作环境划分后的栅格分为两种，即自由栅格和障碍栅格。自由栅格指的是某一栅格范围内不含有任何障碍物；障碍栅格指的是这个栅格范围内存在障碍物，有时可能整个栅格内都布满障碍物，有时可能只有栅格的一部分是障碍物，但是只要有障碍物的存在就被称为障碍栅格。

栅格的标识方法有两种：直角坐标法和序号法。直角坐标法以栅格阵左上角第一个栅格为坐标原点，水平向右为 x 轴正方向，竖直向下为 y 轴正方向，每一个栅格区间对应于坐标轴上一个单位长度。序号法就是从栅格阵左上角第一个栅格开始，按照从左至右，从上至下的顺序给每一个栅格一个编号。

均匀分解法中栅格大小均匀分布，占据栅格用数值表示。均匀分解法能够快速直观地融合传感器信息，但是它采用相同大小的栅格会导致存储空间巨大，大规模环境下路径规划计算复杂度增高。

为了克服均匀分解法中存储空间巨大的问题，递阶分解法把环境空间分解为大小不同的矩形区域，从而减少了环境模型所占空间。递阶分解法的典型代表为四叉树分解法和八叉树分解法。八叉树分解法是 2D 四叉树结构在 3D 空间的扩展，用层次式的 3D 空间子区域划分来代替大小相等、规则排列的 3D 栅格，能够较好地表示三维空间。

栅格法对环境空间的划分方法和操作都比较简单，有一致的规则，较容易实现。但由于连续的工作空间被划分为离散的栅格空间，没有考虑环境本身固有的一些特点，这就使栅格属性代表的信息具有片面性，并且栅格法对栅格大小的划分有很大的依赖性，当栅格划分较小且当环境很复杂时，搜索空间会急剧增大，算法的效率就会相当低。

3. 自由空间法

自由空间法是采用预先定义的如广义锥形和凸多边形等基本形状构造自由空间，并将自由空间表示为连通图，然后通过搜索连通图来进行路径规划。

自由空间法比较灵活，起始点和目标点的改变不会造成连通图的重构，但算法的复杂程度与障碍物的多少成正比，且不是任何情况下都能获得最短路径。

4. 拓扑法

拓扑法的基本思想是降维法，即将在高维几何空间中求路径的问题转化为低维拓扑空间中判别连通性的问题。将规划空间分割成拓扑特征一致的子空间，根据彼此的连通性建立拓扑网络，在网络上寻找起始点到目标点的拓扑路径，最终由拓扑路径求出几何路径。

拓扑法中主车所处的环境用图形来表示，不同的地点用点来表示，不同点的相邻可达性用弧来表示。拓扑法的优点是不管环境多么复杂，都能找到无碰路径；缺点是建立拓扑网络的过程相当复杂，其计算量十分庞大。在障碍物数量增多或障碍物位置改变时，修改原来的拓扑网络是很棘手的问题。

总之，环境模型建立方法很多，可以根据具体情况选择，也可以把几种方法结合起来。

二、路径规划的经典算法

路径规划的经典算法主要有 Dijkstra 算法、A* 算法、D* 算法等。

1. Dijkstra 算法

Dijkstra 算法是最经典的路径搜索算法，寻找解的质量稳定，计算速度快。Dijkstra 算法使用全局搜索，不但能够保证在一个区域中找到两个坐标之间的最短路径，而且能够找到区域中某一点到其他点中的最短路径。

Dijkstra算法的基本思想：设每个点都有一个坐标 (d_j, p_j)，其中 d_j 是原点 O 到某一点 j 的一条最短路径，p_i 则是 d_i 的前一个点。求解从原点 O 到某一点 j 的路径中最短的一条路径，其算法步骤如下。

（1）判断路径规划的可行性，即起始点和终点的选择是否可行和存储节点的存储器是否正确，将存储节点的存储器初始化，然后把所有节点粘贴到临时缓存。

（2）首先查找离第一个节点最近的相关节点和两者之间的道路信息，并把它们都存储起来，然后通过查找与之距离最短的一个节点是不是终点，若是终点，则将节点存储起来，返回；若不是，则从临时缓存中删除第一个节点，执行下一步操作。

（3）寻找离目前中间点最近的一个节点，将此节点存储起来。

（4）再次判断目前节点是不是线路规划的终点，若是则返回节点，若不是则可以删除临时缓存中的已分析节点，重新回到步骤（3）。

Dijkstra算法的核心方法就是对当前网络中存在的所有节点进行查找，找到第一个节点到任意一个节点的最短线路，这种方法并没有考虑到任意节点是否存在方向性，因此 Dijkstra 算法具有较好的计算可靠性、稳定性，但同时也存在着缺点，在范围较大的路径规划中，Dijkstra 算法计算效果不是很好。

2. A^* 算法

在静态路径下的规划算法中常用的算法为 A^* 算法。它是一种启发式搜索策略，能根据求解问题的具体特征，控制搜索往最可能达到目的地方向前进。这种搜索策略针对问题本身特点进行，因而比完全搜索的方法效率要高很多，它往往只需要搜索一部分状态空间就可以达到目的地。

A^* 算法是目前最为流行的最短路径启发式搜索算法，它充分运用问题域状态空间的启发信息，对问题求解选取比较适宜的估价函数，再利用估价函数的反馈结果，对它的搜索战略进行动态调节，最终得到问题的最优解。A^* 算法给出的估价函数为

$$f(j) = g(j) + h(j) \tag{3-91}$$

式中，$f(j)$ 为估价函数；$g(j)$ 为从原点到当前节点 j 的代价；$h(j)$ 为从当前节点 j 到目标节点之间的最小代价的估计函数。

当 $h(j) = 0$ 时，即 $h(j)$ 没有用到任何启发式信息，此种情况下，A^* 算法会演变衰退为一般的 Dijkstra 算法。在一般情况下，$h(j)$ 到底为何种样式应该按照待求问题的实际情况而定，但是它务必要使估价函数中的 $h(j)$ 项小于或等于点 j 到目标节点的实际最小代价，根据这样的搜索策略，就肯定可以找到最优解。

在最短路径问题中，$h(j)$ 可选择为当前顶点到目标顶点的直线距离 $d(j)$，而 $g(j)$ 则选择为原点到当前节点的实际距离 $d^*(j)$，则估价函数为

$$f(j) = d^*(j) + d(j) \tag{3-92}$$

A^* 算法步骤如下。

（1）赋给初始值，初始化所有节点、临时缓存和关联存储器。

（2）计算初始节点和各个相关节点的权值 $f(j)$，然后保存起来，从中获得权值最小的节点，并保存该节点，最后把它从节点存储器中去掉。

（3）计算该节点是不是终点，若是终点就返回节点，若不是终点就接着计算下一步。

（4）获得所有中间节点与相关节点的权值 $f(j)$，然后开始判断，假如这个节点没有保存，那么把这个节点存储起来；假如这个节点已经保存，比较这个节点的权值和已保存节点的权值大小，如果不大于已保存权值，则开始更新替换。

（5）查找中间节点的关联节点中权值最小的一个节点，将该节点保存，然后将其从节点缓存中去掉，并转到步骤（3）。

A^*算法的独特之处在于使用估价模型函数，这种算法会自动地使运算趋向于目的地，查找的节点越少，被占用的存储空间越少，与其他算法相比，如果它们的时间复杂度是一样的，A^*算法在实际应用中效果会更优越。

3. D^*算法

A^*算法主要是在静态的环境下进行最短路径规划，但在实际环境中，可能由于交通环境复杂，路面的行人、路障、非机动车辆、机动车辆以及其他各种动态障碍物都会影响车辆的行进，所以有必要进行路径的动态规划。典型的动态规划算法为D^*算法。

D^*算法步骤如下。

（1）利用A^*算法对地图上给定的起始点和目标点进行路径规划，建立OPEN表和CLOSED表，存储规划路径上的每一路点到目标路点的最短路径信息。

（2）在车辆对规划出的路径进行跟踪时，当下一个路点没有障碍能够通行时，则对上面规划出的路径从起始路点向后追溯到目标路点，直至车辆到达目的地。当在跟踪到某一路点时，检测到在下一路点处有障碍发生时，则在当前路点处重新建立对后续路点的规划，保存障碍物之前的路点在OPEN表和CLOSED表里的信息和指针，删除障碍物之后路点在OPEN表和CLOSED表里的信息和后继指针。

（3）利用A^*算法从当前路点开始向目标路点进行规划，重新规划得到最短路径。回到步骤（2）。

三、路径规划的智能算法

路径规划的智能算法主要有遗传算法、模拟退火算法、蚁群算法等。

1. 遗传算法

遗传算法是目前主车路径规划中常用的一种算法。它是利用达尔文的生物自然遗传选择和生物自然淘汰的进化来实现的数学模型。遗传算法源于自然进化规律和遗传基因学，并且拥有"生成"与"检测"这种迭代顺序的查询算法。遗传算法把整个蚁群中每个成员作为研究对象，而且通过随机化方法去控制当前被编码的参数空间进行查询。遗传算法的主要流程是选择、交叉、变异。遗传算法可以直接对蚁群对象进行操作，没有必要考虑函数导数与连续性的限制。遗传算法内部存在良好的并行处理能力和优秀的全局查询特色。遗传算法通过概率化的方法，能自动获得查询空间，自动改变查询方向，不需要有明确的规定。遗传算法目前已成为较新颖的查询方法，它的计算方法不复杂，高效、实用，而且有较好的鲁棒性，适用于并行处理领域。

遗传算法步骤如下。

（1）初始化。设定起始群体$P(0)$，生成N个个体，设定进化代数变量$t=0$，设定最大进化代数T。

（2）个体评价。获得群体$P(t)$中每个样本的适应度。

（3）选择计算。选择是为了把优秀的个体或通过交配产生新的个体传到下一代。

（4）交叉计算。将最核心的交叉算子作用于群体。

（5）变异计算。把总群中的每个个体的一些基因座上的基因值改动。种群$P(t_1)$由种群$P(t)$产生，历经选择、交叉、变异。

（6）结束判断。当$t=T$时，停止计算，输出具有最大适应度的个体。

2. 模拟退火算法

模拟退火算法是求解规划问题中的最优值，方法是利用热力学中经典粒子系统的降温过程。当孤立的粒子系统的温度缓慢降低时，粒子系统会保持在热力学平衡稳定的状态，最终体系将处于能量最低的情况（简称基态）。基态是能量函数的最小点。模拟退火算法能够有效地解决复杂的系统优化问题，并且限制性约束较小。

模拟退火算法步骤如下。

(1) 设定初始值，包括温度 T_0 及函数值 $f(x)$。

(2) 计算函数差值 $\Delta f = f(x') - f(x)$。

(3) 若 $\Delta f > 0$，可把新点作为下一次计算的初始值。

(4) 若 $\Delta f < 0$，则计算新接受概率 $p(\Delta f) = \exp\left(-\dfrac{\Delta f}{KT}\right)$，产生 [0，1] 区间上均匀分布的伪随机数 r，r 属于 [0，1]，根据 $p(\Delta f)$ 与 r 值的大小来判断下一次值的选取。

如果根据退火方案把温度进一步降低，循环执行上述步骤，这就形成了模拟退火算法。假如此时系统的温度降到足够低，就会以为目前就是全局最优的状态。

3. 蚁群算法

蚁群算法寻找最优解是效仿了真实蚂蚁的寻径行为，利用蚂蚁之间的相互通信与相互合作。蚁群算法类似于其他进化算法，首先都是一种随机查找算法，其次都是利用候选解群体的进化来寻找最优解，具有完善的全局优化能力，不依赖于特定的数学问题。

通过蚁群算法求解某些比较复杂的优化问题时，则将体现出该算法的优越性，同时蚁群算法自身也具有不少缺陷。

蚁群算法的优点如下。

(1) 蚁群算法在优化问题领域具有很强的搜索较优解的能力，因为它能够把一些常用的分布式计算、贪婪式搜索等特点综合起来，并且是一种正反馈机制的算法。想要快速地发现较优解，可利用正反馈机制得到，而过早收敛现象可由分布式计算来排除，这样在查找过程的前期，就会找到可实施的方法，同样若要减少查找过程消耗的时间，可通过贪婪式搜索来实现。

(2) 蚁群算法具有很强的并行性。

(3) 蚁群中蚂蚁之间通过信息素展开协同合作，则系统会有较好的可扩展性。

蚁群算法的缺点如下。

(1) 蚁群算法需要消耗较多的时间来查找。尤其是在群体规模较大时，由于蚁群中的蚂蚁活动是任意的，即使利用信息交换都可以找到最优路径，但在不是很长的时间里，很难发现一条比较好的线路。由于在刚开始寻找路径时，各线路上的信息浓度大小几乎是相同的，这样就存在一定困难。虽然利用正反馈方法反馈信息，能够让好线路上的信息量越来越多，但是需要消耗很长的时间间隔，才能使较多的信息量出现在较好的路径上，伴随正反馈的不断进行，会产生明显的差别，从而得到最好的路径。这一过程需要较长时间。

(2) 当查找过程进行到一定阶段时，蚁群中蚂蚁查找到的解相同，很难在深层次中去查找得到更好的解，使算法出现停滞现象。

除了上述算法之外，还有其他很多算法，如基于广度优先搜索、深度优先搜索、最小生成树、神经网络、层次空间推理等。

图 3-22 所示为路径规划的结果。

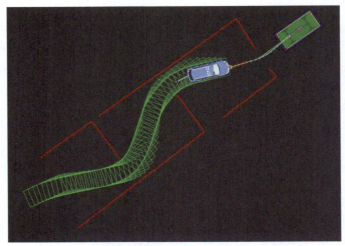

图 3-22　路径规划的结果

第九节　传感器融合技术

一、基本概念

传感器的融合就是利用计算机技术将来自多传感器或多源的信息和数据,在一定的准则下加以自动分析和综合,以完成所需要的决策和估计而进行的信息处理过程。

硬件同步是指使用同一种硬件同时发布触发采集命令,实现各传感器采集、测量的时间同步,做到同一时刻采集相同的信息。

时间同步是指通过统一的主机给各个传感器提供基准时间,各传感器根据已经校准后的各自时间为各自独立采集的数据加上时间戳信息,可以做到所有传感器时间戳同步,但由于各个传感器各自采集周期相互独立,无法保证同一时刻采集相同的信息。

空间同步是指将不同传感器坐标系的测量值转换到同一个坐标系中,其中激光传感器在高速移动的情况下需要考虑当前速度下的帧内位移校准。

软件同步是指时间同步和空间同步。

二、传感器融合基本原理

多传感器融合的基本原理类似于人类大脑对环境信息的综合处理过程。人类对外界环境的感知是通过将眼睛、耳朵、鼻子和四肢等感官所探测的信息传输至大脑,并与先验知识进行综合,以便对其周围的环境和正在发生的事件做出快速准确的评估。人类的感官相当于各种传感器,人类的大脑相当于信息融合中心,人类的先验知识相当于数据库。

多传感器融合的基本原理是将各种传感器进行多层次、多空间的信息互补和优化组合处理,最终产生对观测环境的一致性解释。在这个过程中要充分地利用多源数据进行合理支配与使用,而信息融合的最终目标则是基于各传感器获得的分离观测信息,通过对信息多级别、多方面组合导出更多有用信息。这不仅是利用了多个传感器相互协同操作的优势,而且也综合处理了其他信息源的数据来提高整个传感器系统的智能化。

三、传感器融合的类型

多传感器融合的体系结构分为分布式、集中式和混合式,如图 3-23 所示。

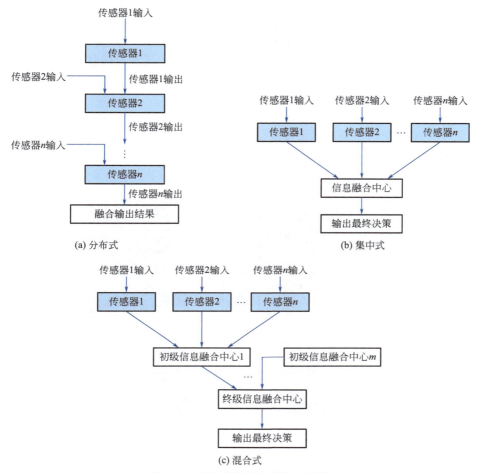

图 3-23 多传感器融合的体系结构

1. 分布式

先对各个独立传感器所获得的原始数据进行局部处理,然后再将结果送入信息融合中心进行智能优化组合来获得最终的结果。分布式对通信带宽的需求低,计算速度快,可靠性和延续性好,但跟踪的精度却远没有集中式高。

2. 集中式

将各传感器获得的原始数据直接送至信息融合中心进行融合处理,可以实现实时融合。优点是数据处理的精度高,算法灵活;缺点是对处理器的要求高,可靠性较低,数据量大,故难以实现。

3. 混合式

混合式多传感器信息融合框架中,部分传感器采用集中式融合方式,剩余的传感器采用分布式融合方式。混合式融合框架具有较强的适应能力,兼顾了集中式融合和分布式融合的优点,稳定性强。混合式融合方式的结构比前两种融合方式的结构复杂,这样就加大了通信和计算上的代价。

　　视觉传感器成本低，可以识别不同的物体，在物体高度与宽度的测量精度、车道线识别和行人识别的准确度等方面有优势，是实现车道偏离预警、交通标志识别等功能不可缺少的传感器，但作用距离和测距精度不如毫米波雷达，并且容易受光照、天气等因素的影响。毫米波雷达受光照和天气因素影响较小，测距精度高，但难以识别车道线、交通标志等元素。另外，毫米波雷达通过多普勒偏移的原理能够实现更高精度的目标速度探测。

　　将视觉传感器和毫米波雷达进行融合，相互配合共同构成智能网联汽车的感知系统，取长补短，实现更稳定可靠的 ADAS 功能，如图 3-24 所示。视觉传感器与毫米波雷达融合具有以下优势。

　　（1）可靠。目标真实，可信度提高。
　　（2）互补。全天候应用与远距离提前预警。
　　（3）高精度。大视角、全距离条件下的高性能定位。
　　（4）识别能力强。对各种复杂对象都能够识别。

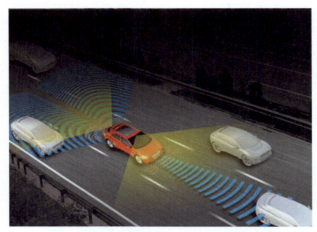

图 3-24　视觉传感器与毫米波雷达的融合

第四章 自动驾驶场景构建方法

驾驶场景是指满足智能网联汽车或无人驾驶汽车某种测试需求而构建的虚拟交通场景,它可以包括道路(中心线、车道线及路面材质等)、交通元素(交通灯与交通标志)、交通参与者(机动车、非机动车与行人)、道路周边元素(包括路灯、车站、垃圾箱、绿化带、建筑物)等。

基于驾驶场景的仿真是智能网联汽车自动驾驶仿真的主要特点,构建驾驶场景是自动驾驶仿真的前提。

MATLAB 驾驶场景构建主要有三种方法:采用编程方法构建驾驶场景;通过图形化界面构建驾驶场景;通过场景库构建驾驶场景。

第一节 采用编程方法构建驾驶场景

一、构建驾驶场景命令

构建驾驶场景的命令为

s=drivingScenario;%创建一个空的驾驶场景
s=drivingScenario(Name,Value);%使用名称和值设置采样时间和仿真时间

例如:s=drivingScenario('SampleTime',0.1,'StopTime',10),表示每隔 0.1s 对场景进行采样,仿真时间为 10s。

绘制驾驶场景的命令为

plot(s)

【例 4-1】 构建并显示空的驾驶场景。

解:在 MATLAB 命令行窗口输入以下程序。

```
1  s=drivingScenario;            %构建驾驶场景
2  plot(s)                       %绘制驾驶场景
```

输出结果如图 4-1 所示。

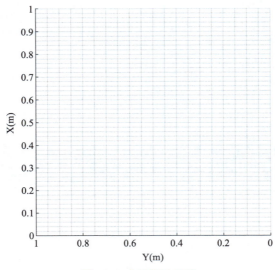

图 4-1 空的驾驶场景

驾驶场景的坐标值 X 和 Y 可以根据自己需要进行设定。

二、构建道路

构建道路的命令有

road(s,roadCenters);%在驾驶场景中添加道路
road(s,roadCenters,roadWidth);%在驾驶场景中添加指定宽度的道路
road(s,roadCenters,roadWidth,bankingAngle);%在驾驶场景中添加指定宽度和倾斜角度的道路
road(s,roadCenters,'Lanes',lspec);%在驾驶场景中添加指定车道的道路
road(s,roadCenters,bankingAngle,'Lanes',lspec);%在驾驶场景中添加指定倾斜角度和车道的道路

其中, s 为驾驶场景名称; roadCenters 为道路中心, 用一组道路中心离散点数值来表示道路的形状; roadWidth 为指定的道路宽度; bankingAngle 为指定的道路倾斜角度; lspec 为指定的车道数。

1. 构建直路

固定宽度的道路可以由定义道路中心位置的一系列点来定义。直路很容易通过指定起点和终点来描述。

【例 4-2】 构建一条长 100m、宽 16m 的直路。

解: 在 MATLAB 命令行窗口输入以下程序。

```
1    s=drivingScenario;                      %构建驾驶场景
2    roadCenters=[0,0;100,0];                %设置道路中心位置
3    roadWidth=16;                           %设置道路宽度
4    road(s,roadCenters,roadWidth);          %在驾驶场景中添加道路
5    plot(s)                                 %绘制驾驶场景
```

输出结果如图 4-2 所示。
道路长度和宽度根据需要自行设置。

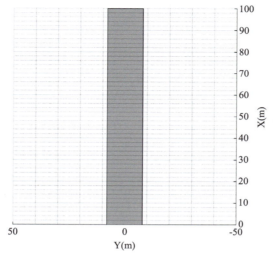

图 4-2 构建直路

2. 构建十字交叉路

两条道路交汇处会自动生成十字交叉路。

【例 4-3】 构建十字交叉路,其中路长为 100m,路宽为 16m。

解:在 MATLAB 命令行窗口输入以下程序。

```
1  s=drivingScenario;                    %构建驾驶场景
2  roadCenters=[0,0;100,0];              %设置道路中心
3  roadWidth=16;                         %设置道路宽度
4  road(s,roadCenters,roadWidth);        %在驾驶场景中添加道路
5  roadCenters=[50,-50;50,50];           %设置道路中心
6  road(s,roadCenters,roadWidth);        %在驾驶场景中添加道路
7  plot(s)                               %绘制驾驶场景
```

输出结果如图 4-3 所示。

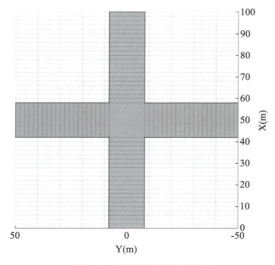

图 4-3 构建十字交叉路

十字交叉路口的位置根据需要自行设置。

3. 构建丁字路

构建丁字路和构建十字交叉路方法一样。

【例 4-4】 构建丁字路，其中路长为 100m，路宽为 16m。

解：在 MATLAB 命令行窗口输入以下程序。

```
1  s=drivingScenario;                    %构建驾驶场景
2  roadCenters=[0,0;92,0];               %设置道路中心
3  roadWidth=16;                         %设置道路宽度
4  road(s,roadCenters,roadWidth);        %在驾驶场景中添加道路
5  roadCenters=[92,-50;92,50];           %设置道路中心
6  road(s,roadCenters,roadWidth);        %在驾驶场景中添加道路
7  plot(s)                               %绘制场景
```

输出结果如图 4-4 所示。

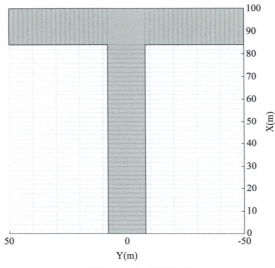

图 4-4　构建丁字路

4. 构建弯道

弯道可以用三个或更多的点来描述。使用的点越多，可以构建的弯道就越复杂。

【例 4-5】 构建一弯道，弯道中心经过 (0，0)、(40、－10)、(100，－60)，弯道宽度为 16m。

解：在 MATLAB 命令行窗口输入以下程序。

```
1  s=drivingScenario;                        %构建驾驶场景
2  roadCenters=[0,0;40,-10;100,-60];         %设置道路中心
3  roadWidth=16;                             %设置道路宽度
4  road(s,roadCenters,roadWidth);            %在驾驶场景中添加道路
5  plot(s)                                   %绘制场景
```

输出结果如图 4-5 所示。

弯道经过的中心点和宽度数值可以根据需要自行设置。

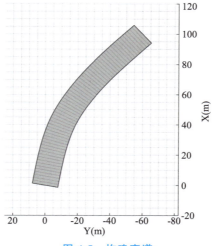

图 4-5 构建弯道

5. 构建环道

构建环道时,要采用分段旋转曲线。默认情况下,场景构建的道路在端点处没有曲率。要形成环道,要重复第一点和最后一点。

【例 4-6】 构建 4 个出口的环道。

解:在 MATLAB 命令行窗口输入以下程序。

```
1   s=drivingScenario;                                  %构建驾驶场景
2   roadCenters=[-15,-15;15,-15;15,15;-15,15;-15,-15];  %设置道路中心
3   road(s,roadCenters);                                %在驾驶场景中添加道路
4   road(s,[-35,0;-20,0]);                              %设置环路出口1
5   road(s,[20,0;35,0]);                                %设置环路出口2
6   road(s,[0,35;0,20]);                                %设置环路出口3
7   road(s,[0,-20;0,-35]);                              %设置环路出口4
8   plot(s)                                             %绘制场景
```

输出结果如图 4-6 所示。

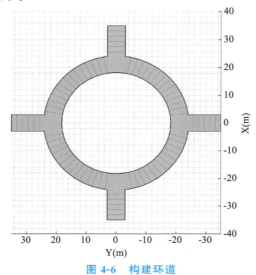

图 4-6 构建环道

环道中心和出口位置根据需要自行设置。

【例 4-7】 构建一个 8 字形道路。

解：在 MATLAB 命令行窗口输入以下程序。

```
1  s=drivingScenario;                                    %构建驾驶场景
2  roadCenters=[0,0,1;20,-20,1;20,20,1;-20,-20,1;-20,20,  %设置道路中心
   1;0,0,1];
3  roadWidth=3;                                           %设置道路宽度
4  bankAngle=[0,15,15,-15,-15,0];                         %设置道路倾斜角度
5  road(s,roadCenters,roadWidth,bankAngle);               %在驾驶场景中添加道路
6  plot(s)                                                %绘制场景
```

输出结果如图 4-7 所示。

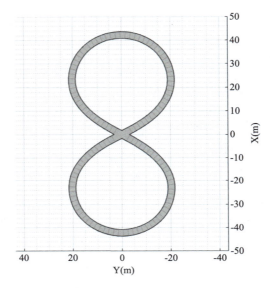

图 4-7　构建 8 字形道路

6. 构建道路的车道

构建道路车道的命令为

lnspec = lanespec(numlanes);%设置车道数

lnspec = lanespec(numlanes,Name,Value);%使用一个或多个名称设置车道

（1）车道数。车道数（numlanes）用 [NL NR] 表示，其中 NL 表示左侧车道的数量；NR 表示右侧车道的数量。例如 [2 2] 表示左侧和右侧都是两条车道。

（2）车道宽度。当宽度是标量时，对所有车道应用相同的值；当宽度是矢量时，矢量元素从左到右依次指向车道，单位是 m。缺省时，车道宽度为 3.6m。

'Width',[3.5 3.7 3.7 3.5] 表示从左到右的车道宽度分别为 3.5m、3.7m、3.7m 和 3.5m。

（3）车道线。车道线用 laneMarking 表示，其中 'Unmarked' 表示没有车道线；'Solid' 表示车道线为实线；'Dashed' 表示车道线为虚线；'DoubleSolid' 表示车道线为两条实线；'DoubleDashed'表示车道线为两条虚线;'SolidDashed'表示左边是实线右边是虚线;'DashedSolid'表示左边是虚线右边是实线。

默认情况下,对于单向道路,最右侧和中心车道线为白色,最左侧车道线为黄色。对于双向道路,分隔车道线的颜色为黄色。

例如:[laneMarking('Solid'),laneMarking('DoubleDashed'),laneMarking('Solid')],指定双车道的车道线,最左边和最右边的车道线是实线,而分隔车道的车道线是双虚线。

【例 4-8】 构建双向 6 车道直路,道路长度为 100m。

解: 在 MATLAB 命令行窗口输入以下程序。

```
1  s=drivingScenario;                              %构建驾驶场景
2  roadCenters=[0,0;100,0];                        %设置道路中心
3  road(s,roadCenters,'Lanes',lanespec([3 3]));    %在驾驶场景中添加道路
4  plot(s,'roadCenters','on')                      %绘制场景
```

输出结果如图 4-8 所示。

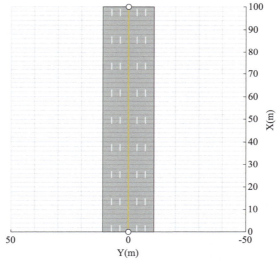

图 4-8 构建双向 6 车道

【例 4-9】 构建双向 4 车道直路,道路长度为 100m,中间分隔线为左边是实线右边是虚线,颜色为黄色。

解: 在 MATLAB 命令行窗口输入以下程序。

```
1  s=drivingScenario;                              %构建驾驶场景
2  roadCenters=[0,0;100,0];                        %设置道路中心
3  lm=[laneMarking('Solid'),laneMarking('Dashed'),...   %设置标线
       laneMarking('SolidDashed','Color','y'),...
       laneMarking('Dashed'),laneMarking('Solid')];
4  ls=lanespec(4,'Marking',lm);                    %设置车道
5  road(s,roadCenters,'Lanes',ls);                 %在驾驶场景中添加道路
6  plot(s)                                         %绘制场景
```

输出结果如图 4-9 所示。

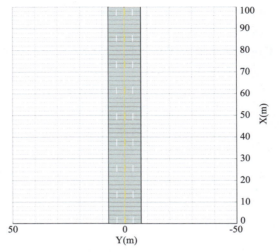

图 4-9 构建双向 4 车道

7. 其他添加道路的命令

在驾驶场景中添加道路网的命令为

roadNetwork(s,'OpenDRIVE',filePath);%将道路和车道从道路网文件"OpenDRIVE"中导入驾驶场景
roadNetwork(___,'ShowLaneTypes',lanetype);%使用名称-值指定道路类型信息

在驾驶场景中添加道路边界的命令为

rbdry＝roadBoundaries(s);%返回道路边界
rbdry＝roadBoundaries(ac);%返回交通参与者 ac 的道路边界

道路边界转换的命令为

egoRoadBoundaries＝driving.scenario.roadBoundariesToEgo(scenarioRoadBoundaries,ego);%将道路边界从驾驶场景的世界坐标系转换到主车的车辆坐标系上
egoRoadBoundaries＝driving.scenario.roadBoundariesToEgo(scenarioRoadBoundaries,egoPose);%使用主车的选项 egoPose 将道路边界从世界坐标系转换为车辆坐标系

采用编程方法构建道路的具体命令、使用方法和案例可以参考 MATLAB 中的"driving Scenario"的"Roads",如图 4-10 所示。

Roads	
road	Add road to driving scenario
roadNetwork	Add road network to driving scenario
roadBoundaries	Get road boundaries
driving.scenario.roadBoundariesToEgo	Convert road boundaries to ego vehicle coordinates

图 4-10 构建道路的命令

图 4-10 中包括以下命令。

（1）在驾驶场景中添加道路。
（2）在驾驶场景中添加路网。
（3）获取道路边界。
（4）将道路边界转换成主车坐标系。

三、添加交通参与者

最主要的交通参与者是车辆。

添加运动车辆的命令为

egoCar = vehicle(s);%把车辆添加到场景 s 中

egoCar = vehicle(s,Name,Value);%使用名称-值设置车辆属性,并添加到场景 s 中,例如,可以设置车辆的位置、速度、尺寸、方向和轴距等

trajectory(egoCar,waypoints,speed);%在场景中设置车辆轨迹和速度

分类标识符'ClassID':1代表轿车;2代表卡车;3代表自行车;4代表行人;5代表障碍物。例如:

car = vehicle(s,'ClassID',1);
truck = vehicle(s,'ClassID',2,'Length',8.2,'Width',2.5,'Height',3.5);
bicycle = actor(s,'ClassID',3,'Length',1.7,'Width',0.45,'Height',1.7);

【例 4-10】 在长 100m、宽 16m 的道路上添加一车辆,车辆位于车道中心,速度为 50km/h。

解: 在 MATLAB 命令行窗口输入以下程序。

1	`s=drivingScenario;`	%构建驾驶场景
2	`roadCenters=[0,0;100,0];`	%设置道路中心
3	`roadWidth=16;`	%设置道路宽度
4	`road(s,roadCenters,roadWidth);`	%在驾驶场景中添加道路
5	`plot(s)`	%绘制场景
6	`egoCar=vehicle(s);`	%添加车辆
7	`waypoints=roadCenters;`	%设置车辆轨迹为道路中心
8	`speed=13.89;`	%设置车速
9	`trajectory(egoCar,waypoints,speed);`	%在场景中构建车辆轨迹
10	`while advance(s)`	%车辆运动开始
11	`    pause(0.01);`	%车辆运动
12	`end`	%车辆运动结束

输出结果如图 4-11 所示。

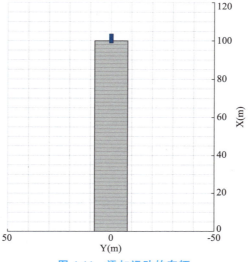

图 4-11 添加运动的车辆

【例 4-11】 设计车辆在十字路口左转弯的场景。

解：在 MATLAB 命令行窗口输入以下程序。

```
1   s=drivingScenario;                              %构建驾驶场景
2   road(s,[0,-25;0,25],7);                         %在驾驶场景中添加道路
3   road(s,[-25,0;25,0],7);                         %在驾驶场景中添加道路
4   Car=vehicle(s);                                 %在驾驶场景中添加车辆
5   waypoints=[-24.0,-7.0,-3.5,-3.0,1.5,1.5,1.5,-1.5,-1.5,
               -1.5,-1.5,3.0,3.5,21.0]';            %设置车辆轨迹
6   speed=[20.0,0.0,5.0,5.0,10.0,12.0,20.0];        %设置车速
7   trajectory(Car,waypoints,speed);                %在场景中构建车辆轨迹
8   plot(s,'Waypoints','on','Centerline','on');     %绘制场景
9   while advance(s)                                %车辆运动开始
10      pause(0.01);                                %车辆运动
11  end                                             %车辆运动结束
```

输出结果如图 4-12 所示。

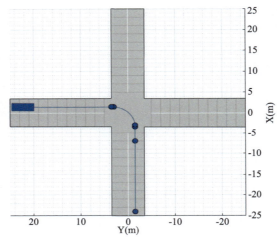

图 4-12 左转弯运动车辆

采用编程方法添加交通参与者的具体命令、使用方法和案例可以参考 MATLAB 中的 "driving Scenario" 的 "Actors"，如图 4-13 所示。

actor	Add actor to driving scenario
actorPoses	Positions, velocities, and orientations of actors in driving scenario
actorProfiles	Physical and radar characteristics of actors in driving scenario
vehicle	Add vehicle to driving scenario
chasePlot	Ego-centric projective perspective plot
trajectory	Create actor or vehicle trajectory in driving scenario
targetPoses	Target positions and orientations relative to ego vehicle
targetOutlines	Outlines of targets viewed by actor
driving.scenario.targetsToEgo	Convert actor poses to ego vehicle coordinates

图 4-13 添加交通参与者的命令

图 4-13 中包括以下命令。

（1）将交通参与者添加到驾驶场景。

（2）驾驶场景中交通参与者的位置、速度和方向。

(3) 驾驶场景中交通参与者的物理性质和雷达性质。
(4) 将车辆添加到驾驶场景中。
(5) 自我中心投影透视图。
(6) 在驾驶场景中创建交通参与者或车辆的运动轨迹。
(7) 相对于主车的位置和方向。
(8) 交通参与者观看的目标轮廓。
(9) 将交通参与者转换到主车的车辆坐标系中。

【**例 4-12**】 通过编程构建一个驾驶场景，包含一条弯道和两条直道，其中弯道半径为200m，弯道宽度为10m，弯道上有一辆汽车；一条直道上有一辆自行车；另一条直道上有一行人。

解： 在MATLAB命令行窗口输入以下程序。

```
1   s=drivingScenario;                                    %构建驾驶场景
2   angs=[0:5:90]';                                       %设置弯道角度
3   R=200;                                                %设置弯道半径
4   roadCenters=R*[cosd(angs),sind(angs),zeros(size(angs))]; %设置弯道中心
5   roadWidth=10;                                         %设置弯道宽度
6   road(s,roadCenters,roadWidth);                        %在场景中添加弯道
7   roadCenters=[160,20,0;0,20,0];                        %设置人行道中心
8   road(s,roadCenters)                                   %在场景中添加人行道
9   roadCenters=[160,50,0;0,50,0];                        %设置自行车道中心
10  road(s,roadCenters)                                   %在场景中添加自行车道
11  rbdry=roadBoundaries(s);                              %找道路边界
12  car=vehicle(s,'Position',[0,200,0]);                  %把汽车放在弯道起点
13  bicycle=actor(s,'Position',[0,50,0]);                 %把自行车放在自行车道起点
14  pedestrian=actor(s,'Position',[0,20,0]);              %把人放在人行道起点
15  plot(s,'Centerline','on','RoadCenters','on')          %绘制驾驶场景
```

输出结果如图4-14所示。

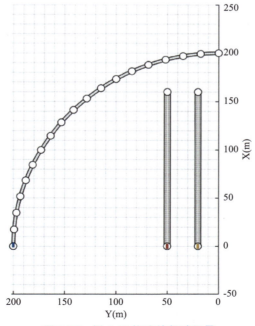

图 4-14 例 4-12 构建的驾驶场景

【例 4-13】 构建一个由两辆汽车组成的场景，它们分别以 30m/s 和 40m/s 的速度在环形路上行驶，并分别在场景图和方块图上显示。假设道路为椭圆形轨道，该轨道覆盖大约 200m 长、100m 宽的区域，其曲线的倾斜角为 9°。

解： 在 MATLAB 命令行窗口输入以下程序。

```
1   s=drivingScenario;                                              %构建驾驶场景
2   roadCenters=[0,40,49,50,100,50,49,40,-40,-49,-50,-100,-50,-49,
        -40,0,-50,-50,-50,-50,0,50,50,50,50,50,50,0,-50,-50,-50,-50,0,
        0,.45,.45,.45,.45,.45,0,0,.45,.45,.45,.45,.45,0,0]';         %设置道路中心
3   bankAngles=[0,0,9,9,9,9,9,0,0,9,9,9,9,9,0,0];                    %设置道路倾斜角度
4   road(s,roadCenters,bankAngles,'lanes',lanespec(2))               %在场景中添加道路
5   plot(s)                                                          %绘制椭圆轨道
6   egoCar=vehicle(s,'Position',[80 -40 .45],'Yaw',30);              %在场景中添加主车
7   chasePlot(egoCar);                                               %绘制追踪图
8   fastCar=vehicle(s);                                              %在场景中添加第二辆车
9   d=2.7/2;                                                         %赋值
10  h=0.45/2;                                                        %赋值
11  roadOffset=[0,0,0,0,d,0,0,0,0,0,0,-d,0,0,0,0,-d,-d,-d,-d,0,d,d,
        d,d,d,d,0,-d,-d,-d,-d,0,0,h,h,h,h,0,0,h,h,h,h,0,0]';          %设置道路偏移量
12  rWayPoints=roadCenters+ roadOffset;                              %右侧路径点
13  lWayPoints=roadCenters-roadOffset;                               %左侧路径点
14  rWayPoints = [repmat(rWayPoints(1:end-1,:),5,1); rWay-
        Points(1,:)];                                                 %右侧路径矩阵
15  lWayPoints = [repmat(lWayPoints(1:end-1,:),5,1); lWay-
        Points(1,:)];                                                 %左侧路径矩阵
16  trajectory(egoCar,rWayPoints(:,:),30);                           %把主车放在右侧车道
17  trajectory(fastCar,lWayPoints(:,:),40);                          %把第二辆车放在左侧车道
18  s.SampleTime=0.02;                                               %设置分辨率
19  s.StopTime=10;                                                   %设置停止时间
20  while advance(s)                                                 %运动开始
21      pause(0.001)                                                 %停顿时间
22  end                                                              %运动结束
```

输出结果如图 4-15 所示。

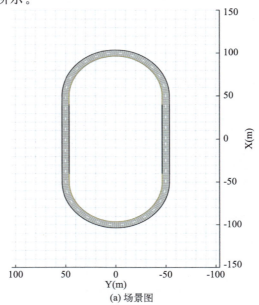

(a) 场景图

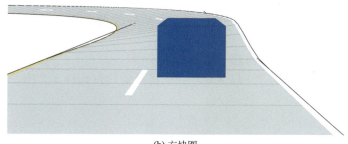

(b) 方块图

图 4-15　例 4-13 构建的驾驶场景

第二节　通过图形化界面构建驾驶场景

一、构建新的驾驶场景

在 MATLAB 命令行窗口输入以下命令。

drivingScenarioDesigner

回车得到驾驶场景设计界面，如图 4-16 所示。界面上侧是工具栏；左侧窗格是设置道路和交通参与者属性的；中间是驾驶场景设计区；右侧是"方块式"驾驶场景区。

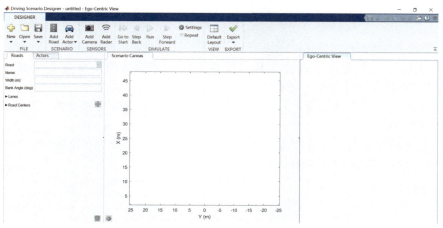

图 4-16　驾驶场景设计界面

在驾驶场景设计界面的工具栏（以下简称 App 工具栏）中，有添加道路图标、添加交通参与者图标、添加相机图标和添加雷达图标。

二、添加道路

添加道路有以下三种方法。

（1）在 App 工具栏中点击"Add Road"，然后依次点击场景设计区中若干个位置，单击右键生成道路，道路依次穿过在场景设计区中点击过的点。

(2) 鼠标右键单击道路,通过添加道路中心点并拖拽该点,使道路成为需要的形状。

(3) 在 App 工具栏中点击"Add Road",然后在左侧道路中心栏中输入道路中心点,生成需要的道路形状。

【例 4-14】 通过图形化界面构建一弯曲道路。

解:点击 App 工具栏中的"Add Road",在场景设计区选择 5 个中心点,单击右键生成道路,如图 4-17 所示。

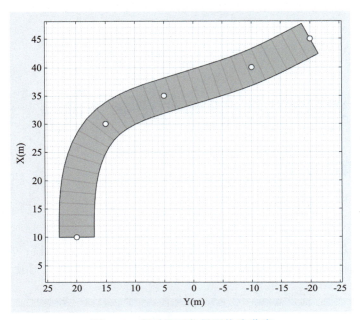

图 4-17 通过图形化界面构建道路

道路信息包括哪条道路、道路名称、道路宽度、倾斜角度、车道和道路中心值,如图 4-18 所示。通过设置这些值,使构建的道路符合要求。

默认情况下,道路为单车道,并且没有车道线。为了使情景更加真实,一般将道路设置为两车道或多车道。

车道信息包括车道数、车道宽度、车道标记,车道标记又分为车道类型、颜色、路面强度、线宽、线长和线间隔等,如图 4-19 所示。

图 4-18 道路信息设置

图 4-19 车道信息设置

车道类型分为没有车道线、实线、虚线、双实线、双虚线、左边是实线右边是虚线、左边是虚线右边是实线。

车道线颜色用英文输入，如输入白色"white"，显示［１　１　１］；输入黄色"yellow"，显示［0.98 0.86 0.36］；输入红色"red"，显示［１　０　０］；输入黑色"black"，显示［０　０　０］。

在左侧窗格，"Roads"标签下，展开车道，设置车道数为2，并设置车道宽度为3.6m，该宽度为典型的高速公路车道宽度，如图4-20所示。

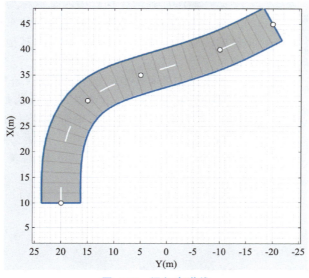

图 4-20　添加车道线

该道路为单向的，中间车道线为虚线，车辆可跨越虚线行驶。

在标记列表中选择"2：Dashed"，然后设置类型为"DoubleSolid"，并将颜色设为字符串"yellow"，通过将中间车道线由单虚线变为双黄实线将道路变为双向，如图4-21所示。

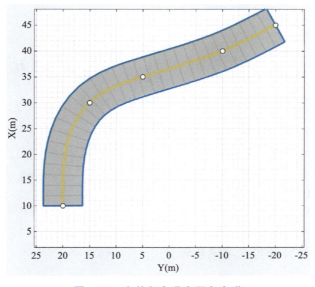

图 4-21　由单向车道变双向车道

111

三、添加车辆

点击 App 工具栏中的"Add Actor",可以在驾驶场景中添加的交通参与者有小型汽车、卡车、自行车、行人和障碍物等,如图 4-22 所示。

1. 添加主车

第一辆添加到驾驶场景中的车辆称为主车,即驾驶场景中的主车。主车包含有检测驾驶场景中的车道线、行人以及其他车辆的传感器。先添加主车,再添加其他车辆,以便主车进行检测。

右击道路的某一点,选择"Add Car",添加主车;为了确定车辆的行驶路径,右击车辆,选择添加路径点"Add Waypoints",并沿着道路添加车辆所要经过的路径点;添加最后一个点后,按"Enter"键或右击,车辆会自动旋转并朝向第一个路径点,如图 4-23 所示。为了精确表达驾驶路径,可以调整或添加新的路径点。

图 4-22 交通参与者

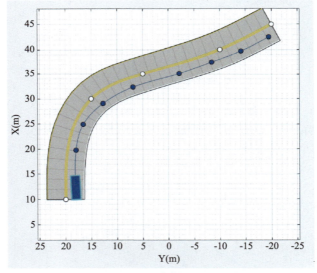

图 4-23 添加主车及路径

添加完主车后,可以对车辆属性进行设置。车辆属性包括车辆参数和车辆轨迹。

车辆参数包括车辆尺寸参数和车辆姿态参数。车辆尺寸参数包括车辆的长度、宽度、高度、前悬和后悬;车辆姿态参数包括横滚角、俯仰角和偏航角,如图 4-24 所示。

车辆轨迹包括车辆行驶恒定速度和路径点,如图 4-25 所示。

如果想要更精细的速度控制,可以取消

▼ Actor Properties

Length (m):	Width (m):	Height (m):
6	1.8	1.4
Front Overhang:	Rear Overhang:	
0.9	1	
Roll:	Pitch:	Yaw:
1	1	1

图 4-24 车辆参数设置

"Constant Speed"选项框,在"Waypoints"表格中设置每个路径点间的速度,如图 4-26 所示。

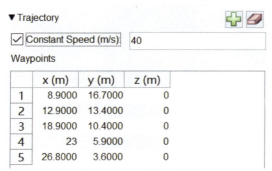

图 4-25　车辆轨迹设置　　　　　　　　图 4-26　车辆变速度设置

2. 添加第二辆车

添加一辆供主车检测的车。点击"Add Actors",选择"Car",添加第二辆车,并添加第二辆车所要经过的路径点,如图 4-27 所示。第二辆车具体添加的位置、路径点和车速等参数,根据需要进行设置。

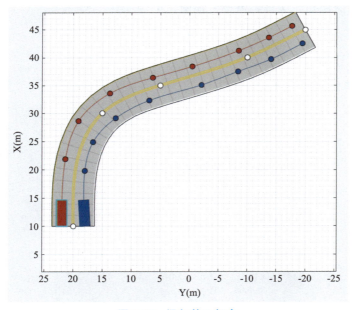

图 4-27　添加第二辆车

添加不同的车辆,车辆用不同的颜色表示。
根据需要选择添加车辆的数量和种类。

四、添加行人

在驾驶场景中添加一个穿越道路的行人。右击道路一边,选择添加行人"Add Pedestrain",接着设置行人的路径,添加一个路径点到路的另一侧,如图 4-28 所示。

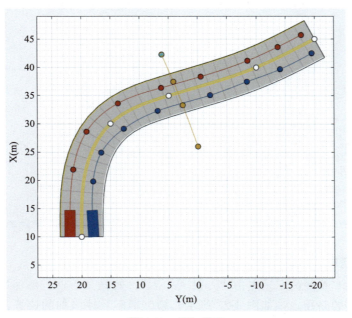

图 4-28 添加行人

可以对行人的属性和轨迹进行设置，如图 4-29 所示。

图 4-29 行人属性和轨迹设置

添加自行车和添加行人的方法是一样的，只是参数有差异。

五、添加传感器

为主车添加雷达和视觉传感器（相机），用这些传感器对行人、车道线及其他车辆进行检测。

1. 添加相机

在 App 工具栏中，选择添加相机"Add Camera"，显示传感器在车辆的标准位置，主要有八个位置，分别为前保险杠位置、前左轮位置、前右轮位置、前窗位置、后左轮位置、后右轮位置、后窗位置和后保险杠位置，如图 4-30 所示。

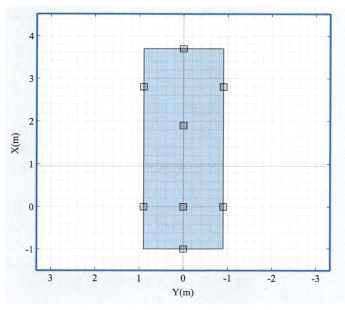

图 4-30　传感器在车辆中的标准位置

在需要的位置添加相机。例如在前保险杠位置添加相机，点击前保险杠位置的相机，点击鼠标右键，点击"Add Camera"，相机添加到主车的前保险杠，如图 4-31 所示。

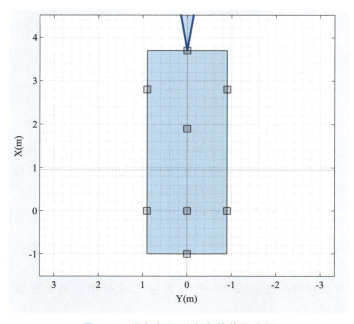

图 4-31　添加相机到主车的前保险杠

默认状态是相机只检测交通参与者，不检测车道。为了使其能够检测车道，可以在左侧窗格中的"Sensors"进行设置，包括传感器位置设置、相机参数设置和检测参数设置等，如图 4-32 所示。

（1）传感器位置设置。传感器位置包括 X 坐标值、Y 坐标值和高度值，以及横滚值、俯仰值和偏航值。

（2）相机参数设置。相机参数包括焦距、图像宽度和焦点。

（3）检测参数设置。检测参数包括检测类型、检测概率、每张图像的误报、检测坐标、传感器限值、车道设置、精度和噪声设置。

检测类型又包括对象、对象和车道、车道。

检测坐标有车辆笛卡尔坐标和传感器笛卡尔坐标。

传感器限值有最大速度、最大检测距离、最大允许遮挡、最小对象图像宽度、最小对象图像高度，如图 4-33 所示。

车道设置有车道更新间隔、最小车道图像宽度、最小车道图像高度、边界精度、有无车道限制，如图 4-34 所示。

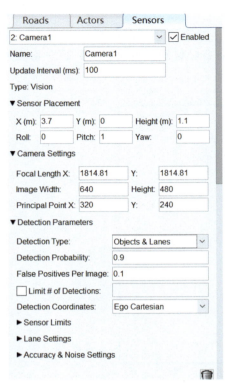

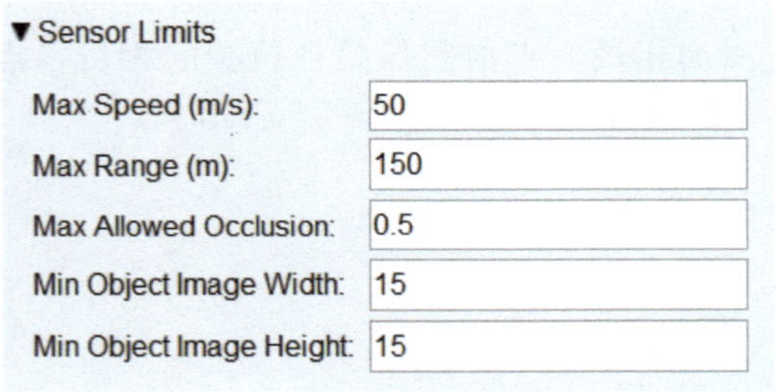

图 4-32　传感器设置

图 4-33　相机传感器限值设置

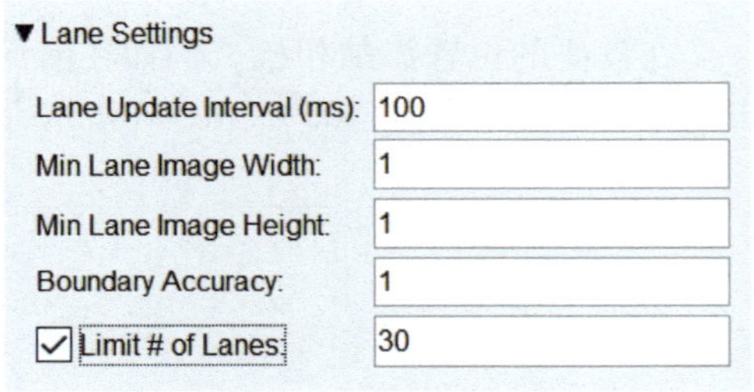

图 4-34　相机车道设置

2. 添加雷达

将鼠标放在右前轮传感器位置，点击鼠标右键并选择"Add Radar"，将雷达传感器添加到右前轮位置。在覆盖范围内移动光标，点击并拖拽角度标志，可以使雷达旋转。再添加一个相同的雷达传感器到左前轮。右击右前轮的传感器点击复制"Copy"，接着右击左前轮点击粘贴"Paste"，复制的雷达朝向会镜像另一侧传感器，如图 4-35 所示。相机和雷达给主车前方双重覆盖。

根据需要，可以在左侧窗格中的"Sensors"中选择"Radar"对雷达的位置、检测参数等进行设置。

雷达位置的设置与相机位置的设置一样，包括 X 坐标值、Y 坐标值和高度值，以及横滚值、俯仰值和偏航值。

检测参数设置包括检测概率、虚警率、视场方位角、俯仰角、最大探测范围、是否有最小和

第四章 自动驾驶场景构建方法

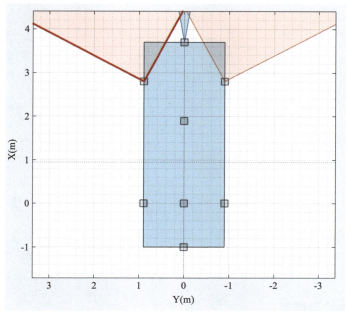

图 4-35 添加雷达

最大测速范围、是否有海拔高度、是否有堵塞、高级参数、精度和噪声设置，如图 4-36 所示。

高级参数包括参考范围、参考散射截面、有无检测限制和检测坐标，如图 4-37 所示。

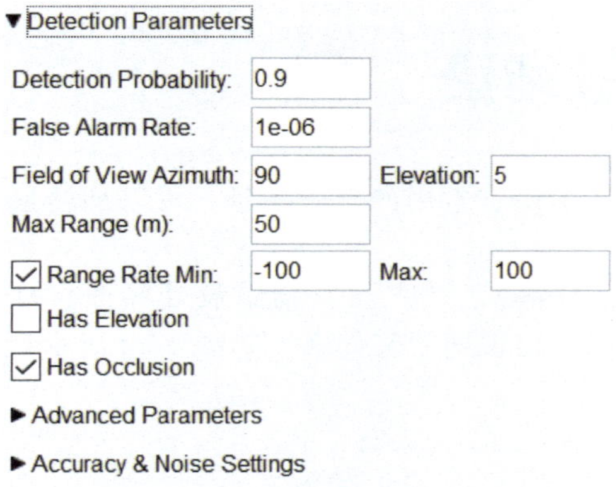

图 4-36 雷达检测参数设置 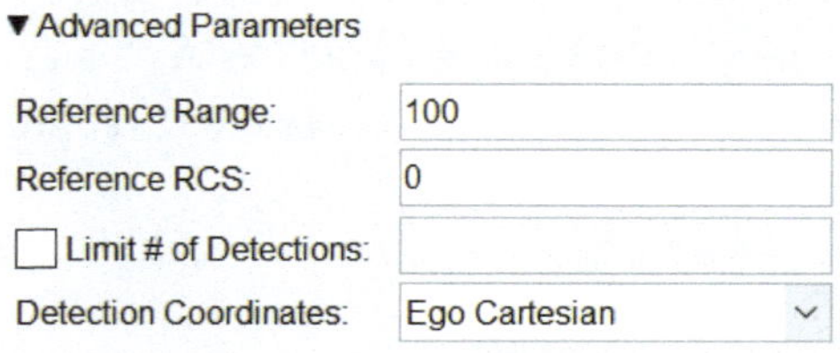　　　　图 4-37 雷达高级参数

默认情况下，添加到车轮的传感器为近程雷达。

3. 运行驾驶场景

为了进行传感器检测，点击"Run"，驾驶场景开始运行，车辆开始运动，如图 4-38 所示，其中左图为从主车的视角以主车为中心展示的场景，右图为鸟瞰图展示的检测场景。

如果需要关闭某一检测，在鸟瞰图左下角，点击鸟瞰图配置按钮。

默认状态是当第一个对象停止后，场景结束。为了获得一定时间段的场景运行结果，可以在驾驶场景设计界面的工具栏中，点击设置"Settings"，改变停止条件。

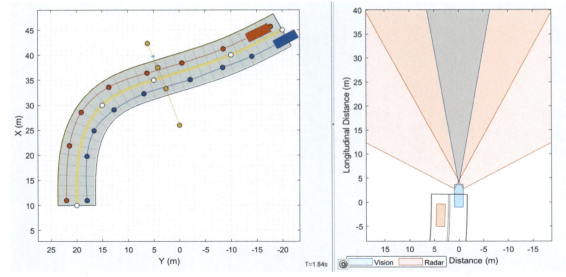

图 4-38 车辆运动和传感器检测的场景

4. 导出传感器检测结果

想要导出检测结果到 MATLAB 的工作区中，在 App 工具栏中，可以导出传感器数据，命名工作空间变量名并确定，也可以导出整个场景。然后，可以在 MATLAB 中调整场景的参数，并通过调用函数产生检测。

第三节　通过场景库构建驾驶场景

MATLAB 自动驾驶工具箱提供了驾驶场景库，库中有常用的驾驶场景，可以从场景库中选择驾驶场景或者重新构建驾驶场景。

在 MATLAB 命令行窗口输入 "drivingScenarioDesigner"，进入驾驶场景设计界面。打开 App 工具栏中的 "Open"，选择 "Prebuilt Scenario"，出现四个文件夹，如图 4-39 所示。

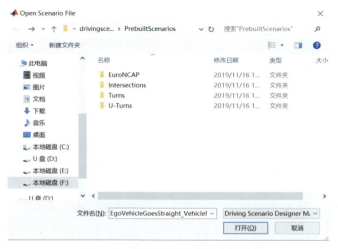

图 4-39　驾驶场景库中的文件夹

第四章 自动驾驶场景构建方法

其中"EuroNCAP"表示欧洲新车安全评价需要的驾驶场景;"Intersections"表示十字路口场景;"Turns"表示车辆转弯场景;"U-Turns"表示车辆掉头场景。

一、选择十字路口场景

"Intersections"场景库中有五个驾驶场景,假设这五个驾驶场景分别为 A1~A5。

1. 驾驶场景 A1

图 4-40 所示为驾驶场景 A1,该场景表示主车自南向北行驶,直行穿过十字路口;一辆来自十字路口左侧的自行车向右直行,穿过十字路口。点击"Run"按钮,主车和自行车都开始运动。同时,可以通过方块图和鸟瞰图观察主车和自行车的运动。

该驾驶场景的文件名为

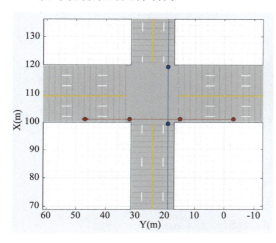
(a) 场景图

(b) 方块图

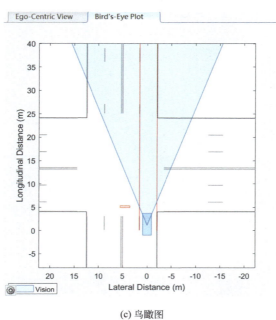
(c) 鸟瞰图

图 4-40　驾驶场景 A1

119

EgoVehicleGoesStraight _ BicycleFromLeftGoesStraight _ Collision. mat

主车和自行车的参数可在左侧窗格的"Actors"中设置。

2. 驾驶场景 A2

图 4-41 所示为驾驶场景 A2，该场景表示主车自南向北行驶，直行穿过十字路口；一个右车道上的行人也自南向北行走，直行穿过十字路口。

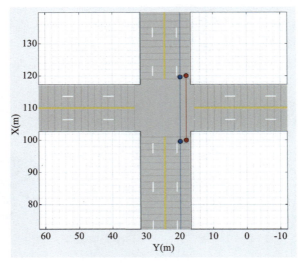

图 4-41　驾驶场景 A2

该驾驶场景的文件名为

EgoVehicleGoesStraight _ PedestrianToRightGoesStraight. mat

3. 驾驶场景 A3

图 4-42 所示为驾驶场景 A3，该场景表示主车自南向北行驶，直行穿过十字路口；另一辆来自十字路口左侧的车向右直行，穿过十字路口。

该驾驶场景的文件名为

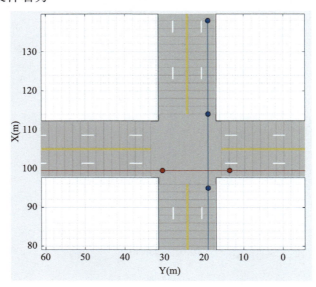

图 4-42　驾驶场景 A3

EgoVehicleGoesStraight _ VehicleFromLeftGoesStraight. mat

4. 驾驶场景 A4

图 4-43 所示为驾驶场景 A4，该场景表示主车自南向北行驶，直行穿过十字路口；一辆来自十字路口右侧的车向左直行，首先穿过十字路口。

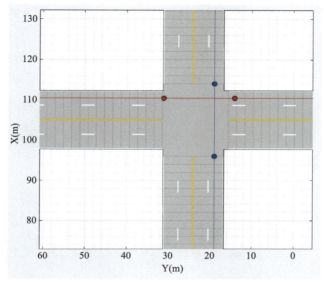

图 4-43　驾驶场景 A4

该驾驶场景的文件名为
EgoVehicleGoesStraight _ VehicleFromRightGoesStraight. mat

5. 驾驶场景 A5

图 4-44 所示为驾驶场景 A5，主车自南向北行驶，在进入环形交叉路口时穿过行人的道路；另一辆车自右向左行驶；当两辆车都行驶通过环形交叉路口时，主车会穿过另一辆车的

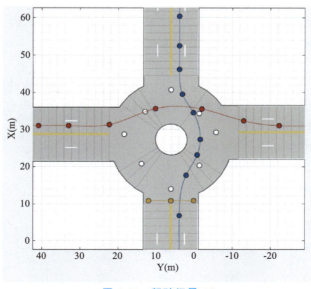

图 4-44　驾驶场景 A5

路径。

该驾驶场景的文件名为 Roundabout.mat

二、选择车辆转弯场景

"Turns"场景库中有八个驾驶场景,假设这八个场景分别为 B1~B8。

1. 驾驶场景 B1

图 4-45 所示为驾驶场景 B1,该场景表示主车自南向北行驶,直行穿过十字路口;另一辆车从十字路口的左侧车道驶来,在十字路口左转弯,且行驶在主车前面。

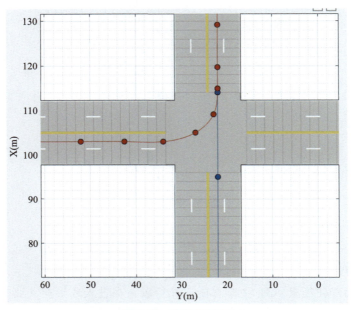

图 4-45　驾驶场景 B1

该驾驶场景的文件名为

EgoVehicleGoesStraight _ VehicleFromLeftTurnsLeft.mat

2. 驾驶场景 B2

图 4-46 所示为驾驶场景 B2,该场景表示主车自南向北行驶,直行穿过十字路口;另一辆车从十字路口的右侧车道驶来,在十字路口右转弯,且行驶在主车前面。

该驾驶场景的文件名为

EgoVehicleGoesStraight _ VehicleFromRightTurnsRight.mat

3. 驾驶场景 B3

图 4-47 所示为驾驶场景 B3,该场景表示主车自南向北行驶,直行穿过十字路口;另一辆在主车前面的车,在十字路口左转弯行驶。

该驾驶场景的文件名为

EgoVehicleGoesStraight _ VehicleInFrontTurnsLeft.mat

4. 驾驶场景 B4

图 4-48 所示为驾驶场景 B4,该场景表示主车自南向北行驶,直行穿过十字路口;另一

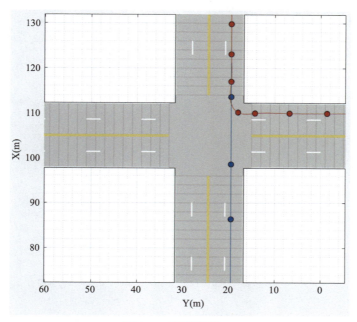

图 4-46 驾驶场景 B2

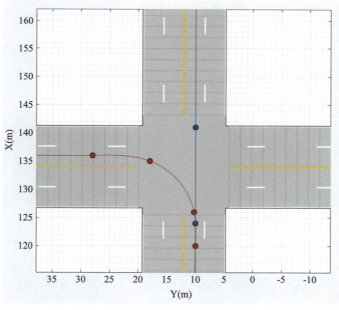

图 4-47 驾驶场景 B3

辆在主车前面的车,在十字路口右转弯行驶。

该驾驶场景的文件名为

EgoVehicleGoesStraight _ VehicleInFrontTurnsRight. mat

5. 驾驶场景 B5

图 4-49 所示为驾驶场景 B5,该场景表示主车自南向北行驶,在十字路口左转弯;行人

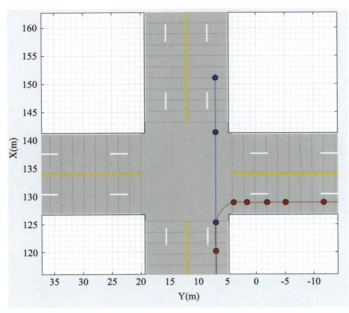

图 4-48　驾驶场景 B4

从左侧车道穿过十字路口向右行走。

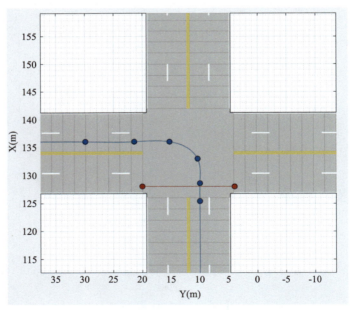

图 4-49　驾驶场景 B5

该驾驶场景的文件名为
EgoVehicleTurnsLeft _ PedestrianFromLeftGoesStraight. mat

6. 驾驶场景 B6

图 4-50 所示为驾驶场景 B6，该场景表示主车自南向北行驶，在十字路口左转弯；行人从对面车道自北向南行走。

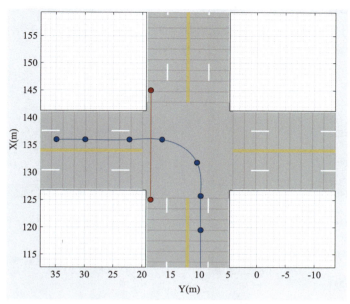

图 4-50　驾驶场景 B6

该驾驶场景的文件名为

EgoVehicleTurnsLeft _ PedestrianInOppLaneGoesStraight. mat

7. 驾驶场景 B7

图 4-51 所示为驾驶场景 B7，该场景表示主车自南向北行驶，在十字路口左转弯；主车前面的另一辆车自南向北行驶，直行穿过十字路口。

该驾驶场景的文件名为

EgoVehicleTurnsLeft _ VehicleInFrontGoesStraight. mat

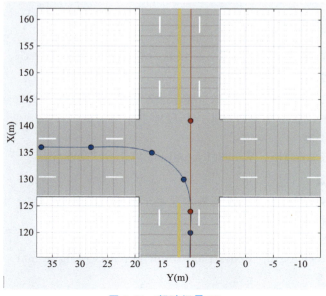

图 4-51　驾驶场景 B7

8. 驾驶场景 B8

图 4-52 所示为驾驶场景 B8，该场景表示主车自南向北行驶，在十字路口右转弯；主车前面的另一辆车自南向北行驶，直行穿过十字路口。

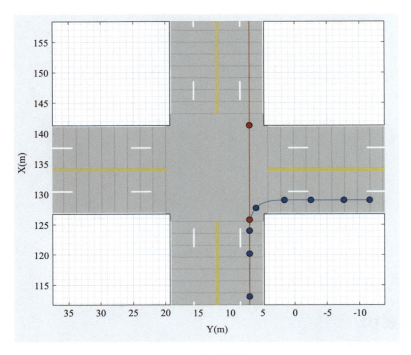

图 4-52　驾驶场景 B8

该驾驶场景的文件名为
EgoVehicleTurnsRight_VehicleInFrontGoesStraight.mat
驾驶场景中的交通参与者的参数可在左侧窗格的"Actors"中设置。

三、选择车辆掉头场景

"U-Turns"场景库中有六种场景，假设这六种场景分别为 C1~C6。

1. 驾驶场景 C1

图 4-53 所示为驾驶场景 C1，该场景表示主车自南向北行驶，直行穿过十字路口；另一辆自北向南行驶的车，在十字路口掉头，行驶在主车的前面。

该场景的文件名为
EgoVehicleGoesStraight_VehicleInOppLaneMakesUTurn.mat

2. 驾驶场景 C2

图 4-54 所示为驾驶场景 C2，该场景表示主车自南向北行驶，在十字路口掉头；行人自右侧向左侧行走，穿过十字路口。

该场景的文件名为
EgoVehicleMakesUTurn_PedestrianFromRightGoesStraight.mat

3. 驾驶场景 C3

图 4-55 所示为驾驶场景 C3，该场景表示主车自南向北行驶，在十字路口掉头；另一辆

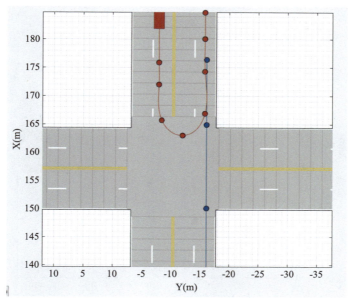

图 4-53 驾驶场景 C1

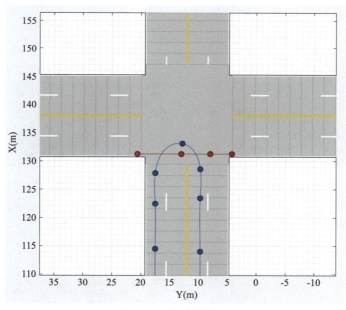

图 4-54 驾驶场景 C2

车从对面自北向南行驶,穿过十字路口。

该驾驶场景的文件名为

EgoVehicleMakesUTurn_VehicleInOppLaneGoesStraight.mat

4. 驾驶场景 C4

图 4-56 所示为驾驶场景 C4,该场景表示主车自南向北行驶,在十字路口左转弯;第二辆车自南向北行驶,在十字路口掉头;第三辆车辆从右侧车道向左行驶。

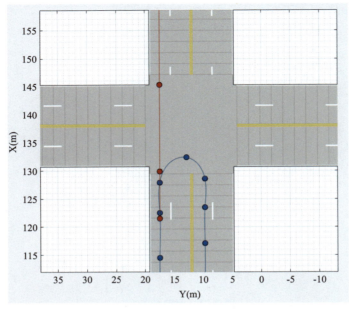

图 4-55　驾驶场景 C3

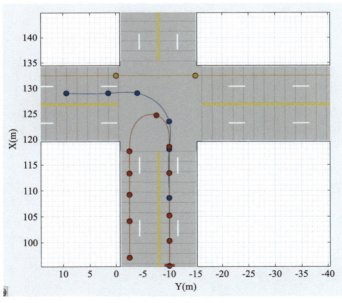

图 4-56　驾驶场景 C4

该驾驶场景的文件名为
EgoVehicleTurnsLeft_Vehicle1MakesUTurn_Vehicle2GoesStraight.mat

5. 驾驶场景 C5

图 4-57 所示为驾驶场景 C5，该场景表示主车自南向北行驶，在十字路口左转弯；另一辆车从左向右行驶，在十字路口掉头行驶。

该驾驶场景的文件名为

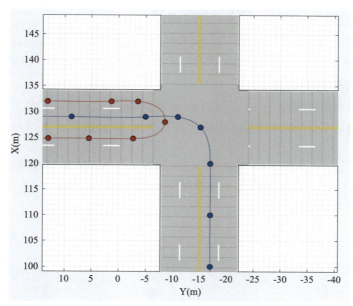

图 4-57 驾驶场景 C5

EgoVehicleTurnsLeft_VehicleFromLeftMakesUTurn.mat

6. 驾驶场景 C6

图 4-58 所示为驾驶场景 C6，该场景表示主车自南向北行驶，在十字路口右转弯；另一辆车自右向左行驶，在十字路口掉头行驶。

该驾驶场景的文件名为

EgoVehicleTurnsRight_VehicleFromRightMakesUTurn.mat

驾驶场景中的交通参与者的参数可在左侧窗格的"Actors"中设置。

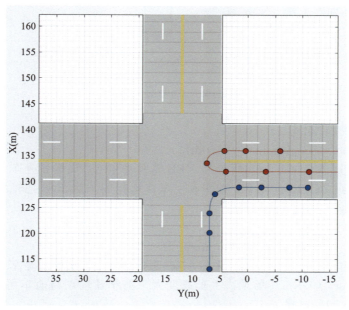

图 4-58 驾驶场景 C6

四、选择"Euro NCAP"中的驾驶场景

"Euro NCAP"中有三个文件夹,分别是自动紧急制动(Autonomous Emergency Braking)、紧急车道保持(Emergency Lane Keeping)和车道保持辅助(Lane Keep Assist)。

1. 自动紧急制动驾驶场景

自动紧急制动驾驶场景主要用于测试自动紧急制动(AEB)系统。AEB系统警告驾驶员即将发生碰撞,并自动制动以防止碰撞或减少碰撞的影响。典型的AEB驾驶场景有六种。

(1) AEB驾驶场景1。图4-59所示为AEB驾驶场景1,该场景描述主车与前面骑自行车的人相撞,在碰撞前,自行车和主车沿着纵向轴线在同一方向上运动;碰撞时,自行车的宽度是主车宽度的25%。

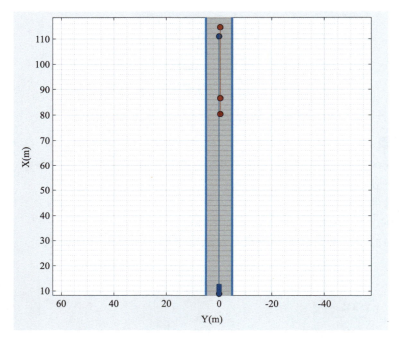

图4-59 AEB驾驶场景1

该驾驶场景的文件名为

AEB _ Bicyclist _ Longitudinal _ 25width. mat

(2) AEB驾驶场景2。图4-60所示为AEB驾驶场景2,该场景是车对车后制动(Car-to-Car Rear Braking,CCRb)场景,前车和主车速度相同,前车与主车之间的初始距离为12m,前车开始减速,减速度为$2m/s^2$。

该驾驶场景的文件名为

AEB _ CCRb _ 2 _ initialGap _ 12m. mat

(3) AEB驾驶场景3。图4-61所示为AEB驾驶场景3,该场景是车对车后移动(Car-to-Car Rear Moving,CCRm)场景,主车速度大于前车速度,与前车尾部相撞;碰撞时,主车与前车宽度的50%重叠。

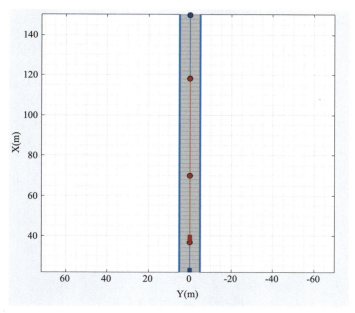

图 4-60　AEB 驾驶场景 2

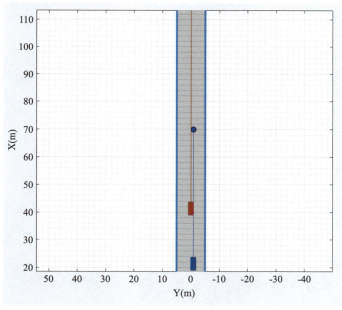

图 4-61　AEB 驾驶场景 3

该驾驶场景的文件名为

AEB_CCRm_50overlap.mat

（4）AEB 驾驶场景 4。图 4-62 所示为 AEB 驾驶场景 4，该场景是车对车后静止（Car-to-Car Rear Stationary，CCRs）场景，前车静止，主车与前车相撞；碰撞时，主车与静止车辆宽度的 -75% 重叠（当主车在另一辆车的左侧时，重叠百分比为负）。

该驾驶场景的文件名为

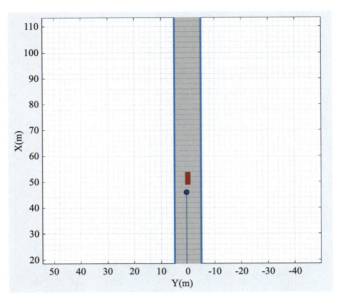

图 4-62　AEB 驾驶场景 4

AEB_CCRm_-75overlap.mat

(5) AEB 驾驶场景 5。图 4-63 所示为 AEB 驾驶场景 5，该场景是主车与从道路左侧行走的行人相撞；碰撞时，行人的宽度为主车宽度的 50%。

该驾驶场景的文件名为

AEB_Pedestrian_Farside_50width.mat

(6) AEB 驾驶场景 6。图 4-64 所示为 AEB 驾驶场景 6，该场景是主车与从道路右侧行走的行人相撞；碰撞时，行人宽度为主车宽度的 50%。

该驾驶场景的文件名为

AEB_PedestrianChild_Nearside_50width.mat

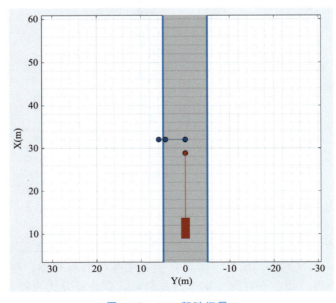

图 4-63　AEB 驾驶场景 5

第四章　自动驾驶场景构建方法

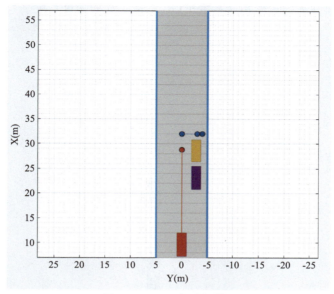

图 4-64　AEB 驾驶场景 6

文件夹中的其他 AEB 方案是改变碰撞点、车辆之间的重叠量和车辆之间的初始距离。

2. 紧急车道保持驾驶场景

紧急车道保持驾驶场景主要用于测试紧急车道保持（ELK）系统。ELK 系统通过警告驾驶员即将发生的意外车道偏离来防止碰撞。典型的 ELK 驾驶场景有四种。

（1）ELK 驾驶场景 1。图 4-65 所示为 ELK 驾驶场景 1，该场景表示主车故意改变车道，并与另一车道上超车的车辆相撞；主车以 0.5m/s 横向速度行驶。

该驾驶场景的文件名为

ELK _ FasterOvertakingVeh _ Intent _ Vlat _ 0.5. mat

（2）ELK 驾驶场景 2。图 4-66 所示为 ELK 驾驶场景 2，该场景表示主车故意改变车道，

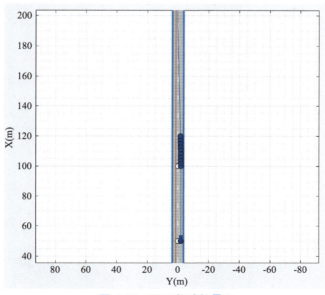

图 4-65　ELK 驾驶场景 1

133

并与另一车道上迎面驶来的车辆相撞；主车以 0.3m/s 横向速度行驶。

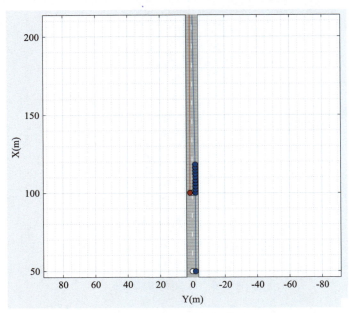

图 4-66　ELK 驾驶场景 2

该驾驶场景的文件名为

ELK＿OncomingVeh＿Vlat＿0.3.mat

（3）ELK 驾驶场景 3。图 4-67 所示为 ELK 驾驶场景 3，该场景表示主车无意中变车道，在另一车道超车，并与该车辆相撞；主车以 0.3m/s 横向速度行驶。

该驾驶场景的文件名为

ELK＿OvertakingVeh＿Unintent＿Vlat＿0.3.mat

（4）ELK 驾驶场景 4。图 4-68 所示为 ELK 驾驶场景 4，该场景表示主车无意中变车道，

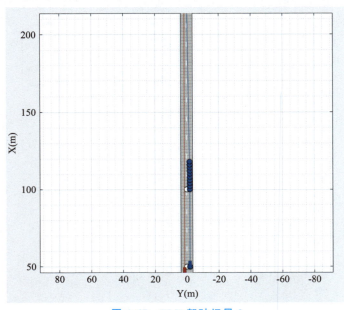

图 4-67　ELK 驾驶场景 3

最后停在路边；道路边缘没有车道边界标记；主车以 0.2m/s 横向速度行驶。

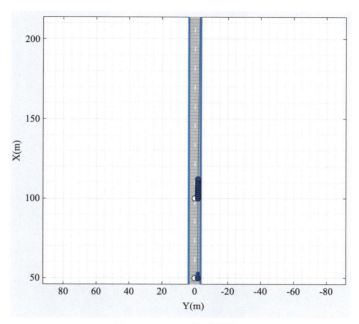

图 4-68　ELK 驾驶场景 4

该驾驶场景的文件名为
ELK_RoadEdge_NoBndry_Vlat_0.2.mat

3. 车道保持辅助驾驶场景

车道保持辅助驾驶场景主要用于测试车道保持辅助（LKA）系统。LKA 系统检测到无意的车道偏离，并自动调整车辆的转向角，使其保持在车道边界内。典型的 LKA 驾驶场景有六种。

（1）LKA 驾驶场景 1。图 4-69 所示为 LKA 驾驶场景 1，该场景表示主车无意中偏离了左侧虚线、右侧实线的车道；车辆从左侧虚线驶离车道，以 0.5m/s 的横向速度行驶。

该驾驶场景的文件名为
LKA_DashedLine_Solid_Left_Vlat_0.5.mat

（2）LKA 驾驶场景 2。图 4-70 所示为 LKA 驾驶场景 2，该场景表示主车无意中偏离了左侧无标线、右侧虚线的车道；车辆从右侧虚线驶离车道，以 0.5m/s 的横向速度行驶。

该驾驶场景的文件名为
LKA_DashedLine_Unmarked_Right_Vlat_0.5.mat

（3）LKA 驾驶场景 3。图 4-71 所示为 LKA 驾驶场景 3，该场景表示主车无意中偏离车道并在道路边缘上减速；道路边缘没有车道边界标记；车辆以 0.5m/s 的横向速度行驶。

该驾驶场景的文件名为
LKA_RoadEdge_NoBndry_Vlat_0.5.mat

（4）驾驶场景 4。图 4-72 所示为 LKA 驾驶场景 4，该场景表示主车无意中偏离车道，

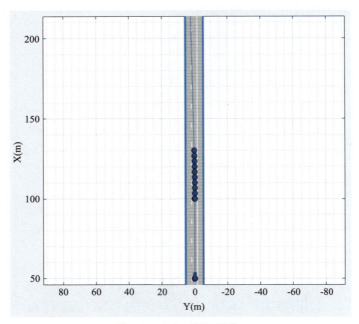

图 4-69 LKA 驾驶场景 1

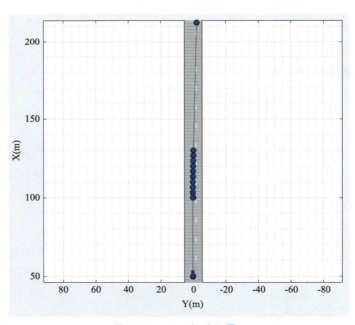

图 4-70 LKA 驾驶场景 2

最后到达道路边缘;道路没有车道标记;车辆以 0.5m/s 的横向速度行驶。

该驾驶场景的文件名为

LKA_RoadEdge_NoMarkings_Vlat_0.5.mat

(5) LKA 驾驶场景 5。图 4-73 所示为 LKA 驾驶场景 5,该场景表示主车无意中偏离左侧实线、右侧虚线的车道;汽车离开左侧实线的车道;车辆以 0.5m/s 的横向速度

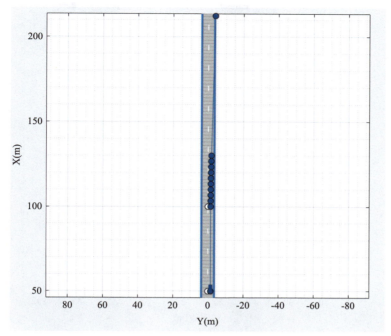

图 4-71　LKA 驾驶场景 3

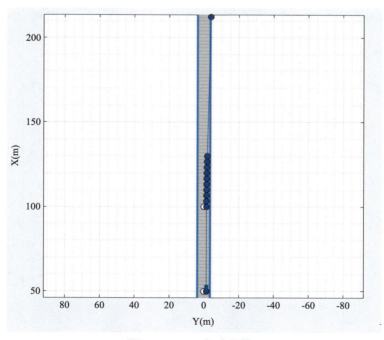

图 4-72　LKA 驾驶场景 4

行驶。

该驾驶场景的文件名为

LKA_SolidLine_Dashed_Left_Vlat_0.5.mat

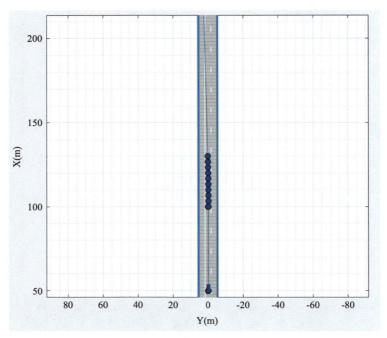

图 4-73　LKA 驾驶场景 5

（6）LKA 驾驶场景 6。图 4-74 所示为 LKA 驾驶场景 6，该场景表示主车无意中偏离右侧实线、左侧未标记的车道；汽车从右侧驶离车道；车辆以 0.5m/s 的横向速度行驶。

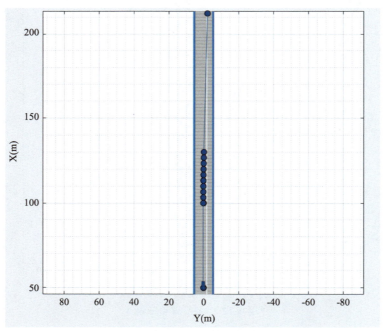

图 4-74　LKA 驾驶场景 6

该驾驶场景的文件名为
LKA _ SolidLine _ Unmarked _ Right _ Vlat _ 0.5.mat

默认情况下，"Euro NCAP"的驾驶场景中，主车不包含传感器。如果要测试车辆传感器，在应用程序工具栏上添加传感器。还可以调整道路和其他交通参与者的参数。

场景库中的所有驾驶场景，点击 App 工具栏中的"Run"，驾驶场景开始运行。

场景库中的驾驶场景可以根据需要重新构建。如果需要对场景库中的驾驶场景进行修改，点击 App 工具栏中的"Export"，选择"Export MATLAB Function"，生成驾驶场景的源程序，通过对源程序的修改，重新构建新的驾驶场景。

第五章
MATLAB自动驾驶仿真模块

MATLAB自动驾驶工具箱提供了驾驶场景、传感器、车辆的功能模块以及3D仿真模块，根据这些模块，可以构建各种需要的自动驾驶系统仿真模型，用于自动驾驶的仿真。

第一节　自动驾驶工具箱

双击MATLAB2019b主页中的Simulink按钮，进入Simulink界面，如图5-1所示。

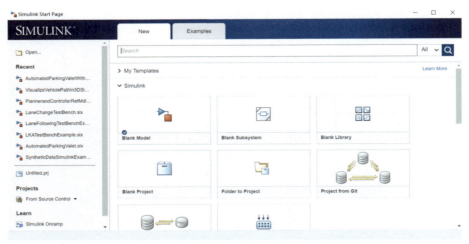

图5-1　Simulink界面

点击"Blank Model"模块，再点击工具栏中的"Library Browser"，进入模拟游览界面。从左侧"Simulink"列表中，点击"Automated Driving Toolbox"，进入自动驾驶工具箱界面，显示自动驾驶工具箱的功能模块，如图5-2所示。

自动驾驶工具箱提供了驾驶场景和传感器模块库、车辆控制模块库、3D仿真模块库及

第五章　MATLAB自动驾驶仿真模块

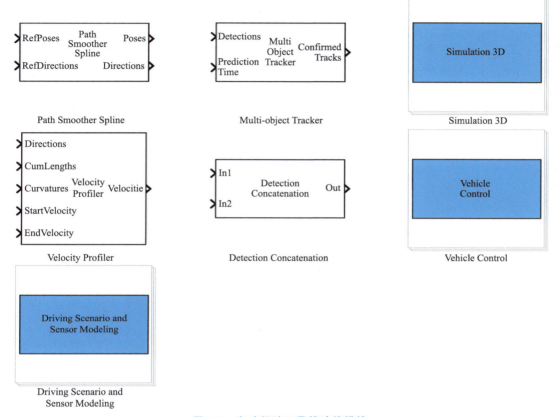

图 5-2　自动驾驶工具箱功能模块

其他四种功能模块，供自动驾驶仿真使用。

第二节　驾驶场景模块

自动驾驶工具箱中的驾驶场景模块如图 5-3 所示，它的功能是读入驾驶场景。

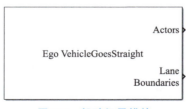

图 5-3　驾驶场景模块

驾驶场景模块读取驾驶场景文件，输出是驾驶场景中交通参与者的姿态和车道边界。

点击驾驶场景模块，进入驾驶场景模块设置界面，可以对其各种参数进行设置，如图 5-4 所示。

驾驶场景模块设置包括驾驶场景设置、车道设置、端口设置和模拟使用。

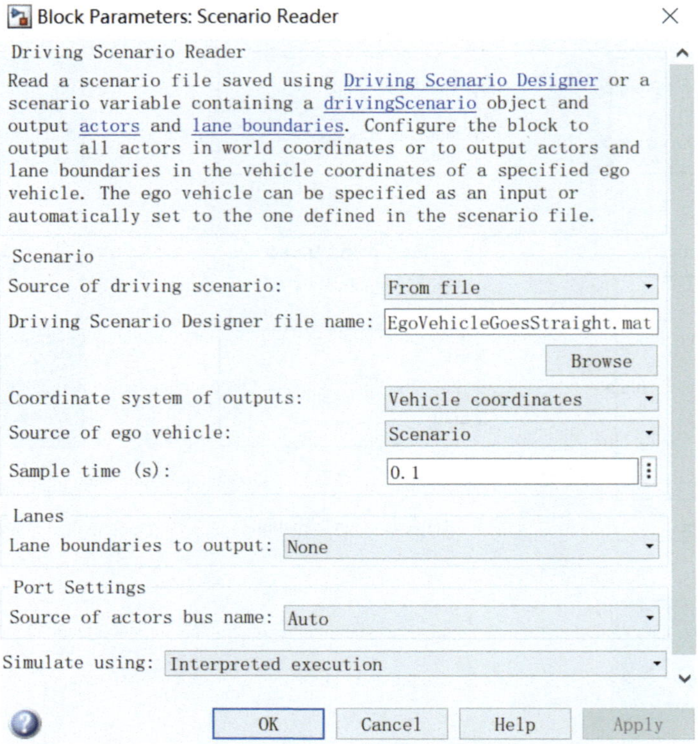

图 5-4　驾驶场景模块设置界面

1. 驾驶场景设置

驾驶场景设置有驾驶场景来源、驾驶场景设计文件名、输出坐标系、主车来源和采样时间。

（1）驾驶场景来源。驾驶场景来源有两种途径，分别是来源于文件和来源于工作区。

（2）驾驶场景设计文件名。驾驶场景设计文件名是指存储驾驶场景的文件名。

（3）输出坐标系。输出坐标系有两种，分别是车辆坐标系和世界坐标系。

（4）主车来源。主车来源有两种途径，分别是来源于输入端口和来源于驾驶场景。

（5）采样时间。采样时间是指驾驶场景数据更新的时间。

2. 车道设置

车道设置是指要输出的车道边界，有三种选择，分别是无车道边界、主车车道边界和所有车道边界。

如果选择主车车道边界或所有车道边界，还需要计算主车到边界的距离、车道标记的位置。车道标记的位置可以选择车道中心标记或车道内边缘标记。

3. 端口设置

端口设置有交通参与者总线的来源和车道总线的来源。

4. 模拟使用

模拟使用分为代码生成和解释执行。

驾驶场景模块详情参见"Automated Driving Toolbox"的"Scenario Reader"。

第三节 传感器模块

传感器模块包括雷达检测发生器模块和视觉检测发生器模块。

一、雷达检测发生器模块

雷达检测发生器模块如图 5-5 所示,它是从雷达测量中创建目标检测。

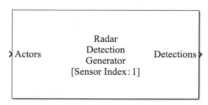

图 5-5 雷达检测发生器模块

雷达检测发生器模块的输入是交通参与者的姿态,输出是雷达的检测信号。

点击雷达检测发生器模块,进入雷达检测发生器模块设置界面,可以对其各种参数进行设置,如图 5-6 所示。

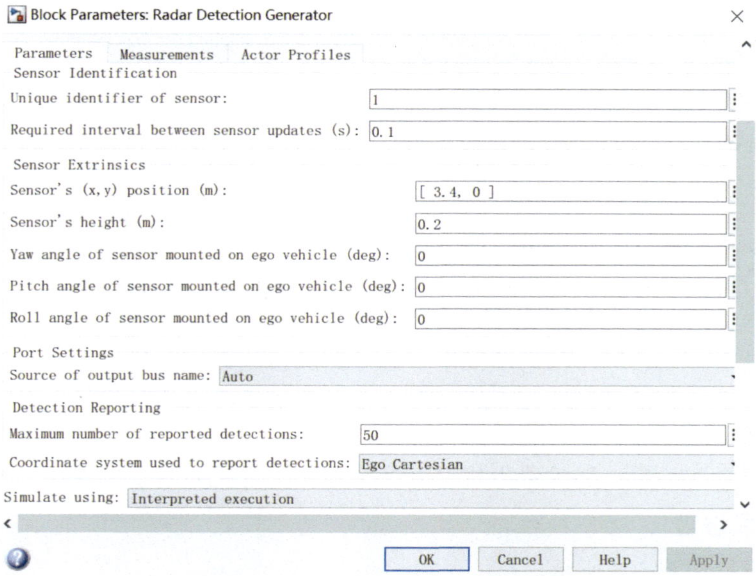

图 5-6 雷达检测发生器模块设置界面

雷达检测发生器模块设置包括参数设置、测量设置和检测对象设置。

1. 参数设置

参数设置有传感器识别、传感器外部参数、端口设置、检测报告和模拟使用,如图 5-6 所示。

(1)传感器识别。传感器识别有传感器的唯一标识符和传感器的更新时间。
(2)传感器外部参数。传感器外部参数是指传感器的安装位置,以及传感器相对主车的横滚角、俯仰角和偏航角。

（3）端口设置。端口设置是指输出总线的来源。

（4）检测报告。检测报告有报告检测的最大数目和报告检测所用的坐标系。

（5）模拟使用。模拟使用分为代码生成和解释执行。

2. 测量设置

测量设置有精度设置、偏差设置、探测器设置、测量设置和随机数生成设置，如图5-7所示。

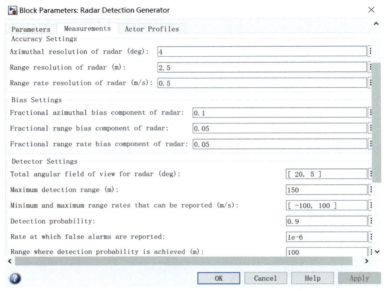

图5-7　雷达测量设置界面

（1）精度设置。精度设置有雷达的方位分辨率、距离分辨率和速度分辨率。

（2）偏差设置。偏差设置有雷达的方位偏差、距离偏差和速度偏差。

（3）探测器设置。探测器设置有雷达的视场角、最大探测距离、最小和最大探测速度、探测概率、误报率、达到探测范围的概率、达到探测雷达截面的概率。

（4）测量设置。测量设置有是否启用仰角测量、是否启用速度测量、是否在测量中添加噪声、是否添加错误检测、是否添加遮挡。

（5）随机数生成设置。随机数生成设置是指选择指定初始种子的方法。

3. 检测对象设置

检测对象设置如图5-8所示。

检测对象设置有给指定检测对象配置文件的选择方法、检测对象的唯一标识符、用于分类检测对象的用户定义整数、检测对象的长度、检测对象的宽度、检测对象的高度、检测对象的旋转中心、雷达剖面图、雷达散射截面的方位角和雷达散射截面的仰角。

雷达检测发生器从安装在主车上的雷达获得的雷达测量数据中产生检测结果。当使用图形化界面构建驾驶场景和传感器模型时，导出到Simulink的雷达传感器作为雷达检测发生器的输出。

可以使用雷达检测发生器创建多目标跟踪器模块的输入。

雷达检测发生器模块详情参见"Automated Driving Toolbox"的"Radar Detection

第五章　MATLAB 自动驾驶仿真模块

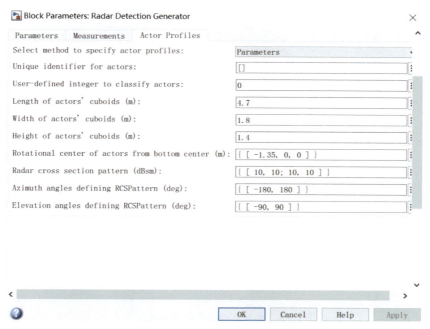

图 5-8　雷达检测对象设置界面

Generator"。

二、视觉检测发生器模块

视觉检测发生器模块如图 5-9 所示，它通过视觉传感器检测目标和车道线。

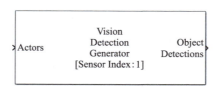

图 5-9　视觉检测发生器模块

视觉检测发生器模块的输入是交通参与者的姿态；输出是视觉传感器对目标的检测。

点击视觉检测发生器模块，进入视觉检测发生器模块设置界面，可以对其各种参数进行设置，如图 5-10 所示。

视觉检测发生器模块设置包括参数设置、测量设置、检测对象设置和相机内部参数设置。

1. 参数设置

参数设置有传感器识别、传感器外部参数、输出端口设置、检测报告和模拟使用，如图 5-10 所示。

（1）传感器识别。传感器识别包括传感器的唯一标识符、传感器产生的检测类型、传感器的更新时间、车道检测的更新时间。

（2）传感器外部参数。传感器外部参数有相机的安装位置，以及相机相对主车的横滚角、俯仰角和偏航角。

145

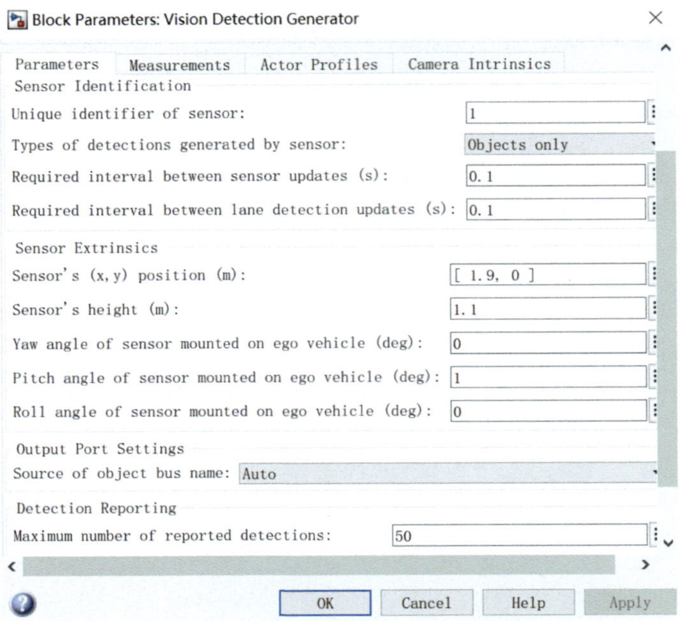

图 5-10　视觉检测发生器模块设置界面

（3）输出端口设置。输出端口设置是指检测对象总线的来源。
（4）检测报告。检测报告有报告检测的最大数目和报告检测所用的坐标系。
（5）模拟使用。模拟使用分为代码生成和解释执行。

2. 测量设置

测量设置有最大探测距离、目标探测器、车道探测器和随机数生成的设置，如图 5-11 所示。

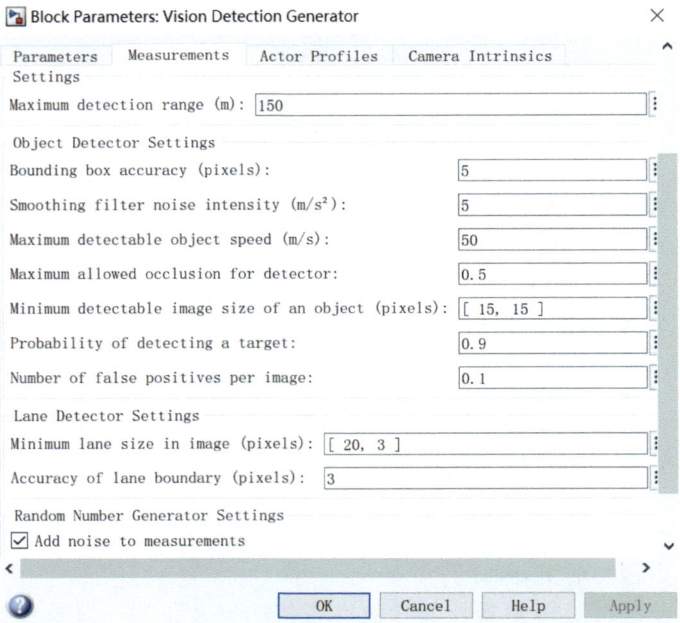

图 5-11　相机测量设置界面

3. 检测对象设置

检测对象设置有给指定检测对象配置文件的选择方法、检测对象的唯一标识符、用于分类检测对象的用户定义整数、检测对象长方体的长度、检测对象长方体的宽度、检测对象长方体的高度和检测对象的旋转中心，如图 5-12 所示。

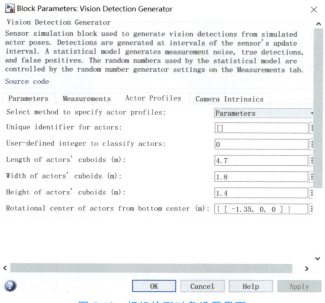

图 5-12　相机检测对象设置界面

4. 相机内部参数设置

相机内部参数设置有相机的焦距、光学中心、图像大小、径向畸变系数、切向畸变系数和相机轴的倾斜，如图 5-13 所示。

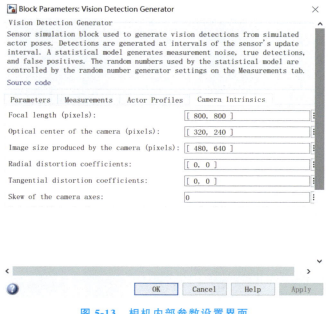

图 5-13　相机内部参数设置界面

视觉检测发生器从安装在主车上的视觉传感器获得的测量数据中产生检测结果。当使用驾驶场景设计器应用程序构建驾驶场景和传感器模型时,导出到 Simulink 的视觉传感器作为视觉检测发生器的输出。

可以使用视觉检测发生器创建多目标跟踪器模块的输入。

视觉检测发生器模块详情参见"Automated Driving Toolbox"的"Vision Detection Generator"。

第四节 车辆控制模块

车辆控制模块包括纵向控制器模块和横向控制器模块。

一、纵向控制器模块

纵向控制器模块如图 5-14 所示,它主要控制车辆的纵向速度。

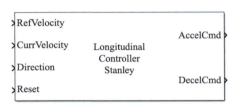

图 5-14 纵向控制器模块

纵向控制器模块的输入是参考速度、车辆的当前速度、车辆的行驶方向和触发将速度误差积分重置为零;输出是车辆的加速命令和减速命令。

点击纵向控制器模块,进入纵向控制器模块设置界面,可以对其各种参数进行设置,如图 5-15 所示。

图 5-15 纵向控制器模块设置界面

第五章 MATLAB 自动驾驶仿真模块

纵向控制器模块设置有控制器设置和车辆参数设置。控制器设置有比例增益、积分增益和采样时间；车辆参数设置有最大纵向加速度和最大纵向减速度。

纵向控制器模块根据指定的参考速度、当前速度和当前行驶方向计算车辆的加速度和减速度，控制车辆速度。

纵向控制器模块详情参见"Automated Driving Toolbox"的"Longitudinal Controller Stanley"。

二、横向控制器模块

横向控制器模块如图 5-16 所示，它控制车辆的横向运动。

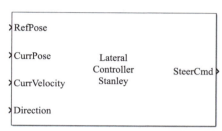

图 5-16　横向控制器模块

横向控制器模块的输入是参考姿态、车辆的当前姿态、车辆的当前速度和车辆的行驶方向；输出是转向命令。

点击横向控制器模块，进入横向控制器模块设置界面，可以对其各种参数进行设置，如图 5-17 所示。横向控制器模块设置有控制器设置和车辆参数设置。

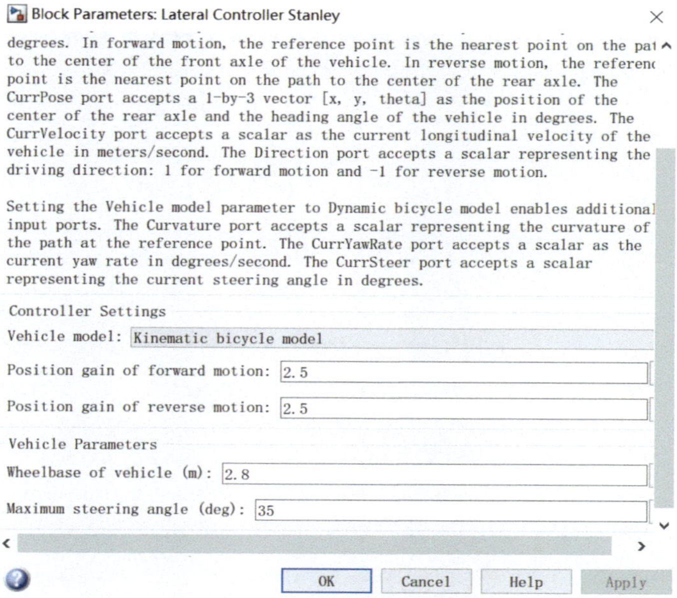

图 5-17　横向控制器模块设置界面

横向控制器模块根据车辆的当前速度和方向，调整车辆的当前姿态以匹配参考姿态，计算转向角度，控制车辆的转向。

横向控制器模块详情参见"Automated Driving Toolbox"的"Lateral Controller Stanley"。

第五节 自动驾驶模块

自动驾驶模块位于模型预测控制工具箱中的自动驾驶，主要有车道保持辅助系统模块、自适应巡航控制系统模块和路径跟踪控制系统模块。

一、车道保持辅助系统模块

车道保持辅助系统模块模拟车道保持辅助（LKA）系统，该系统通过调整转向角使汽车沿车道的中心行驶。该控制器降低了汽车相对于车道中心线的侧向偏差和相对偏航角，并采用自适应模型预测控制（MPC）在满足转向角约束的条件下计算最优控制动作。

车道保持辅助系统模块如图 5-18 所示。

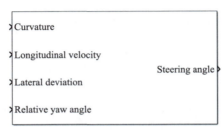

图 5-18　车道保持辅助系统模块

车道保持辅助系统模块的输入分别是道路曲率、汽车纵向速度、横向偏差和相对偏航角；输出为转向角。

点击车道保持辅助系统模块，进入车道保持辅助系统模块设置界面，可以对其各种参数进行设置，如图 5-19 所示。

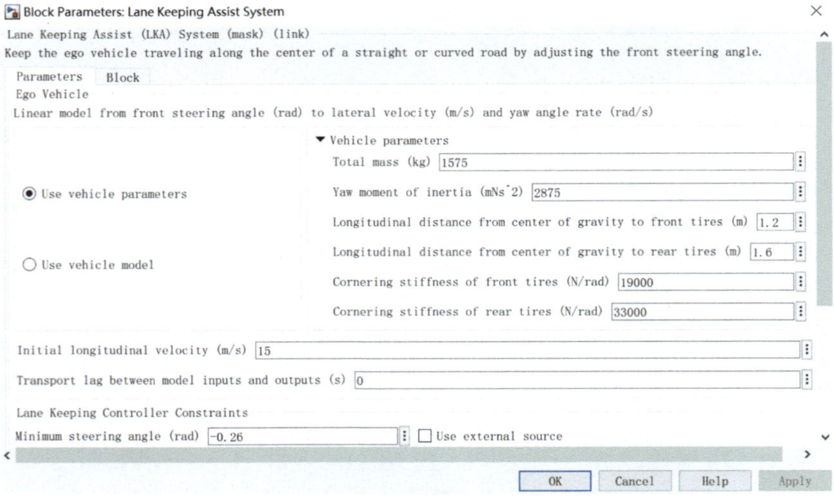

图 5-19　车道保持辅助系统模块设置界面

车道保持辅助系统模块设置包括参数设置和块选项，其中参数设置包括汽车设置、车道保持控制器约束和模型预测控制器设置。

块选项如图 5-20 所示，它包括优化、数据类型、输入选择和自定义。

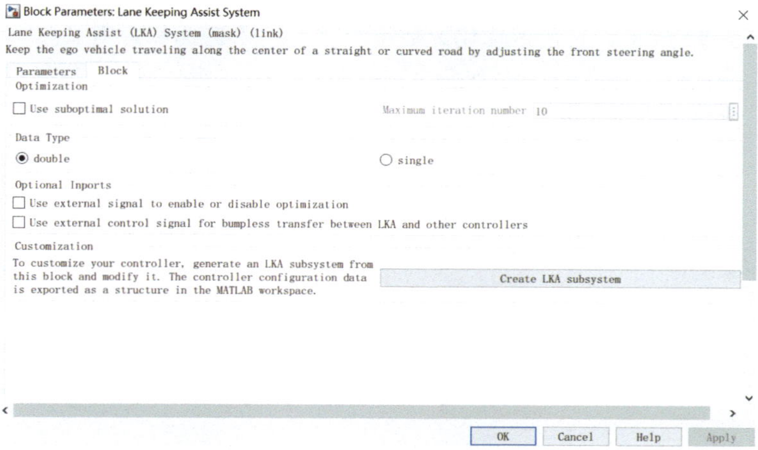

图 5-20　车道保持辅助系统模块的块选项

二、自适应巡航控制系统模块

自适应巡航控制系统模块模拟自适应巡航控制系统，该系统通过调整主车的纵向加速度来跟踪设定速度并保持与目标车辆的安全距离。在满足安全距离、速度和加速度约束的条件下，使用模型预测控制计算最优控制动作。

自适应巡航控制系统模块如图 5-21 所示。

自适应巡航控制系统模块的输入分别为设定车速、安全时间、主车速度、目标车辆与主车之间相对距离、目标车辆与主车之间相对速度；输出为纵向加速度。

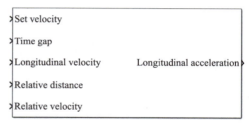

图 5-21　自适应巡航控制系统模块

点击自适应巡航控制系统模块，进入自适应巡航控制系统模块设置界面，可以对其各种参数进行设置，如图 5-22 所示。

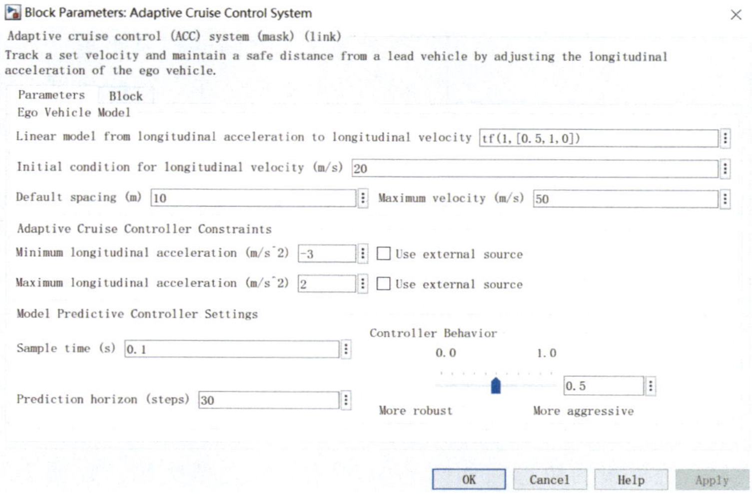

图 5-22　自适应巡航控制系统模块设置界面

自适应巡航控制系统模块设置包括参数设置和块选项,其中参数设置包括主车模型设置、自适应巡航控制器约束和模型预测控制器设置。

块选项如图 5-23 所示,它包括优化、数据类型、输入选择和自定义。

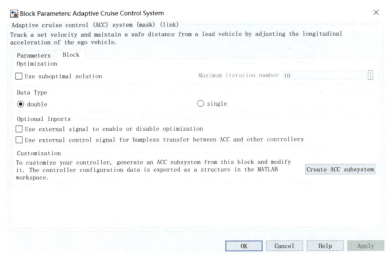

图 5-23　自适应巡航控制系统模块的块选项

三、路径跟踪控制系统模块

路径跟踪控制系统模块模拟路径跟踪控制系统,该系统使汽车沿着车道的中心行驶,同时跟踪设定速度并保持与目标车辆的安全距离。为此,控制器调整汽车的纵向加速度和前轮转向角。该模块在满足安全距离、速度、加速度和转向角约束的条件下,使用自适应模型预测控制计算最优控制动作。

路径跟踪控制系统模块如图 5-24 所示。

路径跟踪控制系统模块的输入分别是主车设定速度、目标车辆与主车之间的安全时间、目标车辆与主车之间的相对距离、目标车辆与主车之间的相对速度、主车行驶速度、道路曲率、主车横向偏离车道中心的距离、主车偏航角;输出分别是主车的纵向加速度和前轮转向角。

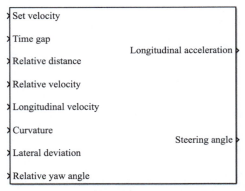

图 5-24　路径跟踪控制系统模块

点击路径跟踪控制系统模块,进入路径跟踪控制系统模块设置界面,可以对其各种参数进行设置,如图 5-25 所示。

路径跟踪控制系统模块设置包括参数设置、控制器设置和块选项。

参数设置有车辆参数、车辆模型和初始车速的设置以及模型输入和输出之间的传输延迟设置、间距控制。

控制器设置包括路径跟踪控制器设置、模型预测控制器约束设置和控制器行为设置,如图 5-26 所示。

路径跟踪控制系统模块的块选项如图 5-27 所示,它包括优化、数据类型、输入选择和自定义。

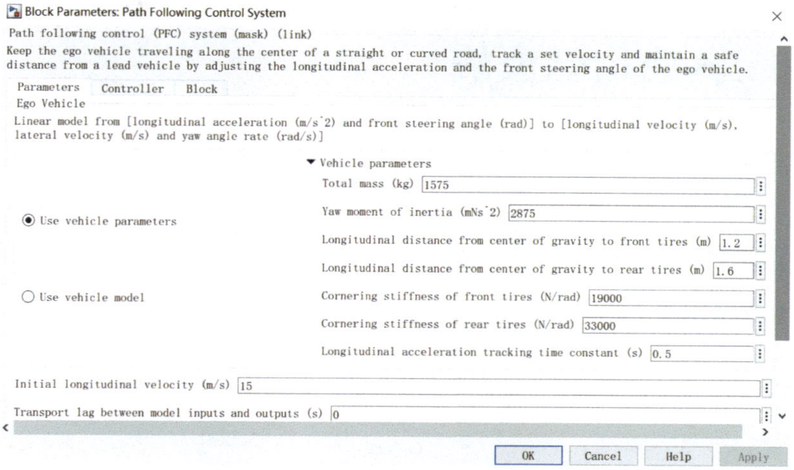

图 5-25　路径跟踪控制系统模块设置界面

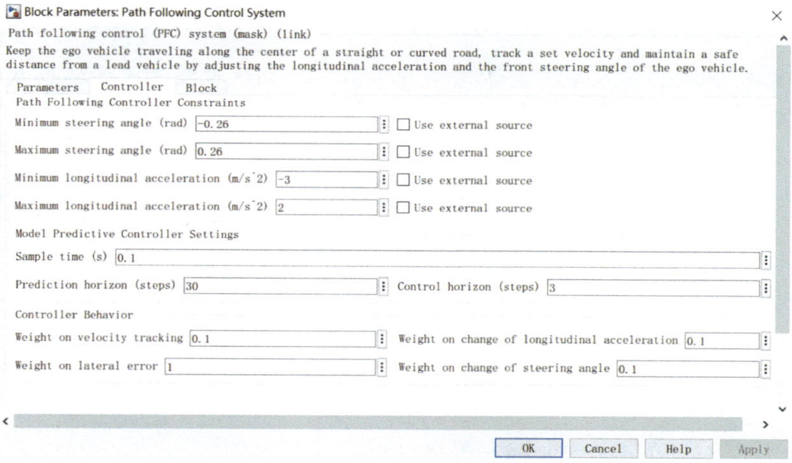

图 5-26　路径跟踪控制系统模块的控制器设置

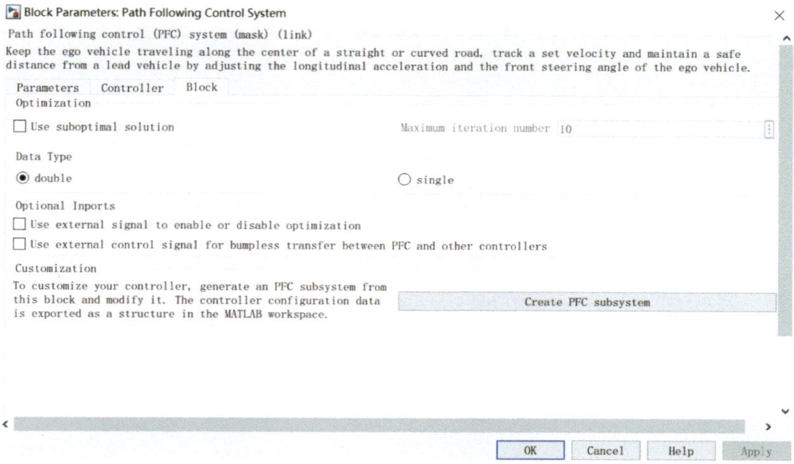

图 5-27　路径跟踪控制系统模块的块选项

第六节　其他功能模块

其他功能模块有多目标跟踪器模块、路径平滑样条线模块、检测连接模块、速度剖面仪模块。

一、多目标跟踪器模块

多目标跟踪器模块如图 5-28 所示，它主要用于创建和管理多目标的跟踪。

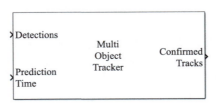

图 5-28　多目标跟踪器模块

多目标跟踪器模块的输入是由雷达检测发生器模块和视觉检测发生器模块生成的检测列表以及预测时间；输出是确认的轨迹。

点击多目标跟踪器模块，进入多目标跟踪器模块设置界面，可以对其各种参数进行设置，如图 5-29 所示。多目标跟踪器模块设置包括跟踪器管理、输入和输出以及模拟使用。

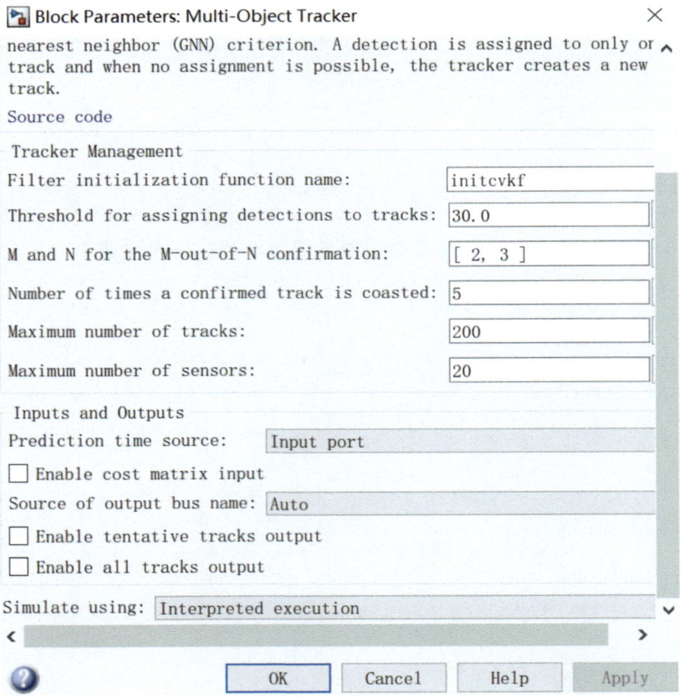

图 5-29　多目标跟踪器模块设置界面

多目标跟踪器模块详情参见"Automated Driving Toolbox"的"Muti Object Tracker"。

二、路径平滑样条线模块

路径平滑样条线模块如图 5-30 所示,它主要对路径进行平滑。

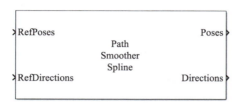

图 5-30　路径平滑样条线模块

路径平滑样条线模块的输入是车辆沿路径的姿态和车辆沿路径的方向;输出是平滑以后的车辆沿路径的姿态和方向。

点击路径平滑样条线模块,进入路径平滑样条线模块设置界面,可以对其各种参数进行设置,如图 5-31 所示。路径平滑样条线模块设置包括输出姿态数、输入姿态的最小间隔和采用时间。

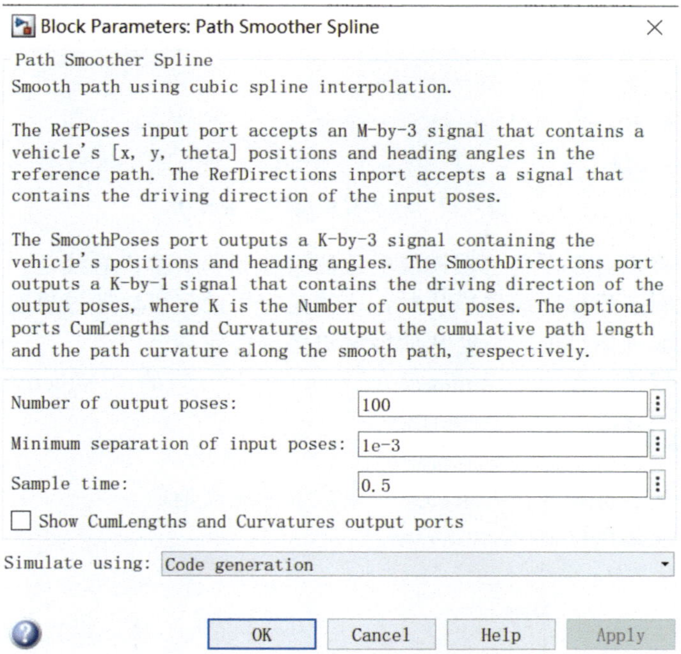

图 5-31　路径平滑样条线模块设置界面

路径平滑样条线模块通过将输入参考路径姿态拟合到三次样条来生成平滑的车辆路径,包括一系列离散化姿态。给定输入的参考路径方向,该模块还返回对应于每个姿态的方向。

路径平滑样条线模块详情参见"Automated Driving Toolbox"的"Path Smoother Spline"。

三、检测连接模块

检测连接模块如图 5-32 所示,它连接来自不同传感器的检测。

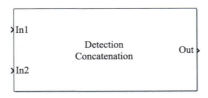

图 5-32 检测连接模块

检测连接模块的输入是要组合的传感器检测；输出是组合后的传感器检测。

点击检测连接模块，进入检测连接模块设置界面，可以对其各种参数进行设置，如图 5-33 所示。检测连接模块设置包括要组合的输入传感器数、端口设置和模拟使用。

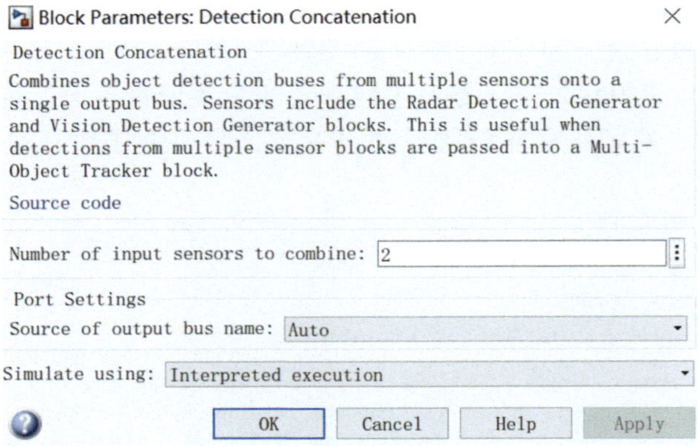

图 5-33 检测连接模块设置界面

检测连接模块将来自多个传感器模块的检测组合到单个输出总线上。当来自多个传感器模块的检测被传递到多目标跟踪器模块时，连接是有用的。可以通过更改输入传感器的数量来组合参数以增加输入端口的数量，从而容纳更多的传感器。

检测连接模块详情参见"Automated Driving Toolbox"的"Detection Concatenation"。

四、速度剖面仪模块

为满足速度、加速度和冲击约束的路径生成参考速度剖面。

速度剖面仪模块如图 5-34 所示。

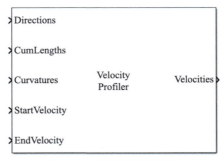

图 5-34 速度剖面仪模块

速度剖面仪模块的输入是行驶方向、累积路径长度、路径曲率、车辆起始速度和车辆终止速度；输出为与累积路径长度相对应的速度。

点击速度剖面仪模块，进入速度剖面仪模块设置界面，可以对其各种参数进行设置，如图 5-35 所示。速度剖面仪模块设置包括车辆参数设置、舒适度标准设置、输出、采样时间和模拟使用。

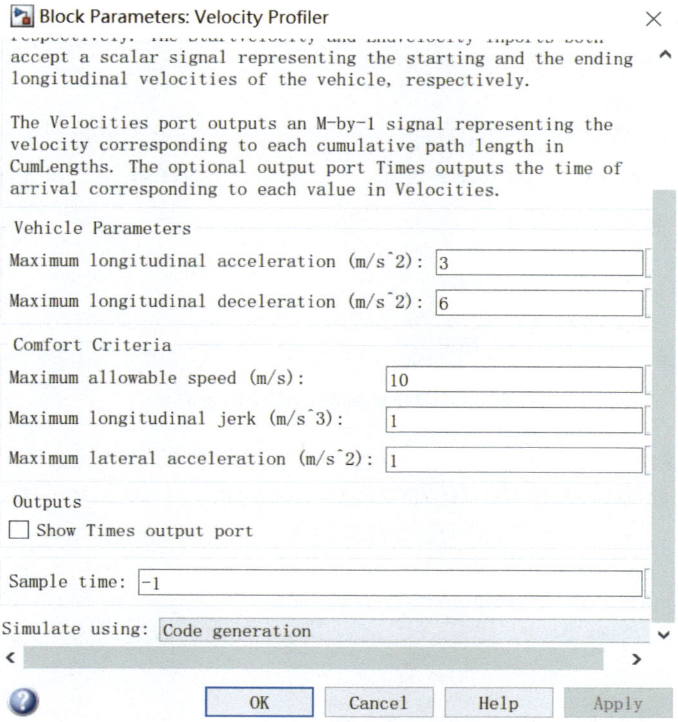

图 5-35　速度剖面仪模块设置界面

速度剖面仪模块详情参见"Automated Driving Toolbox"的"Velocity Profiler"。

第七节　3D 仿真模块

3D 仿真模块包括 3D 场景配置模块、3D 仿真车辆模块、3D 仿真相机模块、3D 仿真鱼眼相机模块、3D 仿真激光雷达模块、3D 仿真雷达模块、3D 仿真雷达配置模块。

一、3D 场景配置模块

3D 场景配置模块实现了虚幻引擎渲染的 3D 仿真环境，自动驾驶工具箱将 3D 仿真环境与 Simulink 集成在一起，因此可以查询车辆周围的世界，并虚拟地测试感知、控制和规划算法。

3D 场景配置模块如图 5-36 所示。

点击 3D 场景配置模块，进入 3D 场景配置模块设置界面，可以对其各种参数进行设置，如图 5-37 所示。

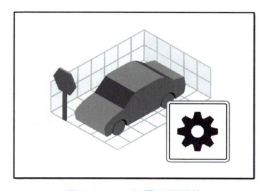

图 5-36　3D 场景配置模块

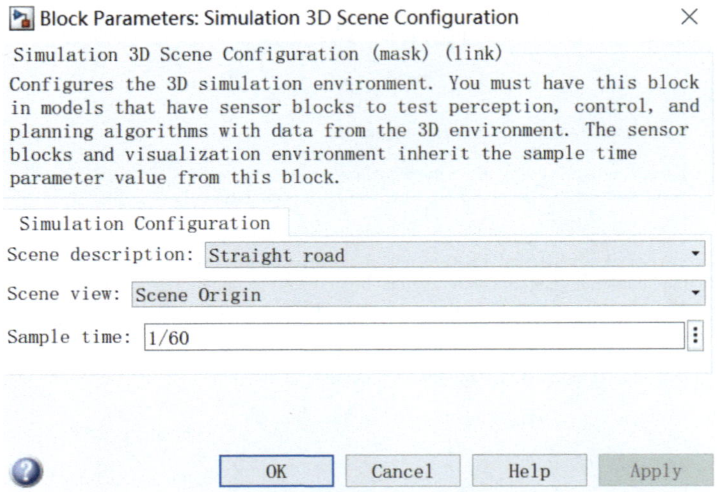

图 5-37　3D 场景配置模块设置界面

3D 场景配置模块参数设置包括场景描述、场景视图和采样时间。

场景描述设置如图 5-38 所示，有直行道路、弯曲道路、停车场、双车道变换、开放路面、美国城市街区、美国高速公路、虚拟试验场和公园停车场。

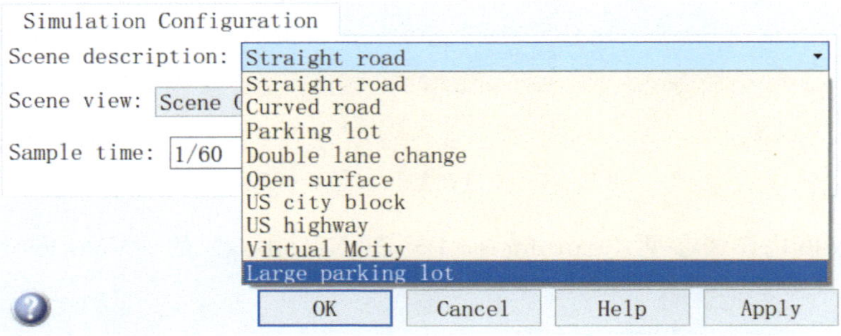

图 5-38　场景描述设置

（1）直行道路场景。直行道路 3D 场景如图 5-39 所示。

图 5-39　直行道路 3D 场景

（2）弯曲道路场景。弯曲道路 3D 场景如图 5-40 所示。

图 5-40 弯曲道路 3D 场景

(3) 停车场场景。停车场 3D 场景如图 5-41 所示。

图 5-41 停车场 3D 场景

(4) 双车道变换场景。双车道变换 3D 场景如图 5-42 所示。

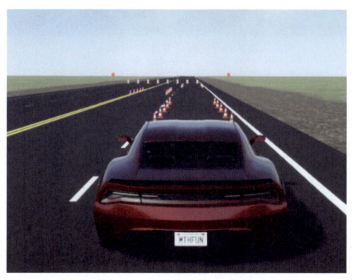

图 5-42 双车道变换 3D 场景

双车道变换场景是包含圆锥体、交通标志和桶的直线道路的 3D 环境，锥体被设置用于车辆执行双车道变换操作。

(5) 开放路面场景。开放路面 3D 场景如图 5-43 所示。

图 5-43　开放路面 3D 场景

(6) 美国城市街区场景。美国城市街区 3D 场景如图 5-44 所示,它包含 15 个十字路口。

图 5-44　美国城市街区 3D 场景

(7) 美国高速公路场景。美国高速公路 3D 场景如图 5-45 所示。

图 5-45　美国高速公路 3D 场景

(8) 虚拟试验场 (Virtual Mcity) 场景。虚拟试验场是美国密歇根大学的一个试验场,其 3D 场景如图 5-46 所示。

图 5-46　虚拟试验场 3D 场景

（9）公园停车场场景。公园停车场 3D 场景如图 5-47 所示。

图 5-47　公园停车场 3D 场景

3D 场景配置模块详情参见"Automated Driving Toolbox"的"Simulation 3D Scene Configuration"。

二、3D 仿真车辆模块

3D 仿真车辆模块使用车辆的输入位置和偏航角来调整车辆的高度、侧倾角和俯仰角，使其跟随地面地形。该模块确定车辆的速度和方向，并调整每个车轮的转向角和旋转。

3D 仿真车辆模块如图 5-48 所示，它可以在 3D 环境中实施跟随地面的车辆。

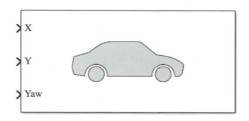

图 5-48　3D 仿真车辆模块

点击 3D 仿真车辆模块，进入 3D 仿真车辆模块设置界面，可以对其各种参数进行设置，如图 5-49 所示。

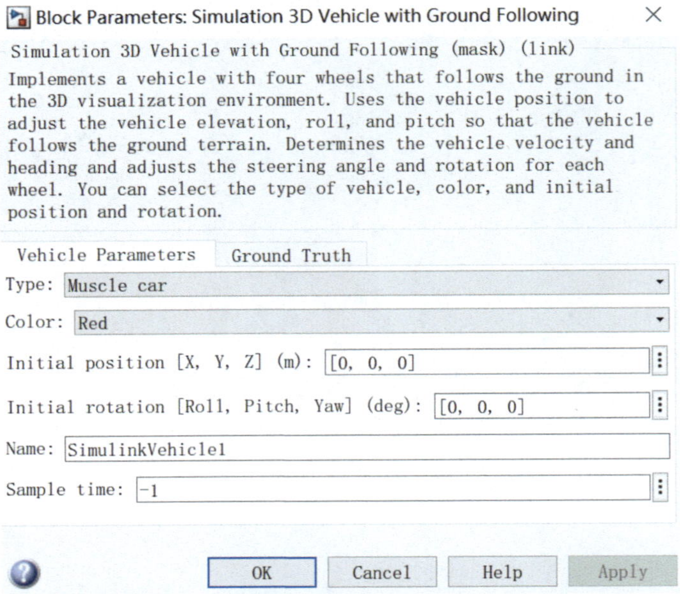

图 5-49　3D 仿真车辆模块设置界面

3D 仿真车辆模块参数设置包括车辆参数和地面实情。

车辆参数有类型、颜色、初始位置、名称和采样时间。

车辆类型有跑车、轿车、运动型多用途车、皮卡车和掀背车，如图 5-50 所示。

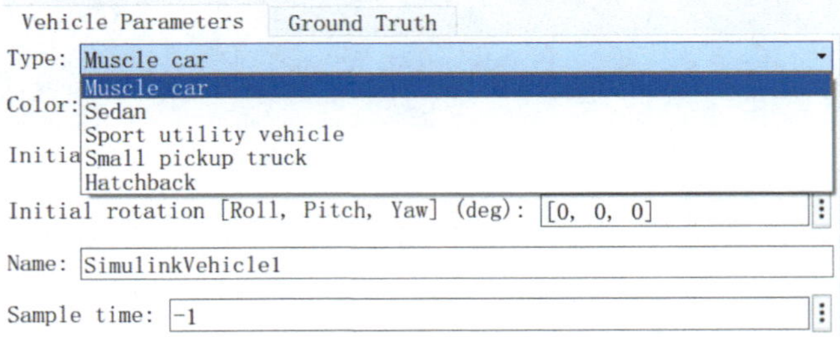

图 5-50　车辆类型

（1）跑车。3D 跑车如图 5-51 所示。

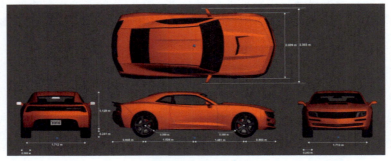

图 5-51　3D 跑车

(2)轿车。3D 轿车如图 5-52 所示。

图 5-52　3D 轿车

(3)运动型多用途车。3D 运动型多用途车如图 5-53 所示。

图 5-53　3D 运动型多用途车

(4)皮卡车。3D 皮卡车如图 5-54 所示。

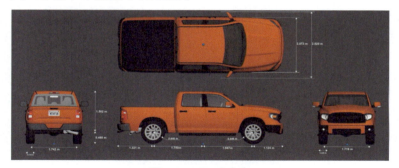

图 5-54　3D 皮卡车

(5)掀背车。3D 掀背车如图 5-55 所示。

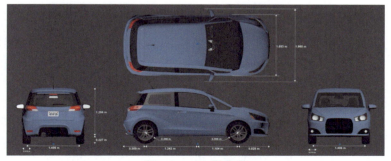

图 5-55　3D 掀背车

颜色有红色、橙色、黄色、绿色、蓝色、黑色、白色和银色，如图 5-56 所示。

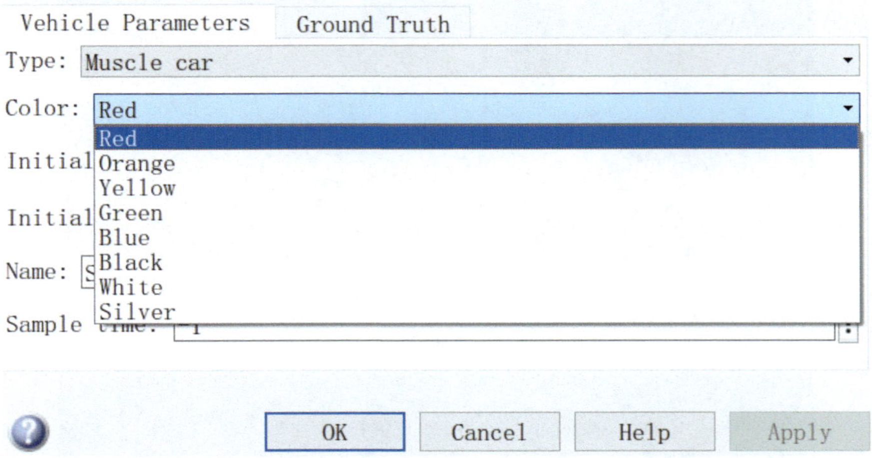

图 5-56　颜色设置

地面实情是指是否输出车辆的位置和方向。

3D 仿真车辆模块详情参见"Automated Driving Toolbox"的"Simulation 3D Vehicle with Ground Following"。

三、3D 仿真相机模块

3D 仿真相机模块在 3D 模拟环境中为具有镜头的相机提供接口。该模块输出在模拟过程中由相机捕获的图像，可以使用这些图像来可视化和验证驾驶算法。

3D 仿真相机模块如图 5-57 所示。

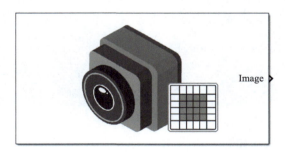

图 5-57　3D 仿真相机模块

点击 3D 仿真相机模块，进入 3D 仿真相机模块设置界面，可以对其各种参数进行设置，如图 5-58 所示。

3D 仿真相机模块参数设置包括安装、参数、地面实情和采样时间。

安装有传感器标识符、安装位置和指定偏移量，如图 5-58 所示。

参数有相机的焦距、光学中心、图像尺寸、径向畸变系数、切向畸变系数和相机轴的偏离，如图 5-59 所示。

地面实情有是否输出深度、是否输出语义分割、是否输出位置和方向，如图 5-60

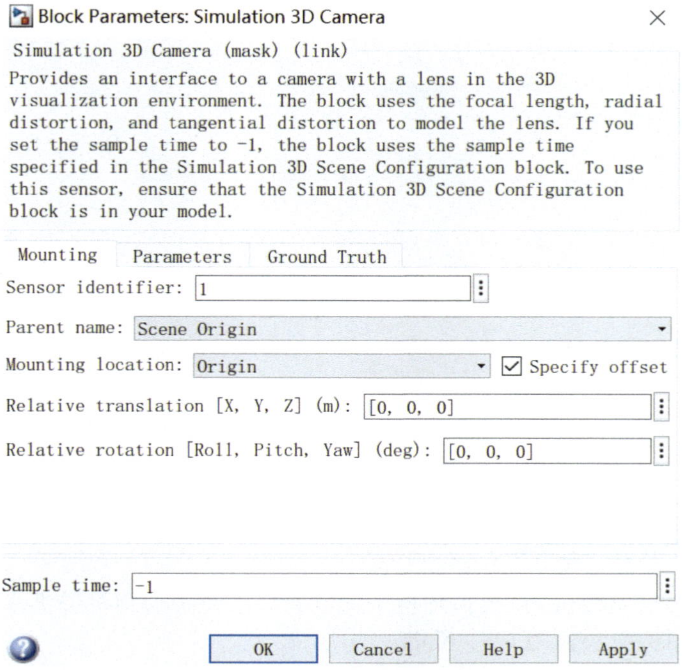

图 5-58　3D 仿真相机模块设置界面

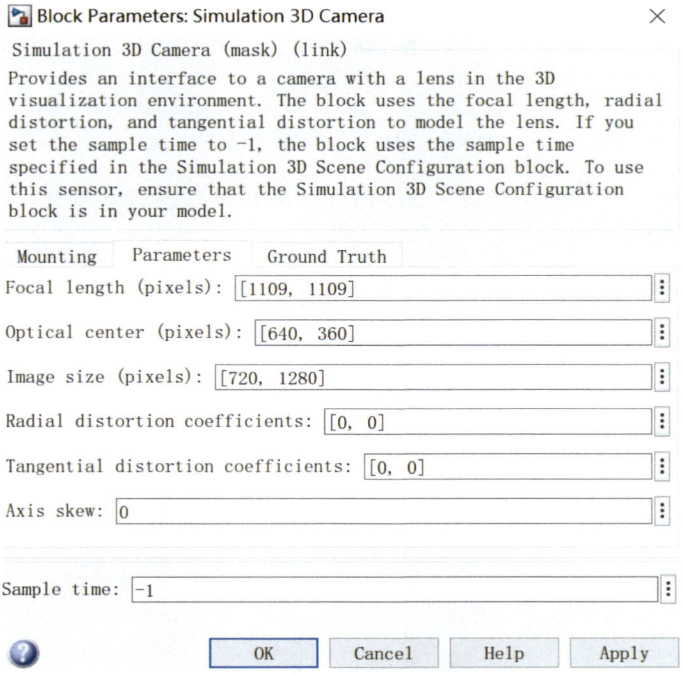

图 5-59　3D 相机参数设置

所示。

3D 模拟相机模块详情参见"Automated Driving Toolbox"的"Simulation 3D Camera"。

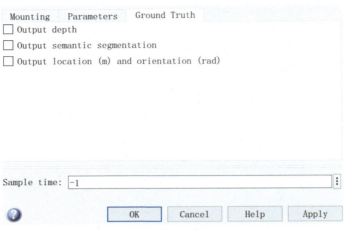

图 5-60　地面实情设置

四、3D 仿真鱼眼相机模块

3D 仿真鱼眼相机模块在 3D 模拟环境中为具有鱼眼镜头的相机提供接口。

3D 仿真鱼眼相机模块如图 5-61 所示。

图 5-61　3D 仿真鱼眼相机模块

点击 3D 仿真鱼眼相机模块,进入 3D 仿真鱼眼相机模块设置界面,可以对其各种参数进行设置,如图 5-62 所示。

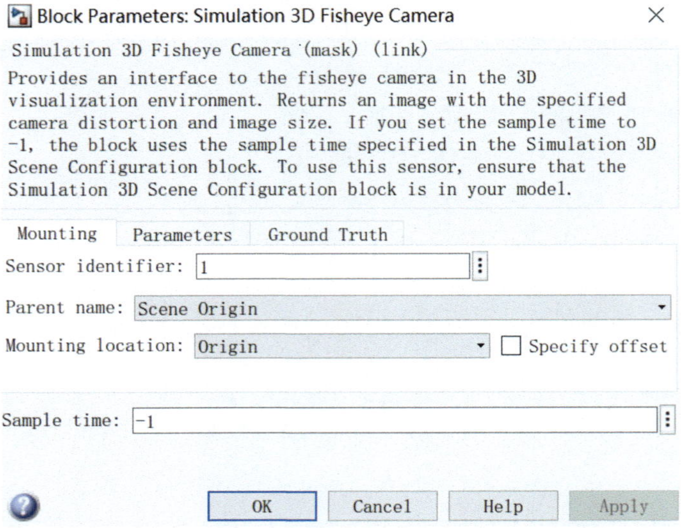

图 5-62　3D 仿真鱼眼相机模块设置界面

3D 仿真鱼眼相机模块参数设置包括安装、参数、地面实情和采样时间。
安装包括传感器标识符、安装位置和指定偏移量，如图 5-62 所示。
参数包括畸变中心、图像尺寸和映射系数，如图 5-63 所示。

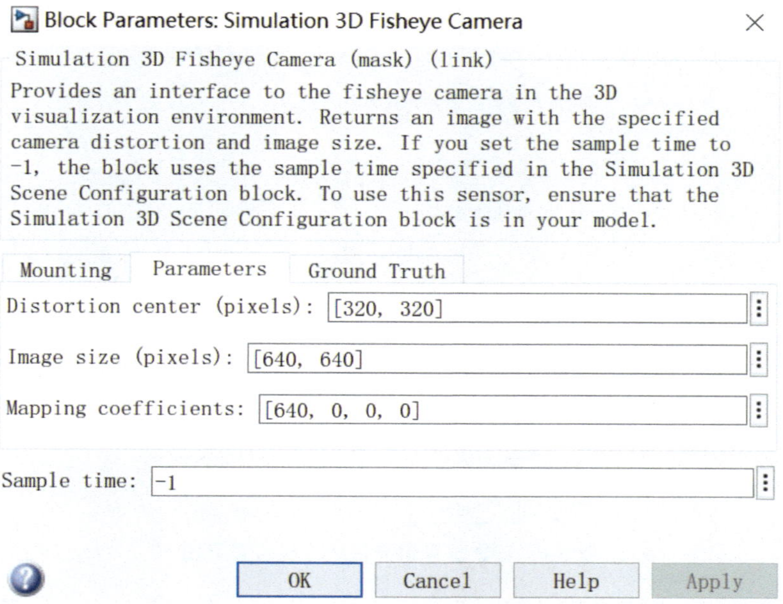

图 5-63 3D 鱼眼相机参数设置

3D 仿真鱼眼相机模块详情参见"Automated Driving Toolbox"的"Simulation 3D Fisheye Camera"。

五、3D 仿真激光雷达模块

3D 仿真激光雷达模块提供了 3D 模拟环境中激光雷达传感器的接口。该模块返回具有指定视场和角度分辨率的点云，还可以输出传感器到目标点的距离。

3D 仿真激光雷达模块如图 5-64 所示。

图 5-64 3D 仿真激光雷达模块

点击 3D 仿真激光雷达模块，进入 3D 仿真激光雷达模块设置界面，可以对其各种参数进行设置，如图 5-65 所示。

3D 仿真激光雷达模块参数设置包括安装、参数、地面实情和采样时间。
安装包括传感器标识符、安装位置和指定偏移量，如图 5-65 所示。

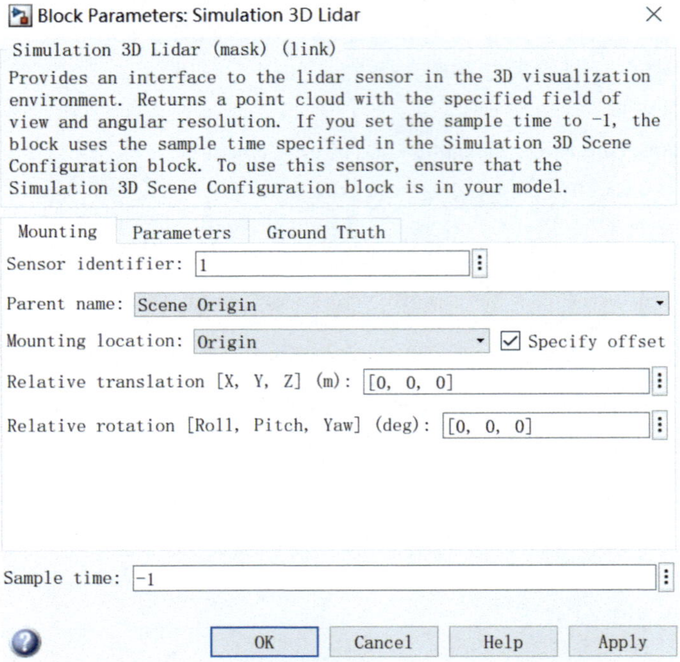

图 5-65　3D 仿真激光雷达模块设置界面

参数包括畸变中心探测范围、距离分辨率、垂直视野、垂直分辨率、水平视野、水平分辨率和是否输出距离，如图 5-66 所示。

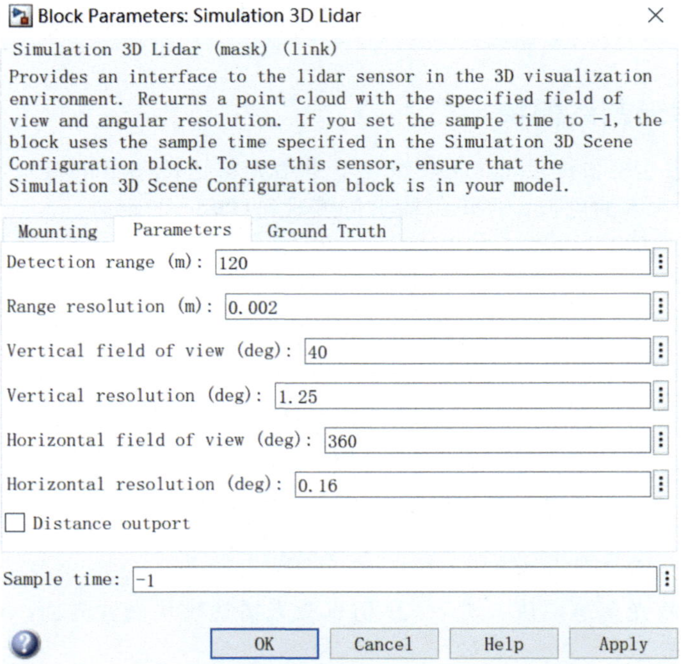

图 5-66　3D 仿真激光雷达模块参数设置界面

3D 仿真激光雷达模块详情参见"Automated Driving Toolbox"的"Simulation 3D Lidar"。

六、3D 仿真雷达模块

3D 仿真雷达模块提供了 3D 模拟环境中雷达传感器的接口。
3D 仿真雷达模块如图 5-67 所示。

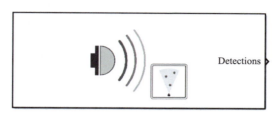

图 5-67　3D 仿真雷达模块

点击 3D 仿真雷达模块，进入 3D 仿真雷达模块设置界面，可以对其各种参数进行设置，如图 5-68 所示。

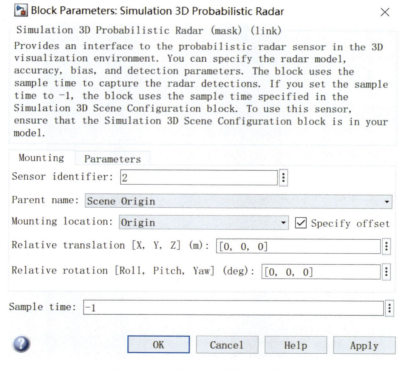

图 5-68　3D 仿真雷达模块设置界面

3D 仿真雷达模块参数设置包括安装、参数和采样时间。
安装包括传感器标识符、安装位置和指定偏移量，如图 5-68 所示。
参数包括精度设置、偏差设置、探测器设置、雷达模型设置和检测报告设置，如图 5-69 所示。
（1）精度设置。精度设置包括雷达的方位分辨率、仰角分辨率、距离分辨率和速度分辨率，如图 5-70 所示。

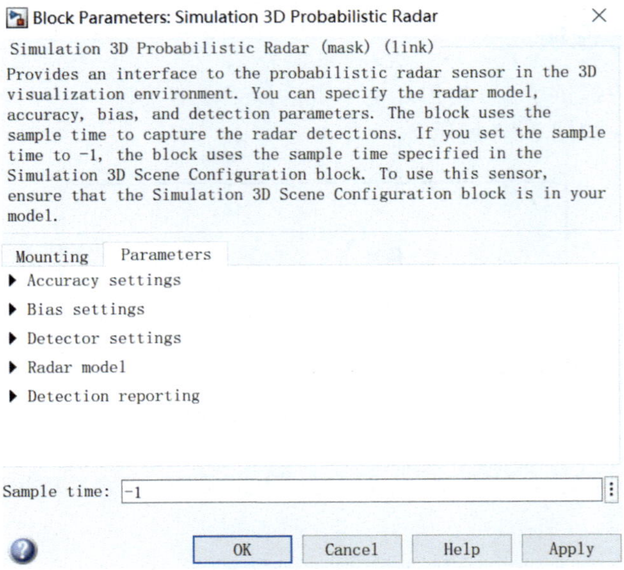

图 5-69　3D 仿真雷达参数设置

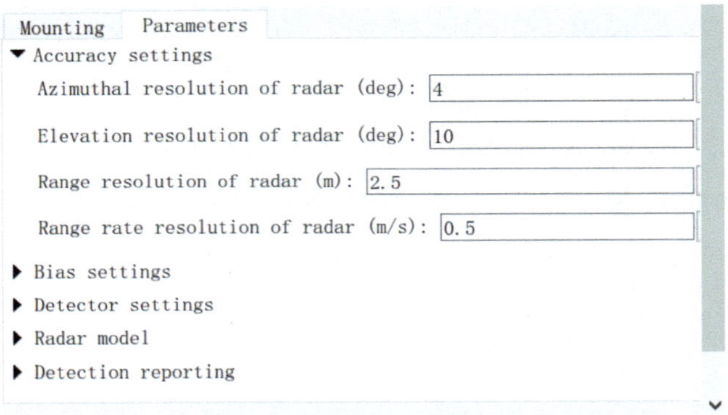

图 5-70　3D 仿真雷达精度设置

（2）偏差设置。偏差设置包括雷达的方位角偏差、仰角偏差、距离偏差和速度偏差，如图 5-71 所示。

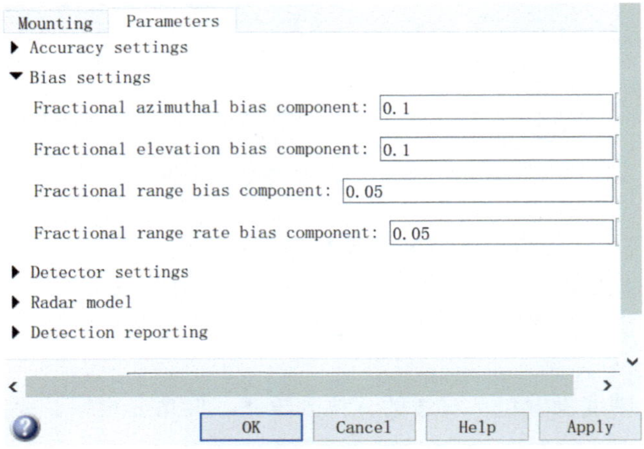

图 5-71　3D 仿真雷达偏差设置

（3）探测器设置。探测器设置包括视野、探测范围、速度、探测概率、虚警率、探测概率范围和参考雷达截面，如图 5-72 所示。

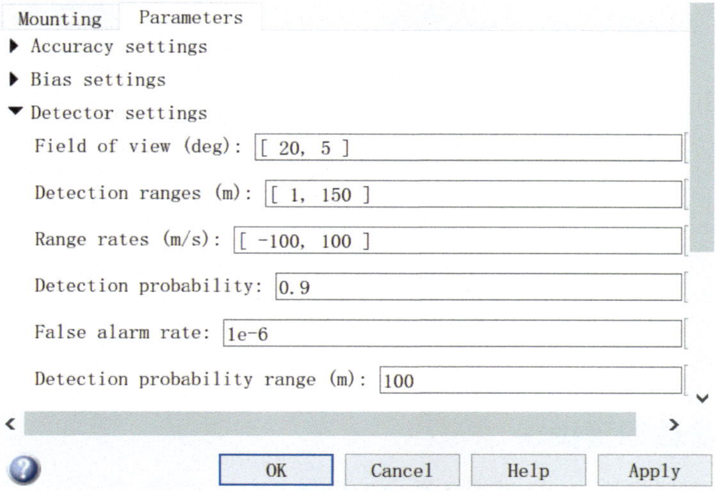

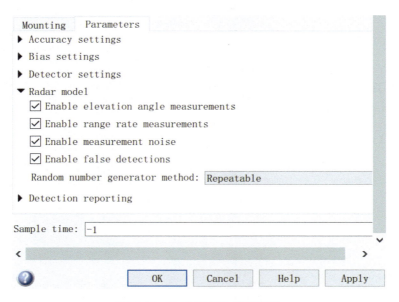

图 5-72　3D 仿真雷达探测器设置

（4）雷达模型设置。雷达模型设置包括是否启用仰角测量、是否启用速度测量、是否启用测量噪声、是否启用错误检测和随机数产生方法，如图 5-73 所示。

图 5-73　3D 仿真雷达模型设置

（5）检测报告设置。检测报告设置包括最大报告数、坐标系和指定输出总线名称，如图 5-74 所示。

3D 仿真雷达模块详情参见 "Automated Driving Toolbox" 的 "Simulation 3D Probabilistic Radar"。

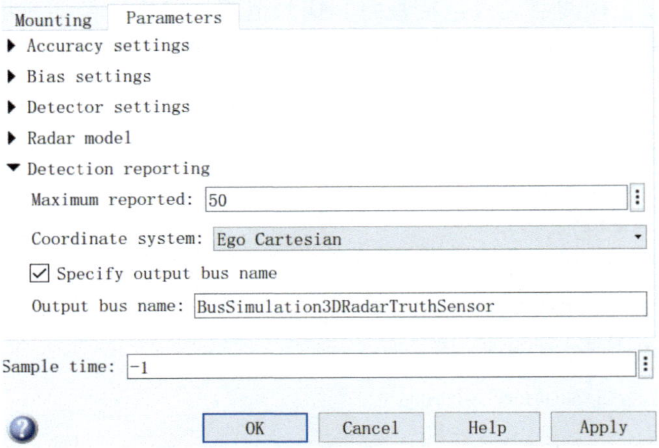

图 5-74　3D 仿真雷达检测报告设置

七、3D 仿真雷达配置模块

3D 仿真雷达配置模块为 3D 模拟环境中的参与者配置雷达特征。

3D 仿真雷达配置模块如图 5-75 所示。

图 5-75　3D 仿真雷达配置模块

点击 3D 仿真雷达配置模块，进入 3D 仿真雷达配置模块设置界面，可以对其各种参数进行设置，如图 5-76 所示。

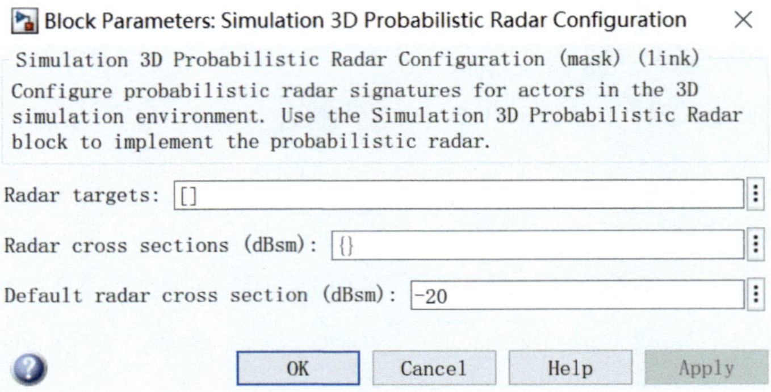

图 5-76　3D 仿真雷达配置模块设置界面

3D 仿真雷达配置模块参数设置包括雷达目标、雷达截面图和默认雷达截面。

3D 仿真雷达模块详情参见"Automated Driving Toolbox"的"Simulation 3D Probabilistic Radar Configuration"。

图 5-77 所示为利用 3D 仿真模块建立的三维仿真中的简易驾驶场景与传感器模型。

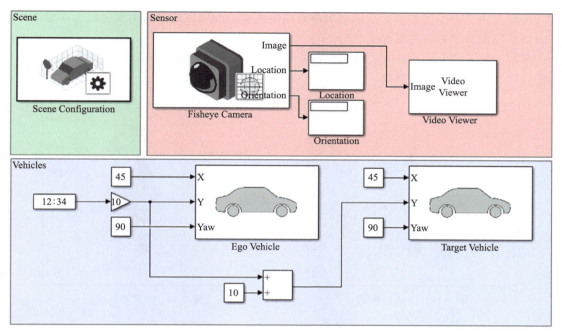

图 5-77 三维仿真中的简易驾驶场景与传感器模型

第八节　车辆动力学仿真模块

MATLAB 提供了车辆动力学模块，它包括动力传动系模块、车轮与轮胎模块、转向模块、悬架模块、车辆模块和车辆场景模块。

自动驾驶仿真主要用到车辆模块。车辆模块如图 5-78 所示，它包括车辆道路总载荷模

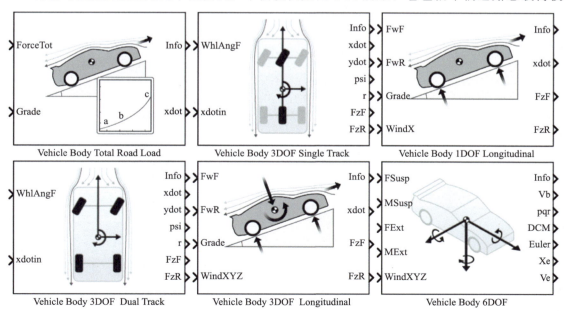

图 5-78　车辆模块

型、单轨车辆三自由度模型、车辆纵向单自由度模型、双轨车辆三自由度模型、车辆纵向三自由度模型和车辆六自由度模型。

常用的是单轨车辆三自由度模型，它又分为力输入模型和速度输入模型，分别如图 5-79 和图 5-80 所示，它们具有纵向、侧向和横摆运动三个自由度。

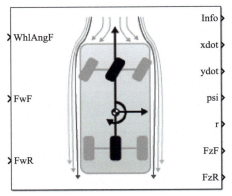 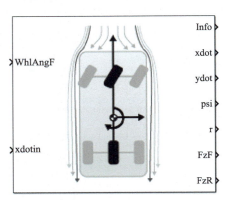

图 5-79　力输入模型　　　　　　　　图 5-80　速度输入模型

图 5-79 所示的力输入模型，输入为前轮转角、前轴上的总纵向力和后轴上的总纵向力；输出为总线信号、车身纵向速度、车身侧向速度、绕 z 轴的旋转方向、横摆角速度、前轴上的总垂直力和后轴上的总垂直力。

图 5-80 所示的速度输入模型，输入为前轮转角和车辆纵向速度；输出为总线信号、车身纵向速度、车身侧向速度、绕 z 轴的旋转方向、横摆角速度、前轴上的总垂直力和后轴上的总垂直力。

车辆模型设置界面如图 5-81 所示，有块选项和车辆参数，其中块选项有车辆轨道数、

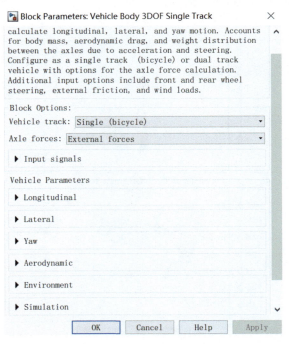

图 5-81　车辆模型设置界面

轴力和输入信号。

车辆参数设置有纵向、横向、横摆、空气动力学、环境和模拟的设置。

纵向设置有前轴车轮数、后轴车轮数、车辆质量、车辆质心至前轴距离、车辆质心至后轴距离、车辆质心高度、初始纵向位置和初始纵向速度，如图 5-82 所示。

```
▼ Longitudinal
    Number of wheels on front axle, NF [-]:        2
    Number of wheels on rear axle, NR [-]:         2
    Vehicle mass, m [kg]:                          2000
    Longitudinal distance from center of mass to front axle, a [m]:   1.4
    Longitudinal distance from center of mass to rear axle, b [m]:    1.6
    Vertical distance from center of mass to axle plane, h [m]:       0.35
    Initial inertial frame longitudinal position, X_o [m]:            0
    Initial longitudinal velocity, xdot_o [m/s]:                      0
```

图 5-82　车辆参数的纵向设置

横向设置有几何中心线到质心的横向距离、初始横向位置和初始横向速度，如图 5-83 所示。

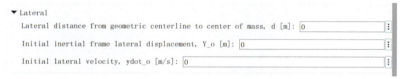

图 5-83　车辆参数的横向设置

横摆设置有转动惯量、初始横摆角和初始横摆角速度，如图 5-84 所示。

图 5-84　车辆参数的横摆设置

空气动力学设置有迎风面积、空气阻力系数、纵向升力系数、气动力矩、相对风角矢量、侧向力系数矢量和横摆力矩系数矢量，如图 5-85 所示。

```
▼ Aerodynamic
    Longitudinal drag area, Af [m^2]:              2
    Longitudinal drag coefficient, Cd [-]:         .3
    Longitudinal lift coefficient, Cl [-]:         .1
    Longitudinal drag pitch moment, Cpm [-]:       .1
    Relative wind angle vector, beta_w [rad]:      [0:0.01:0.3]
    Side force coefficient vector, Cs [-]:         [0:0.03:0.9]
    Yaw moment coefficient vector, Cym [-]:        [0:0.01:0.3]
```

图 5-85　车辆空气动力学参数设置

环境参数设置有绝对压力、空气温度和重力加速度，如图 5-86 所示。

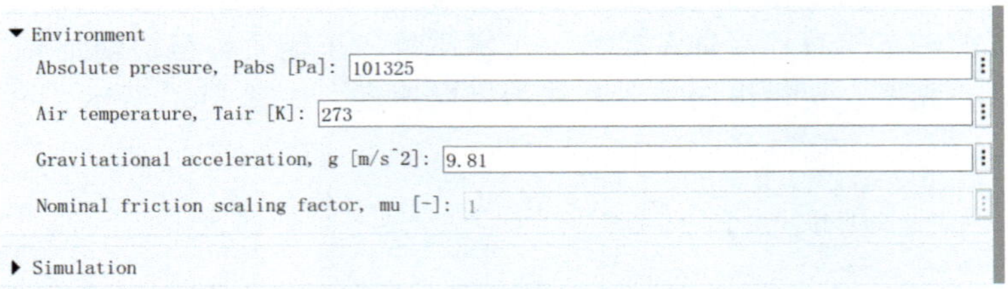

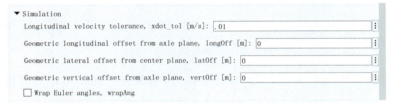

图 5-86　环境参数设置

模拟设置有纵向速度公差、轴平面的纵向几何偏移、轴平面的横向几何偏移和轴平面的垂向几何偏移，如图 5-87 所示。

图 5-87　模拟设置

第六章

基于MATLAB的自动驾驶仿真示例

利用MATLAB自动驾驶工具箱，可以对智能网联汽车自动驾驶进行仿真，特别是先进驾驶辅助系统的仿真。本章介绍的示例通过改变驾驶场景和数据来源，就可以用于开发智能网联汽车先进驾驶辅助系统或自动驾驶系统。

第一节　视觉传感器的检测仿真

本示例主要介绍如何利用视觉传感器对车道线和车辆进行检测。

一、视觉传感器配置

视觉传感器配置就是确定视觉传感器的内部参数和外部参数。

视觉传感器的内部参数主要包括焦距、光学中心、图像尺寸和畸变参数等，它们是利用棋盘图标定后产生的，这些参数存储在cameraIntrinsics对象内。如果畸变很小，可以忽略。

```
1  focalLength=[309.4362,344.2161];%焦距
2  principalPoint=[318.9034,257.5352];%光学中心
3  imageSize=[480,640];%图像尺寸
4  camIntrinsics=cameraIntrinsics(focalLength,principalPoint,imageSize);%内部参数
```

视觉传感器的外部参数主要是指传感器的安装位置和姿态，一般只考虑传感器的安装高度和俯仰角度，其余均为0。

```
1  height=2.1798;%传感器的安装高度
2  pitch=14;%传感器的俯仰角度
```

传感器的外部参数可以从坐标变换中的旋转和平移矩阵中得到，这些内、外参数存储在

monoCamera 对象中。monoCamera 对象提供图像坐标系与车辆坐标系的相互转换。

```
1  sensor=monoCamera(camIntrinsics,height,'Pitch',pitch);
```

monoCamera 对象定义的车辆坐标系如图 6-1 所示,车辆坐标系的原点在地面上,位于摄像头光学中心的正下方,X_v 轴指向车辆前方,Y_v 轴指向车辆左侧,构成右手坐标系。

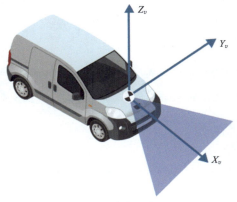

图 6-1 车辆坐标系

二、加载单帧视频

在处理整个视频之前,先处理单帧视频。

加载单帧视频的 MATLAB 程序如下。

```
1  videoName='caltech_cordova1.avi';%视频名称
2  videoReader=VideoReader(videoName);%读取视频文件
3  timeStamp=0.06667;%视频选取时间
4  videoReader.CurrentTime=timeStamp;%指定选取的帧
5  frame=readFrame(videoReader);%读取选定的帧
6  figure
7  imshow(frame)%显示选定的帧
```

输出结果如图 6-2 所示。

图 6-2 加载单帧视频

三、创建鸟瞰图

车道线的检测和分割方法很多,其中之一就是鸟瞰图变换。鸟瞰图变换具有以下优点:鸟瞰图中的车道线的宽度是均匀的,这样就简化了分割处理的程序;同一车道线的标识将会是平行的,这样也使后续的分析处理更简便。

MATLAB 创建鸟瞰图的程序如下。

```
1  distAheadOfSensor=30;%传感器探测最大纵向距离
2  spaceToOneSide=6;%传感器探测单侧横向距离
3  bottomOffset=3;%传感器探测最小纵向距离
4  outView=[bottomOffset,distAheadOfSensor,-spaceToOneSide,spaceToOneSide];
   %视图范围
5  imageSize=[NaN,250];%图像大小
6  birdsEyeConfig=birdsEyeView(sensor,outView,imageSize);%原始图像转换为鸟瞰图
7  birdsEyeImage=transformImage(birdsEyeConfig,frame);%生成鸟瞰图
8  figure
9  imshow(birdsEyeImage)%显示鸟瞰图
```

输出结果如图 6-3 所示。

图 6-3　鸟瞰图

四、寻找车辆坐标系中的车道线

得到鸟瞰图后,使用 segmentLaneMarkerRidge 函数分离路面上的车道线像素。
利用 MATLAB 分离路面上车道线像素的程序如下。

```
1    birdsEyeImage=rgb2gray(birdsEyeImage);%鸟瞰图转换成灰度图像
2    vehicleROI=outView-[-1,2,-3,3];%提取感兴趣区域,左右各3m,前方4m
3    approxLaneMarkerWidthVehicle=0.25;%车道线标记宽度
4    laneSensitivity=0.25;%车道灵敏度
5    birdsEyeViewBW=segmentLaneMarkerRidge(birdsEyeImage,birdsEyeConfig,
6      approxLaneMarkerWidthVehicle,'ROI',vehicleROI,'Sensitivity',laneSensitivity);
     %提取车道线像素
7    figure
8    imshow(birdsEyeViewBW)%显示车道线像素鸟瞰图
```

输出结果如图 6-4 所示。

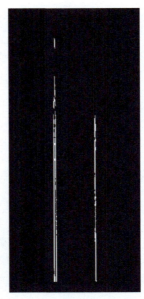

图 6-4 车道线像素鸟瞰图

车道线模型有二次多项式模型、三次多项式模型和样条曲线模型等，本示例采用二次多项式模型，即 ax^2+bx+c。车道线的图像坐标系转换成车辆坐标系可以消除透视畸变所引起的车道线曲率误差。

利用 MATLAB 获取车辆坐标系中的车道线候选点程序如下。

```
1    [imageX,imageY]=find(birdsEyeViewBW);
2    xyBoundaryPoints=imageToVehicle(birdsEyeConfig,[imageY,imageX]);%获取xy边界点
```

由于分割点包含不属于实际车道线的异常点，需要使用 RANSAC 方法拟合曲线，返回车道线的边界和二次多项式模型的参数（a，b，c）存储于 ParabolicLaneBoundary 对象 boundaries。

```
1    maxLanes=2;%设置双车道线的最大值
2    boundaryWidth=3*approxLaneMarkerWidthVehicle;%设置车道边界线宽度
3    [boundaries,boundaryPoints]=findParabolicLaneBoundaries(xyBoundaryPoints,
       boundaryWidth,...
4    'MaxNumBoundaries',maxLanes,'validateBoundaryFcn',@validateBoundaryFcn);
```

findParabolicLaneBoundaries 需要函数句柄 validateBoundaryFcn。使用此句柄函数可以根据 a、b、c 的值判定车道线。同时，也使函数可以根据前几帧的集合信息得到 a、b、c 值。

五、车道线标识

MATLAB 车道线标识程序如下。

```
1   maxPossibleXLength=diff(vehicleROI(1:2));%设置车道线最大长度
2   minXLength=maxPossibleXLength * 0.60;%设置车道线最小长度
3   isOfMinLength=arrayfun(@(b)diff(b.XExtent)> minXLength,boundaries);
4   boundaries=boundaries(isOfMinLength);
5   %假设 ROI 内的所有图像像素都是车道候选点
6   birdsImageROI=vehicleToImageROI(birdsEyeConfig,vehicleROI);
7   [laneImageX,laneImageY]=
8   meshgrid(birdsImageROI(1):birdsImageROI(2),birdsImageROI(3):birdsImageROI(4));
9   %将图像点转换为车辆点
10  vehiclePoints=imageToVehicle(birdsEyeConfig,[laneImageX(:),laneImageY(:)]);
11  maxPointsInOneLane=numel(unique(vehiclePoints(:,1)));%寻找任意车道线的最大 X 轴位置
12  maxLaneLength=diff(vehicleROI(1:2));%将车道线的最大长度设置为 ROI 长度
13  maxStrength=maxPointsInOneLane/maxLaneLength;
14  isStrong=[boundaries.Strength]> 0.4 * maxStrength;
15  boundaries=boundaries(isStrong);
16  boundaries=classifyLaneTypes(boundaries,boundaryPoints);
17  xOffset=0;
18  distanceToBoundaries=boundaries.computeBoundaryModel(xOffset);
19  leftEgoBoundaryIndex=[];
20  rightEgoBoundaryIndex=[];
21  minLDistance=min(distanceToBoundaries(distanceToBoundaries> 0));
22  minRDistance=max(distanceToBoundaries(distanceToBoundaries< =0));
23  if~isempty(minLDistance)
24      leftEgoBoundaryIndex=distanceToBoundaries==minLDistance;
25  end
26  if~isempty(minRDistance)
27      rightEgoBoundaryIndex=distanceToBoundaries==minRDistance;
28  end
29  leftEgoBoundary=boundaries(leftEgoBoundaryIndex);
30  rightEgoBoundary=boundaries(rightEgoBoundaryIndex);
31  %在俯视图和鸟瞰图中显示检测到的车道标记
32  xVehiclePoints=bottomOffset:distAheadOfSensor;
33  birdsEyeWithEgoLane=insertLaneBoundary(birdsEyeImage,leftEgoBoundary,birdsEyeConfig,
34  xVehiclePoints,'Color','Red');
35  birdsEyeWithEgoLane=insertLaneBoundary(birdsEyeWithEgoLane,rightEgoBoundary,
36  birdsEyeConfig,xVehiclePoints,'Color','Green');
37  frameWithEgoLane = insertLaneBoundary ( frame, leftEgoBoundary, sensor, xVehi-
    clePoints,'Color','Red');
38  frameWithEgoLane= insertLaneBoundary ( frameWithEgoLane, rightEgoBoundary, sensor,
39  xVehiclePoints,'Color','Green');
40  figure
41  subplot('Position',[0,0,0.5,1.0])
42  imshow(birdsEyeWithEgoLane)
43  subplot('Position',[0.5,0,0.5,1.0])
44  imshow(frameWithEgoLane)
```

输出结果如图 6-5 所示。

图 6-5　车道线检测结果

六、车辆坐标系中的车辆定位

车辆的检测和跟踪在 FCW 和 AEB 系统中至关重要。加载已训练过的 ACF（Aggregated Channel Features）检测算法用以检测车辆头部和尾部。ACF 检测算法可以处理重要的碰撞警报，但 ACF 检测效果存在局限性，例如前方有车辆横穿道路的情况。

```
1  detector=vehicleDetectorACF();
2  vehicleWidth=[1.5,2.5];%车辆宽度在1.5～2.5m之间
```

configureDetectorMonoCamera 函数在考虑典型汽车的形状下，具有通用 ACF 检测算法。对视觉传感器配置后，检测算法只检测沿路面上的车辆。

```
1  monoDetector=configureDetectorMonoCamera(detector,sensor,vehicleWidth);
2  [bboxes,scores]=detect(monoDetector,frame);
```

本示例只展示单帧图像的处理过程，不能在原始检测上实现追踪。

将车辆检测位置转换到车辆坐标系中。computeVehicleLocations 函数通过图像坐标系中的检测算法检测到车辆边框后计算车辆坐标系下的车辆位置。函数返回车辆坐标系下的检测边框的底部中心位置。

因为使用的是单目摄像头，所以只能计算沿着路面的距离信息；三维空间中任意位置的计算需要景深摄像头或者其他类型的传感器。

```
1  locations=computeVehicleLocations(bboxes,sensor);
2  imgOut=insertVehicleDetections(frame,locations,bboxes);%在视频帧上覆盖检测
3  figure
4  imshow(imgOut)
```

输出结果如图 6-6 所示。

图 6-6　车辆检测结果

七、用视频输入模拟完整检测过程

利用以下程序，可以动态观测基于视频传感器的完整检测过程。

```
1   videoReader.CurrentTime=0;
2   isPlayerOpen=true;
3   snapshot=[];
4   while hasFrame(videoReader)&&isPlayerOpen
5   %抓取一帧视频
6   frame=readFrame(videoReader);
7   %计算鸟瞰图
8   birdsEyeImage=transformImage(birdsEyeConfig,frame);
9   birdsEyeImage=rgb2gray(birdsEyeImage);
10  %检测车道边界特征
11  birdsEyeViewBW=segmentLaneMarkerRidge(birdsEyeImage,birdsEyeConfig,...
12      approxLaneMarkerWidthVehicle,'ROI',vehicleROI,...
13      'Sensitivity',laneSensitivity);
14  %获取车辆坐标中的车道候选点
15  [imageX,imageY]=find(birdsEyeViewBW);
16  xyBoundaryPoints=imageToVehicle(birdsEyeConfig,[imageY,imageX]);
17  %寻找候选车道边界
18  [boundaries,boundaryPoints]=findParabolicLaneBoundaries(xyBoundaryPoints,
    boundaryWidth,...
19      'MaxNumBoundaries',maxLanes,'validateBoundaryFcn',@validateBoundaryFcn);
20  %根据长度和强度拒绝边界
21  isOfMinLength=arrayfun(@(b)diff(b.XExtent)>minXLength,boundaries);
22  boundaries=boundaries(isOfMinLength);
23  isStrong=[boundaries.Strength]>0.2*maxStrength;
```

```
24    boundaries=boundaries(isStrong);
25    %分类车道标记类型
26    boundaries=classifyLaneTypes(boundaries,boundaryPoints);
27    %寻找车道边界
28    xOffset=0;
29    distanceToBoundaries=boundaries.computeBoundaryModel(xOffset);
30    %寻找候选车道边界
31    leftEgoBoundaryIndex=[];
32    rightEgoBoundaryIndex=[];
33    minLDistance=min(distanceToBoundaries(distanceToBoundaries>0));
34    minRDistance=max(distanceToBoundaries(distanceToBoundaries<=0));
35    if~isempty(minLDistance)
36        leftEgoBoundaryIndex=distanceToBoundaries==minLDistance;
37    end
38    if~isempty(minRDistance)
39        rightEgoBoundaryIndex=distanceToBoundaries==minRDistance;
40    end
41    leftEgoBoundary=boundaries(leftEgoBoundaryIndex);
42    rightEgoBoundary=boundaries(rightEgoBoundaryIndex);
43    %检测车辆
44    [bboxes,scores]=detect(monoDetector,frame);
45    locations=computeVehicleLocations(bboxes,sensor);
46    %传感器输出可视化
47    sensorOut.leftEgoBoundary=leftEgoBoundary;
48    sensorOut.rightEgoBoundary=rightEgoBoundary;
49    sensorOut.vehicleLocations=locations;
50    sensorOut.xVehiclePoints=bottomOffset:distAheadOfSensor;
51    sensorOut.vehicleBoxes=bboxes;
52    intOut.birdsEyeImage=birdsEyeImage;
53    intOut.birdsEyeConfig=birdsEyeConfig;
54    intOut.vehicleScores=scores;
55    intOut.vehicleROI=vehicleROI;
56    intOut.birdsEyeBW=birdsEyeViewBW;
57    closePlayers=~hasFrame(videoReader);
58    isPlayerOpen=visualizeSensorResults(frame,sensor,sensorOut,...
59        intOut,closePlayers);
60    timeStamp=7.5333;%设置发布快照时间
61    if abs(videoReader.CurrentTime-timeStamp)<0.01
62        snapshot=takeSnapshot(frame,sensor,sensorOut);
63    end
64    end
65    if~isempty(snapshot)
66        figure
67        imshow(snapshot)
68    end
```

输出结果如图 6-7 所示。

图 6-7 视觉传感器检测结果

八、算法应用不同视频进行多目标检测

利用以下程序,可以动态仿真视觉传感器用于多目标检测。

```
1   %传感器设置
2   focalLength=[309.4362,344.2161];
3   principalPoint=[318.9034,257.5352];
4   imageSize=[480,640];
5   height=2.1798;%传感器安装高度
6   pitch=14;%传感器俯仰角度
7   camIntrinsics=cameraIntrinsics(focalLength,principalPoint,imageSize);
8   sensor=monoCamera(camIntrinsics,height,'Pitch',pitch);
9   videoReader=VideoReader('caltech_washington1.avi');
10  %创建 helperMonoSensor 对象并将其应用于视频
11  monoSensor=helperMonoSensor(sensor);
12  monoSensor.LaneXExtentThreshold=0.5;
13  monoSensor.VehicleDetectionThreshold=20;
14  isPlayerOpen=true;
15  snapshot=[];
16  while hasFrame(videoReader)&&isPlayerOpen
17      frame=readFrame(videoReader);
18      sensorOut=processFrame(monoSensor,frame);
19      closePlayers=~hasFrame(videoReader);
20      isPlayerOpen=displaySensorOutputs(monoSensor,frame,sensorOut,closePlayers);
21      timeStamp=11.1333;
22      if abs(videoReader.CurrentTime-timeStamp)<0.01
23          snapshot=takeSnapshot(frame,sensor,sensorOut);
24      end
25  end
26  if~isempty(snapshot)
27      figure
28      imshow(snapshot)
29  end
```

输出结果如图 6-8 所示。

图 6-8　视觉传感器用于多目标检测

本示例程序，可以采用自录的视频，并设置与视频对应的视觉传感器参数进行仿真。

九、辅助函数

利用视觉传感器检测车道线和车辆，需要以下辅助函数。

1. 传感器可视化函数

```
1   function isPlayerOpen=visualizeSensorResults(frame,sensor,sensorOut,...
2       intOut,closePlayers)
3   leftEgoBoundary=sensorOut.leftEgoBoundary;
4   rightEgoBoundary=sensorOut.rightEgoBoundary;
5   locations=sensorOut.vehicleLocations;
6   xVehiclePoints=sensorOut.xVehiclePoints;
7   bboxes=sensorOut.vehicleBoxes;
8   birdsEyeViewImage=intOut.birdsEyeImage;
9   birdsEyeConfig=intOut.birdsEyeConfig;
10  vehicleROI=intOut.vehicleROI;
11  birdsEyeViewBW=intOut.birdsEyeBW;
12  birdsEyeWithOverlays=insertLaneBoundary(birdsEyeViewImage,leftEgoBoundary,
13    birdsEyeConfig,xVehiclePoints,'Color','Red');
14  birdsEyeWithOverlays=insertLaneBoundary(birdsEyeWithOverlays,
15    rightEgoBoundary,birdsEyeConfig,xVehiclePoints,'Color','Green');
16  frameWithOverlays=insertLaneBoundary(frame,leftEgoBoundary,sensor,
17    xVehiclePoints,'Color','Red');
18  frameWithOverlays = insertLaneBoundary ( frameWithOverlays, rightEgoBoundary,
19    sensor,xVehiclePoints,'Color','Green');
20  frameWithOverlays=insertVehicleDetections(frameWithOverlays,locations,bboxes);
21  imageROI=vehicleToImageROI(birdsEyeConfig,vehicleROI);
22  ROI=[imageROI(1)imageROI(3)imageROI(2)-imageROI(1)imageROI(4)-imageROI(3)];
23  birdsEyeViewImage=insertShape(birdsEyeViewImage,'rectangle',ROI);
24  birdsEyeViewImage=imoverlay(birdsEyeViewImage,birdsEyeViewBW,'blue');
```

```
25    frames={frameWithOverlays,birdsEyeViewImage,birdsEyeWithOverlays};
26    persistent players;
27       if isempty(players)
28          frameNames={'Lane marker and vehicle detections','Raw segmentation','Lane
29    marker detections'};
30          players=helperVideoPlayerSet(frames,frameNames);
31       end
32    update(players,frames);
33       isPlayerOpen=isOpen(players,1);
34       if(~isPlayerOpen||closePlayers)
35          clear players;
36       end
37    end
```

2. 车辆位置计算函数

```
1    function locations=computeVehicleLocations(bboxes,sensor)
2    locations=zeros(size(bboxes,1),2);
3    for i=1:size(bboxes,1)
4        bbox=bboxes(i,:);
5        yBottom=bbox(2)+bbox(4)-1;
6        xCenter=bbox(1)+(bbox(3)-1)/2;
7        locations(i,:)=imageToVehicle(sensor,[xCenter,yBottom]);
8    end
9    end
```

3. 插入车辆检测函数

```
1     function imgOut=insertVehicleDetections(imgIn,locations,bboxes)
2     imgOut=imgIn;
3     for i=1:size(locations,1)
4         location=locations(i,:);
5         bbox=bboxes(i,:);
6         label=sprintf('X=%0.2f,Y=%0.2f',location(1),location(2));
7         imgOut=insertObjectAnnotation(imgOut,...
8             'rectangle',bbox,label,'Color','g');
9     end
10    end
```

4. 车辆图像 ROI 函数

```
1    function imageROI=vehicleToImageROI(birdsEyeConfig,vehicleROI)
2    vehicleROI=double(vehicleROI);
3    loc2=abs(vehicleToImage(birdsEyeConfig,[vehicleROI(2)vehicleROI(4)]));
4    loc1=abs(vehicleToImage(birdsEyeConfig,[vehicleROI(1)vehicleROI(4)]));
5    loc4=vehicleToImage(birdsEyeConfig,[vehicleROI(1)vehicleROI(4)]);
6    loc3=vehicleToImage(birdsEyeConfig,[vehicleROI(1)vehicleROI(3)]);
7    [minRoiX,maxRoiX,minRoiY,maxRoiY]=deal(loc4(1),loc3(1),loc2(2),loc1(2));
8    imageROI=round([minRoiX,maxRoiX,minRoiY,maxRoiY]);
9    end
```

5. 验证边界函数

```
1  function isGood=validateBoundaryFcn(params)
2  if~isempty(params)
3      a=params(1);
4       isGood=abs(a)<0.003;
5  else
6      isGood=false;
7  end
8  end
```

6. 分类车道类型函数

```
1   function boundaries=classifyLaneTypes(boundaries,boundaryPoints)
2   for bInd=1:numel(boundaries)
3       vehiclePoints=boundaryPoints{bInd};
4       vehiclePoints=sortrows(vehiclePoints,1);
5       xVehicle=vehiclePoints(:,1);
6       xVehicleUnique=unique(xVehicle);
7       xdiff=diff(xVehicleUnique);
8       xdifft=mean(xdiff)+3*std(xdiff);
9       largeGaps=xdiff(xdiff>xdifft);
10      boundaries(bInd).BoundaryType=LaneBoundaryType.Solid;
11      if largeGaps>2
12          boundaries(bInd).BoundaryType=LaneBoundaryType.Dashed;
13      end
14  end
15  end
```

7. 拍摄快照函数

```
1   function I=takeSnapshot(frame,sensor,sensorOut)
2   leftEgoBoundary=sensorOut.leftEgoBoundary;
3   rightEgoBoundary=sensorOut.rightEgoBoundary;
4   locations=sensorOut.vehicleLocations;
5   xVehiclePoints=sensorOut.xVehiclePoints;
6   bboxes=sensorOut.vehicleBoxes;
7   frameWithOverlays=insertLaneBoundary(frame,leftEgoBoundary,sensor,xVehiclePoints,'
8     Color','Red');
9   frameWithOverlays = insertLaneBoundary(frameWithOverlays,rightEgoBoundary,sensor,
10    xVehiclePoints,'Color','Green');
11  frameWithOverlays = insertVehicleDetections(frameWithOverlays,locations,
      bboxes);
12  I=frameWithOverlays;
13  end
```

第二节　毫米波雷达的检测仿真

本示例以编程方式生成毫米波雷达检测，构建四个不同的驾驶场景，对毫米波雷达检测进行仿真。

一、驾驶场景一仿真

驾驶场景一包括一辆移动的主车和一辆停在道路 150m 处的目标车辆；主车在制动前的初始速度为 50km/h，减速度为 $3m/s^2$；主车在目标车辆后保险杠前 1m 完全停止。

```
1   addpath(fullfile(matlabroot,'toolbox','shared','tracking','fusionlib'));
2   rng default;
3   initialDist=150;
4   initialSpeed=50;
5   brakeAccel=3;
6   finalDist=1;
7   [scenario,egoCar]=helperCreateSensorDemoScenario('FCW',initialDist,initial-
    Speed,brakeAccel,finalDist);
```

构建一个前向远程毫米波雷达，安装在主车的前保险杠上，离地面 20cm。该毫米波雷达每 0.1s 产生一次测量值，方位视场为 20°，角度分辨率为 4°，其最大测量距离为 150m，距离分辨率为 2.5m。

```
1    radarSensor=radarDetectionGenerator(...
2        'SensorIndex',1,...
3        'UpdateInterval',0.1,...
4        'SensorLocation',[egoCar.Wheelbase+ egoCar.FrontOverhang 0],...
5        'Height',0.2,...
6        'FieldOfView',[20 5],...
7        'MaxRange',150,...
8        'AzimuthResolution',4,...
9        'RangeResolution',2.5,...
10       'ActorProfiles',actorProfiles(scenario));
```

通过提取驾驶场景的模拟时间，模拟毫米波雷达测量目标车辆的位置。毫米波雷达根据主车坐标系中表示的真实目标姿态（位置、速度和方向）生成检测结果。

毫米波雷达被配置成每隔 0.1s 产生一次检测，这与典型的汽车毫米波雷达的更新率一致。然而，为了精确地模拟车辆的运动，驾驶场景模拟每 0.01s 进行一次。当毫米波雷达达到要求的更新间隔时，传感器返回一个逻辑标志 isValidTime，表示这个模拟时间步将生成检测。

```
1    %构建显示 FCW 驾驶场景
2    [bep,figScene]=helperCreateSensorDemoDisplay(scenario,egoCar,radarSensor);
3    metrics=struct;%结构初始化
4    while advance(scenario)%更新车辆位置
5        gTruth=targetPoses(egoCar);%在主车坐标系中获取目标位置
```

```
6       %生成雷达检测时间
7       time=scenario.SimulationTime;
8       [dets,~,isValidTime]=radarSensor(gTruth,time);
9       if isValidTime
10          %更新鸟瞰图
11          helperUpdateSensorDemoDisplay(bep,egoCar,radarSensor,dets);
12          %收集雷达探测和地面实况进行离线分析
13          metrics=helperCollectScenarioMetrics(metrics,gTruth,dets);
14      end
15      %拍摄快照
16      helperPublishSnapshot(figScene,time>=9.1);
17  end
```

点击"Run",可以看到驾驶场景一的运动,主车在目标车辆后保险杠前1m完全停止,如图6-9所示。

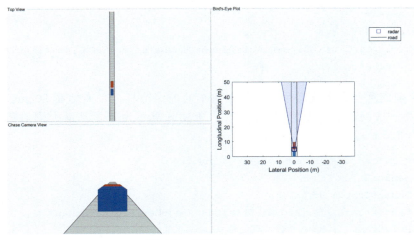

图6-9 驾驶场景一仿真

二、驾驶场景二仿真

驾驶场景二有三辆车,主车、先导车和超车,先导车位于主车前方40m处,以相同速度行驶;超车从主车旁边的左车道开始超车,超过主车,并在先导车后面并入右车道。

```
1   leadDist=40;
2   speed=50;
3   passSpeed=70;
4   [scenario,egoCar]=helperCreateSensorDemoScenario('Passing',leadDist,speed,passSpeed);
```

为测量速度配置毫米波雷达。

```
1   release(radarSensor);
2   radarSensor.HasRangeRate=true;
3   radarSensor.RangeRateResolution=0.5;
4   %为超车场景使用actor配置文件
5   radarSensor.ActorProfiles=actorProfiles(scenario);
```

第六章　基于 MATLAB 的自动驾驶仿真示例

使用 helperRunSensorDemoScenario 模拟主车和目标车辆的运动。

```
1  snapTime=6;
2  metrics=helperRunSensorDemoScenario(scenario,egoCar,radarSensor,snapTime);
```

点击"Run",可以看到驾驶场景二的运动,输出结果如图 6-10 所示。

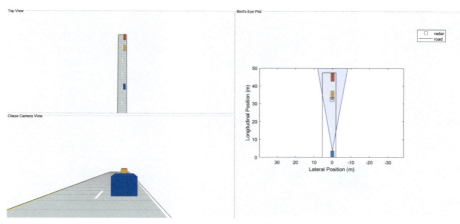

图 6-10　驾驶场景二仿真

三、驾驶场景三仿真

驾驶场景三是有行人和车辆的 FCW 场景,在停下来的车辆旁边的人行道上增加一个行人。

```
1  %构建 FCW 测试方案
2  initialDist=150;
3  finalDist=1;
4  initialSpeed=50;
5  brakeAccel=3;
6  withPedestrian=true;
7  [scenario,egoCar]=helperCreateSensorDemoScenario('FCW',initialDist,
8  initialSpeed,brakeAccel,finalDist,withPedestrian);
```

毫米波雷达的探测性能通常由在特定范围内探测到 RCS 为 0dBsm 的参考目标的概率来决定。创建一个远程毫米波雷达,在 100m 范围内探测一个 RCS 为 0dBsm 的目标,探测概率为 90%。

```
1  %配置雷达的远程探测性能
2  release(radarSensor);
3  radarSensor.ReferenceRange=100;
4  radarSensor.ReferenceRCS=0;
5  radarSensor.DetectionProbability=0.9;
6  %为超车场景使用 actor 配置文件
7  radarSensor.ActorProfiles=actorProfiles(scenario);
```

使用 helperRunSensorDemoScenario 模拟主车和目标的运动。

```
1  snapTime=8;
2  metrics=helperRunSensorDemoScenario(scenario,egoCar,radarSensor,snapTime);
```

点击"Run",可以看到驾驶场景三的运动,输出结果如图6-11所示。

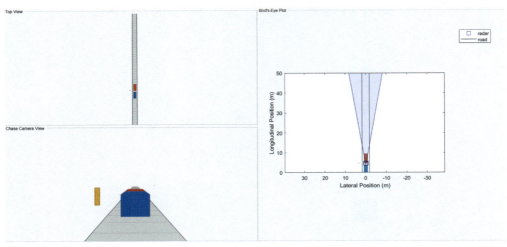

图6-11 驾驶场景三仿真

四、驾驶场景四仿真

驾驶场景四是两辆摩托车并排行驶在主车前面,摩托车相距1.8m,行驶速度比主车快10km/h。该场景展示了毫米波雷达是如何检测密集目标的。

在场景持续期间,摩托车和主车之间的距离增加。当摩托车靠近毫米波雷达时,它们占据不同的雷达分辨率单元。在场景结束时,雷达和摩托车之间的距离增加后,两辆摩托车占据相同的雷达分辨率单元并合并。

```
1   duration=8;
2   speedEgo=50;
3   speedMotorcycles=60;
4   distMotorcycles=25;
5   [scenario,egoCar] = helperCreateSensorDemoScenario('Side-by-Side',duration,
6   speedEgo,speedMotorcycles,distMotorcycles);
7   %在主车前部创建面向前方的远程毫米波雷达
8   radarSensor=radarDetectionGenerator(...
9       'SensorIndex',1,...
10      'SensorLocation',[egoCar.Wheelbase+ egoCar.FrontOverhang 0],...
11      'Height',0.2,...
12      'ActorProfiles',actorProfiles(scenario));
13  %使用helperRunSensorDemoScenario模拟主车和目标的运动
14  snapTime=5.6;
15  metrics=helperRunSensorDemoScenario(scenario,egoCar,radarSensor,snapTime);
```

点击"Run",可以看到驾驶场景四的运动,输出结果如图6-12所示。

第六章　基于 MATLAB 的自动驾驶仿真示例

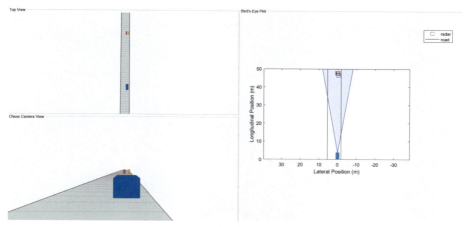

图 6-12　驾驶场景四仿真

第三节　毫米波雷达和视觉传感器融合的检测仿真

本示例介绍如何生成驾驶场景，模拟传感器检测和利用传感器融合跟踪模拟的车辆，主要用于测试基于传感器融合的追踪左侧超车车辆的能力。

一、构建驾驶场景

驾驶场景为两车道的高速公路，长度为 500m，共有四辆车。主车正前方和正后方各有一辆行驶的车辆，还有一辆从左侧超车的车辆。所有车辆按设定的路径和车速行驶；超车车辆从右侧车道开始，变道至左车道超车后又返回右车道。

```
1    scenario=drivingScenario;%构建驾驶场景
2    scenario.SampleTime=0.01;
3    roadCenters=[0 0;50 0;100 0;250 20;500 40];%道路中心
4    roadWidth=7.2;%道路宽度
5    road(scenario,roadCenters,roadWidth);%在驾驶场景中添加道路
6    egoCar=vehicle(scenario,'ClassID',1);%添加主车
7    path(egoCar,roadCenters(2:end,:)-[0 1.8],25);%主车路径的路径和车速
8    leadCar=vehicle(scenario,'ClassID',1);%添加前方车辆
9    path(leadCar,[70 0;roadCenters(3:end,:)]-[0 1.8],25);%前方车辆的路径和车速
10   passingCar=vehicle(scenario,'ClassID',1);%添加超车车辆
11   waypoints=[0 -1.8;50 1.8;100 1.8;250 21.8;400 32.2;500 38.2];%设置路线点
12   path(passingCar,waypoints,35);%超车车辆的路径和车速
13   chaseCar=vehicle(scenario,'ClassID',1);%添加后方车辆
14   path(chaseCar,[25 0;roadCenters(2:end,:)]-[0 1.8],25);%后方车辆的路径和车速
15   plot(scenario)
```

输出结果如图 6-13 所示。

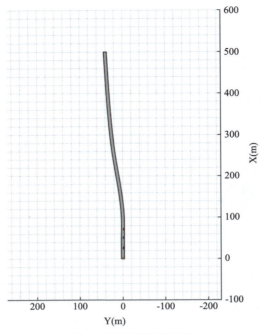

图 6-13 构建驾驶场景

二、定义毫米波雷达和视觉传感器

本示例中,主车带有六个毫米波雷达和两个视觉传感器,传感器检测范围为 360°。传感器检测区域有一些重叠和覆盖。主车前后各装一个远程毫米波雷达传感器和一个视觉传感器;两侧分别装有两个短程毫米波雷达,每个短程毫米波雷达可覆盖 90°检测范围,其中一个毫米波雷达覆盖车辆中部到后部区域,另一个毫米波雷达覆盖车辆中部到前部区域。

```
1   sensors=cell(8,1);
2   %设置位于汽车前保险杠中央的前向远程毫米波雷达
3   sensors{1}=radarDetectionGenerator('SensorIndex',1,'Height',0.2,'MaxRange',174,...
4       'SensorLocation',[egoCar.Wheelbase+ egoCar.FrontOverhang,0],'FieldOfView',[20,5]);
5   %设置位于汽车后保险杠中央的前向远程毫米波雷达
6   sensors{2}=radarDetectionGenerator('SensorIndex',2,'Height',0.2,'Yaw',180,...
7       'SensorLocation',[-egoCar.RearOverhang,0],'MaxRange',174,'FieldOfView',[20,5]);
8   %设置车辆左后轮罩处的左后短程毫米波雷达
9   sensors{3}=radarDetectionGenerator('SensorIndex',3,'Height',0.2,'Yaw',120,...
10      'SensorLocation',[0,egoCar.Width/2],'MaxRange',30,'ReferenceRange',50,...
11      'FieldOfView',[90,5],'AzimuthResolution',10,'RangeResolution',1.25);
12  %设置车辆右后轮罩处的右后短程毫米波雷达
13  sensors{4}=radarDetectionGenerator('SensorIndex',4,'Height',0.2,'Yaw',-120,...
14      'SensorLocation',[0,-egoCar.Width/2],'MaxRange',30,'ReferenceRange',50,...
15      'FieldOfView',[90,5],'AzimuthResolution',10,'RangeResolution',1.25);
16  %设置车辆左前轮罩处的左前短程毫米波雷达
17  sensors{5}=radarDetectionGenerator('SensorIndex',5,'Height',0.2,'Yaw',60,...
18      'SensorLocation',[egoCar.Wheelbase,egoCar.Width/2],'MaxRange',30,...
19      'ReferenceRange',50,'FieldOfView',[90,5],'AzimuthResolution',10,...
```

```
20      'RangeResolution',1.25);
21  %设置车辆右前轮罩处的右前短程毫米波雷达
22  sensors{6}=radarDetectionGenerator('SensorIndex',6,'Height',0.2,'Yaw',-60,...
23      'SensorLocation',[egoCar.Wheelbase,-egoCar.Width/2],'MaxRange',30,...
24      'ReferenceRange',50,'FieldOfView',[90,5],'AzimuthResolution',10,...
25      'RangeResolution',1.25);
26  %设置前挡风玻璃上的前视觉传感器
27  sensors{7}=visionDetectionGenerator('SensorIndex',7,'FalsePositivesPerImage',0.1,...
28      'SensorLocation',[0.75*egoCar.Wheelbase 0],'Height',.1);
29  %设置后挡风玻璃上的后视觉传感器
30  sensors{8}=visionDetectionGenerator('SensorIndex',8,'FalsePositivesPerImage',0.1,...
31      'SensorLocation',[0.2*egoCar.Wheelbase 0],'Height',1.1,'Yaw',180);
```

三、创建跟踪器

创建多目标跟踪器（multipleObjectTracker）跟踪主车附近的车辆。跟踪器使用 initSimDemoFilter 帮助函数初始化线性卡尔曼滤波器来处理位置和速度。跟踪在 2D 平面内完成，尽管传感器返回的是 3D 测量数据，由于车辆运动被限制在水平面上，所以本示例不需要检测高度。

```
1  tracker=multiObjectTracker('FilterInitializationFcn',@initSimDemoFilter,...
2      'AssignmentThreshold',30,'ConfirmationParameters',[4 5]);%多目标跟踪器
3  positionSelector=[1 0 0 0;0 0 1 0];%传感器位置
4  velocitySelector=[0 1 0 0;0 0 0 1];%传感器速度
5  BEP=createDemoDisplay(egoCar,sensors);%创建显示并返回鸟瞰图的句柄
6  imshow(BEP)
```

输出结果如图 6-14 所示。

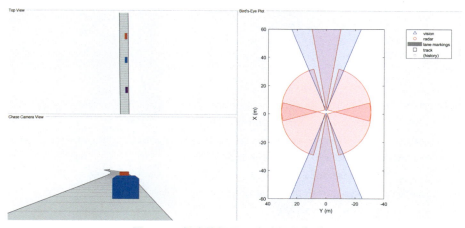

图 6-14　创建俯视图、追踪图和鸟瞰图

四、辅助函数

基于视觉传感器和毫米波雷达数据的传感器融合需要使用以下辅助函数。

1. initSimDemoFilter 函数

initSimDemoFilter 函数是对速度滤波器进行初始化。

```
1   function filter=initSimDemoFilter(detection)
2   H=[1 0 0 0;0 0 1 0;0 1 0 0;0 0 0 1];
3   filter=trackingKF('MotionModel','2D Constant Velocity',...
4       'State',H'*detection.Measurement,...
5       'MeasurementModel',H,...
6       'StateCovariance',H'*detection.MeasurementNoise*H,...
7       'MeasurementNoise',detection.MeasurementNoise);
8   end
```

2. clusterDetections 函数

clusterDetections 函数将单次检测中疑似同一辆车的多个检测信息进行融合。函数根据检测到的对象的距离是否小于车辆大小进行判断，小于此距离的将可聚类为单个检测目标，中心即为群集的质心。

```
1   function detectionClusters=clusterDetections(detections,vehicleSize)
2   N=numel(detections);
3   distances=zeros(N);
4   for i=1:N
5       for j=i+1:N
6           if detections{i}.SensorIndex==detections{j}.SensorIndex
7               distances(i,j)=norm(detections{i}.Measurement(1:2)-
8   detections{j}.Measurement(1:2));
9           else
10              distances(i,j)=inf;
11          end
12      end
13  end
14  leftToCheck=1:N;
15  i=0;
16  detectionClusters=cell(N,1);
17  while ~isempty(leftToCheck)
18      underConsideration=leftToCheck(1);
19      clusterInds=(distances(underConsideration,leftToCheck)<vehicleSize);
20      detInds=leftToCheck(clusterInds);
21      clusterDets=[detections{detInds}];
22      clusterMeas=[clusterDets.Measurement];
23      meas=mean(clusterMeas,2);
24      meas2D=[meas(1:2);meas(4:5)];
25      i=i+1;
26      detectionClusters{i}=detections{detInds(1)};
27      detectionClusters{i}.Measurement=meas2D;
28      leftToCheck(clusterInds)=[];
29  end
```

```
30      detectionClusters(i+1:end)=[];
31    for i=1:numel(detectionClusters)
32        measNoise(1:2,1:2)=vehicleSize^2*eye(2);
33        measNoise(3:4,3:4)=eye(2)*100*vehicleSize^2;
34        detectionClusters{i}.MeasurementNoise=measNoise;
35    end
36    end
```

3. createDemoDisplay 函数

createDemoDisplay 函数用于创建三个视图，即主车的俯视图、追踪图和鸟瞰图。

```
1   function BEP=createDemoDisplay(egoCar,sensors)
2       hFigure=figure('Position',[0,0,1200,640],'Name','Sensor Fusion with Synthetic Data Example');
3       movegui(hFigure,[0-]);
4       hCarViewPanel=uipanel(hFigure,'Position',[0 0 0.5 0.5],'Title','Chase Camera View');
5       hCarPlot=axes(hCarViewPanel);
6       chasePlot(egoCar,'Parent',hCarPlot);
7       hTopViewPanel=uipanel(hFigure,'Position',[0 0.5 0.5 0.5],'Title','Top View');
8       hCarPlot=axes(hTopViewPanel);
9       chasePlot(egoCar,'Parent',hCarPlot,'ViewHeight',130,'ViewLocation',[0 0],'ViewPitch',90);
10      hBEVPanel=uipanel(hFigure,'Position',[0.5 0 0.5 1],'Title','Bird's-Eye Plot');
11      hBEVPlot=axes(hBEVPanel);
12      frontBackLim=60;
13   BEP=birdsEyePlot('Parent',hBEVPlot,'Xlimits',[-frontBackLim frontBackLim],'Ylimits',[-35 35]);
14      for i=1:6
15          cap=coverageAreaPlotter(BEP,'FaceColor','red','EdgeColor','red');
16          plotCoverageArea(cap,sensors{i}.SensorLocation,...
17              sensors{i}.MaxRange,sensors{i}.Yaw,sensors{i}.FieldOfView(1));
18      end
19      for i=7:8
20          cap=coverageAreaPlotter(BEP,'FaceColor','blue','EdgeColor','blue');
21          plotCoverageArea(cap,sensors{i}.SensorLocation,...
22              sensors{i}.MaxRange,sensors{i}.Yaw,45);
23      end
24      detectionPlotter(BEP,'DisplayName','vision','MarkerEdgeColor','blue','Marker','^');
25      detectionPlotter(BEP,'DisplayName','radar','MarkerEdgeColor','red');
26      laneMarkingPlotter(BEP,'DisplayName','lane markings');
27      trackPlotter(BEP,'DisplayName','track','HistoryDepth',10);
28      axis(BEP.Parent,'equal');
29      xlim(BEP.Parent,[-frontBackLim frontBackLim]);
30      ylim(BEP.Parent,[-40 40]);
31      outlinePlotter(BEP,'Tag','Ground truth');
32   end
```

4. updateBEP 函数

updateBEP 函数用于在鸟瞰图下更新车道线，检测目标和跟踪目标。

```
1   function updateBEP(BEP,egoCar,detections,confirmedTracks,psel,vsel)
2       [lmv,lmf]=laneMarkingVertices(egoCar);
3       plotLaneMarking(findPlotter(BEP,'DisplayName','lane markings'),lmv,lmf);
4       [position,yaw,length,width,originOffset,color]=targetOutlines(egoCar);
5       plotOutline(findPlotter(BEP,'Tag','Ground truth'),position,yaw,length,width,
6   'OriginOffset',originOffset,'Color',color);
7       N=numel(detections);
8       detPos=zeros(N,2);
9       isRadar=true(N,1);
10      for i=1:N
11          detPos(i,:)=detections{i}.Measurement(1:2)';
12          if detections{i}.SensorIndex>6
13              isRadar(i)=false;
14          end
15      end
16      plotDetection(findPlotter(BEP,'DisplayName','vision'),detPos(~isRadar,:));
17      plotDetection(findPlotter(BEP,'DisplayName','radar'),detPos(isRadar,:));
18      trackIDs={confirmedTracks.TrackID};
19      labels=cellfun(@num2str,trackIDs,'UniformOutput',false);
20      [tracksPos,tracksCov]=getTrackPositions(confirmedTracks,psel);
21      tracksVel=getTrackVelocities(confirmedTracks,vsel);
22      plotTrack(findPlotter(BEP,'DisplayName','track'),tracksPos,tracksVel,
    tracksCov,labels);
23  end
```

五、驾驶场景仿真

驾驶场景仿真包括车辆运动、调用传感器仿真和实行车辆追踪。

驾驶场景生成和传感器仿真可以有不同的时间步长，而不同的时间步长可以解耦驾驶场景仿真和传感器仿真，这对不考虑传感器测量精度情况下精准地模拟车辆的运动很有好处。

传感器和驾驶场景可以有不同的更新频率。本示例中，驾驶场景更新频率为 0.01s，传感器更新频率为 0.1s。传感器会返回逻辑标识 isValidTime，标识为真即表示传感器返回探测信息。该标识符只在有探测信息返回时调用跟踪器。

另外，传感器可以模拟每个目标的多个检测，特别是当目标非常接近毫米波雷达时。由于跟踪器假定每个传感器对每个目标只进行一次检测，因此在跟踪器处理检测信息之前需进行聚类处理。这部分处理由 clusterDetections 函数完成。

```
1   toSnap=true;
2   while advance(scenario)&&ishghandle(BEP.Parent)
3       time=scenario.SimulationTime;%获取场景时间
4       ta=targetPoses(egoCar);%获取另一辆车在主车坐标系中的位置
5       %传感器仿真
6       detections={};
```

第六章 基于 MATLAB 的自动驾驶仿真示例

```
 7      isValidTime=false(1,8);
 8      for i=1:8
 9          [sensorDets,numValidDets,isValidTime(i)]=sensors{i}(ta,time);
10          if numValidDets
11              for j=1:numValidDets
12                  if~isfield(sensorDets{j}.ObjectAttributes{1},'SNR')
13                      sensorDets{j}.ObjectAttributes{1}.SNR=NaN;
14                  end
15              end
16              detections=[detections;sensorDets];%#ok<AGROW>
17          end
18      end
19      if any(isValidTime)
20          vehicleLength=sensors{1}.ActorProfiles.Length;
21          detectionClusters=clusterDetections(detections,vehicleLength);
22          confirmedTracks=updateTracks(tracker,detectionClusters,time);
23          updateBEP(BEP,egoCar,detections,confirmedTracks,positionSelector,ve-
locitySelector);
24      end
25      if ta(1).Position(1)> 0 && toSnap
26          toSnap=false;
27          snapnow
28      end
29  end
```

点击运行"Run",驾驶场景开始运动,输出结果如图 6-15 所示。

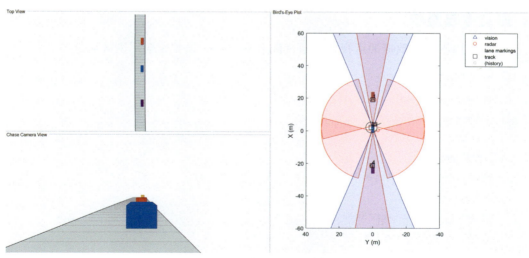

图 6-15　驾驶场景仿真图

本示例展示了如何生成驾驶场景,模拟传感器检测并利用检测信息跟踪主车周围的运动车辆。可以更改道路信息,增加或删除车辆;也可以尝试增加、移除或修改主车的传感器或修改跟踪参数。

第四节　激光雷达的检测仿真

本示例主要介绍如何利用激光雷达检测地平面,并且从三维激光雷达数据中寻找车辆周围的障碍物,目的是规划汽车的可行驶区域。

一、创建 velodyneFileReader

本示例中的激光雷达数据来自安装在车辆上的激光雷达 Velodyne HDL32E。创建 velodyneFileReader 对象以读取录制的 PCAP 文件。

```
1  fileName='lidarData_ConstructionRoad.pcap';
2  deviceModel='HDL32E';
3  veloReader=velodyneFileReader(fileName,deviceModel);
```

二、读取激光雷达扫描数据

激光雷达每次扫描的数据都存储为三维点云。为了能够高效地处理这些数据,需要使用快速索引和搜索,通过 K-d tree 数据结构处理数据。

veloReader 为激光雷达每个扫描构建一个有组织的点云。点云的位置属性是 M×N×3 矩阵,包含点的 X、Y、Z 坐标(m)。

```
1  ptCloud=readFrame(veloReader);
```

一共有 32×1083 个点,每个点的坐标有 X、Y、Z 三个。

三、设置点云显示

pcplayer 用于点云数据的可视化,通过配置 pcplayer 设置车辆周围区域。

```
1   %设置点云显示的区域
2   xlimits=[-25 45];
3   ylimits=[-25 45];
4   zlimits=[-20 20];
5   %创建 pcplayer
6   lidarViewer=pcplayer(xlimits,ylimits,zlimits);
7   %定义坐标轴标签
8   xlabel(lidarViewer.Axes,'X(m)')
9   ylabel(lidarViewer.Axes,'Y(m)')
10  zlabel(lidarViewer.Axes,'Z(m)')
11  %显示激光雷达点云
12  view(lidarViewer,ptCloud)
```

输出结果如图 6-16 所示。

分割属于地平面、主车和附近障碍物的点;设置用于标记这些点的颜色映射。

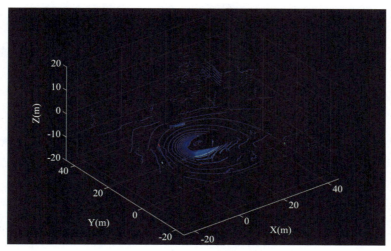

图 6-16　激光点云

```
1   %定义用于分段点的标签
2   colorLabels=[...
3       0       0.4470 0.7410;...%未标记点
4       0.4660 0.6740 0.1880;...%地平面点
5       0.9290 0.6940 0.1250;...%主车点
6       0.6350 0.0780 0.1840];%障碍点
7   %为每个标签定义索引
8   colors.Unlabeled=1;
9   colors.Ground=2;
10  colors.Ego=3;
11  colors.Obstacle=4;
12  %设置颜色映射
13  colormap(lidarViewer.Axes,colorLabels)
```

输出结果如图 6-17 所示。

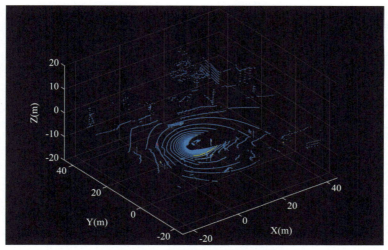

图 6-17　激光点云的颜色映射

四、分割主车

激光雷达安装在车辆顶部,点云可能包含属于车辆本身的点,例如车顶或发动机罩上的点。了解车辆的尺寸,可以分割出离车辆最近的点。

创建车辆尺寸对象以存储车辆尺寸,典型车辆尺寸为 $4.7m \times 1.8m \times 1.4m$。

```
1  vehicleDims=vehicleDimensions();
```

在车辆坐标系中指定激光雷达的安装位置。在该示例中,车辆坐标系原点位于后轴中心,正 X 方向指向前方,正 Y 方向指向左侧,正 Z 方向指向上方。激光雷达安装在车辆的顶部中心,与地平面平行。

```
1  mountLocation=[...
2      vehicleDims.Length/2-vehicleDims.RearOverhang,...  % 设置 X 方向
3      0,...                                              % 设置 Y 方向
4      vehicleDims.Height];                               % 设置 Z 方向
```

使用 helper 函数 helperSegmentEgoFromLidarData 分割主车,该函数分割主车定义的长方体内的所有点;将分段点存储在结构 points 中。

```
1  points=struct();
2  points.EgoPoints=helperSegmentEgoFromLidarData(ptCloud,vehicleDims,mountLocation);
```

使用 helperUpdateView 函数对主车分段点云可视化。

```
1  closePlayer=false;
2  helperUpdateView(lidarViewer,ptCloud,points,colors,closePlayer);
```

helperSegmentEgoFromLidarData 函数程序如下。

```
1   function egoPoints=helperSegmentEgoFromLidarData(ptCloud,vehicleDims,mountLocation)
2   bufferZone=[0.1,0.1,0.1];
3   %在车辆坐标系中定义主车限值
4   egoXMin=-vehicleDims.RearOverhang-bufferZone(1);
5   egoXMax=egoXMin+ vehicleDims.Length+ bufferZone(1);
6   egoYMin=-vehicleDims.Width/2-bufferZone(2);
7   egoYMax=egoYMin+ vehicleDims.Width+ bufferZone(2);
8   egoZMin=0-bufferZone(3);
9   egoZMax=egoZMin+ vehicleDims.Height+ bufferZone(3);
10  egoXLimits= [egoXMin,egoXMax];
11  egoYLimits= [egoYMin,egoYMax];
12  egoZLimits= [egoZMin,egoZMax];
13  %转换为激光雷达坐标系
14  egoXLimits=egoXLimits-mountLocation(1);
15  egoYLimits=egoYLimits-mountLocation(2);
16  egoZLimits=egoZLimits-mountLocation(3);
17  %使用逻辑索引选择主车立方体内的点
18  egoPoints=ptCloud.Location(:,:,1)> egoXLimits(1)...
19      & ptCloud.Location(:,:,1)< egoXLimits(2)...
20      & ptCloud.Location(:,:,2)> egoYLimits(1)...
21      & ptCloud.Location(:,:,2)< egoYLimits(2)...
22      & ptCloud.Location(:,:,3)> egoZLimits(1)...
23      & ptCloud.Location(:,:,3)< egoZLimits(2);
24  end
```

helperUpdateView 函数程序如下。

```
1   function isPlayerOpen=helperUpdateView(lidarViewer,ptCloud,points,colors,closePlayer)
2   if closePlayer
3       hide(lidarViewer);
4       isPlayerOpen=false;
5       return;
6   end
7   scanSize=size(ptCloud.Location);
8   scanSize=scanSize(1:2);
9   %初始化颜色映射
10  colormapValues=ones(scanSize,'like',ptCloud.Location) * colors.Unlabeled;
11  if isfield(points,'GroundPoints')
12      colormapValues(points.GroundPoints)=colors.Ground;
13  end
14  if isfield(points,'EgoPoints')
15      colormapValues(points.EgoPoints)=colors.Ego;
16  end
17  if isfield(points,'ObstaclePoints')
18      colormapValues(points.ObstaclePoints)=colors.Obstacle;
19  end
20  %更新视图
21  view(lidarViewer,ptCloud.Location,colormapValues)
22  %检查播放器是否打开
23  isPlayerOpen=isOpen(lidarViewer);
24  end
```

输出结果如图 6-18 所示。

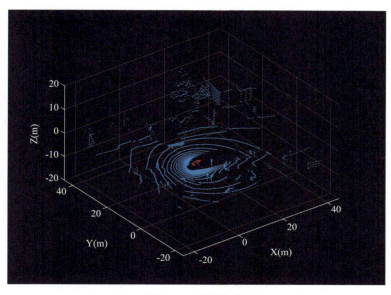

图 6-18　分割主车

五、分割地平面和周围的障碍物

为了从激光雷达数据中识别障碍物，首先使用 segmentGroundFromLidarData 函数对地平面进行分段，从有组织的激光雷达数据中分割出属于地平面的点。

```
1    elevationDelta=10;
2    points.GroundPoints=segmentGroundFromLidarData(ptCloud,'ElevationAngleDelta',
     elevationDelta);
3    %分割地平面的可视化
4    helperUpdateView(lidarViewer,ptCloud,points,colors,closePlayer);
```

输出结果如图 6-19 所示。

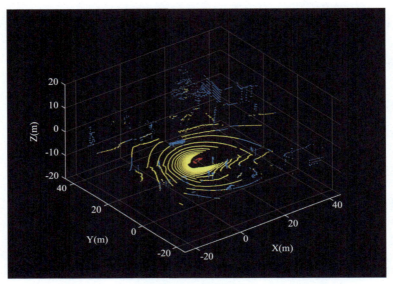

图 6-19　分割地平面

使用点云上的选择功能删除属于主车和地平面的点；将"OutputSize"指定为"full"，以保留点云的组织性质。

```
1    nonEgoGroundPoints=~points.EgoPoints &~points.GroundPoints;
2    ptCloudSegmented=select(ptCloud,nonEgoGroundPoints,'OutputSize','full');
```

通过寻找距离主车一定半径内所有不属于地平面和主车的点来分割附近的障碍物。这个半径可以根据激光雷达的范围和感兴趣的区域来确定。

```
1    sensorLocation=[0,0,0];%传感器位于坐标系的原点
2    radius=40;
3    points.ObstaclePoints=findNeighborsInRadius(ptCloudSegmented,...
4        sensorLocation,radius);
5    %分割障碍物的可视化
6    helperUpdateView(lidarViewer,ptCloud,points,colors,closePlayer);
```

输出结果如图 6-20 所示。

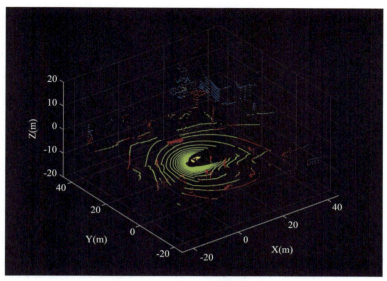

图 6-20　分割障碍物

六、激光雷达数据处理

从激光雷达记录的数据序列中处理 30s。

1	`reset(veloReader);`
2	`stopTime=veloReader.StartTime+ seconds(30);`
3	`isPlayerOpen=true;`
4	`while hasFrame(veloReader)&&veloReader.CurrentTime< stopTime&&isPlayerOpen`
5	`%获取下一次激光雷达扫描`
6	`ptCloud=readFrame(veloReader);`
7	`%属于主车的分段点`
8	`points.EgoPoints=helperSegmentEgoFromLidarData(ptCloud,vehicleDims,mountLo-cation);`
9	`%属于地平面的分段点`
10	`points.GroundPoints =segmentGroundFromLidarData(ptCloud,'ElevationAngleDelta',elevation-Delta);`
11	`%删除属于主车和地平面的点`
12	`nonEgoGroundPoints=~points.EgoPoints&~points.GroundPoints;`
13	`ptCloudSegmented=select(ptCloud,nonEgoGroundPoints,'OutputSize','full');`
14	`%分段障碍物`
15	`points.ObstaclePoints = findNeighborsInRadius(ptCloudSegmented,sensorLoca-tion,radius);`
16	`closePlayer=~hasFrame(veloReader);`
17	`%更新激光雷达显示`
18	`isPlayerOpen=helperUpdateView(lidarViewer,ptCloud,points,colors,closePlayer);`
19	`end`
20	`snapnow`

点击 "Run" 按钮，可以看到激光雷达 30s 点云的变化，如图 6-21 所示。

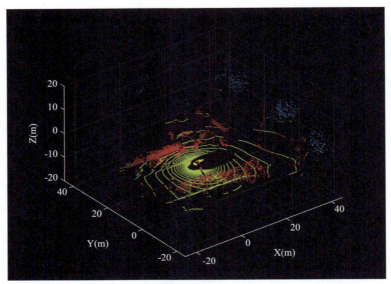

图 6-21　激光雷达点云识别

第五节　车道保持辅助系统仿真

车道保持辅助（LKA）系统能够帮助驾驶员在标记的车道内保持安全行驶。当 LKA 系统检测到车辆偏离车道时，可以自动调整转向以恢复车道内的正确行驶，而不需要驾驶员的额外干预。

为了使 LKA 系统正常工作，汽车必须检测车道边界以及前方车道的转弯方向。理想的 LKA 系统设计主要取决于预瞄的曲率、横向偏差和车道中心线与汽车之间的相对偏航角。从先进的驾驶辅助系统设计转到更自主的系统，LKA 系统必须对实际车道检测器的缺失、不完整或不准确的测量数据具有鲁棒性。

本示例介绍如何对车道保持辅助系统进行仿真。

一、车道保持辅助系统测试平台模型

使用以下命令，打开车道保持辅助系统测试平台模型。

```
1  addpath(fullfile(matlabroot,'examples','mpc','main'));
2  open_system('LKATestBenchExample')
```

输出结果如图 6-22 所示。

车道保持辅助系统测试平台模型包括 LKA 仿真模型、用户控制和模型按钮三部分。

LKA 仿真模型包含车道保持辅助子系统模型、车辆和环境子系统模型。

（1）车道保持辅助子系统模型。车道保持辅助子系统模型主要控制车辆的前转向角度。

（2）车辆和环境子系统模型。车辆和环境子系统模型主要模拟汽车的运动和环境。

用户控制包括启用辅助、安全横向距离和协助状态。启用辅助有关闭和打开模式；安全横向距离可以设置最小值和最大值；协助状态是显示反映输入值的颜色，未定义是红色，当有数值输入时，红色变成灰色。

第六章 基于 MATLAB 的自动驾驶仿真示例

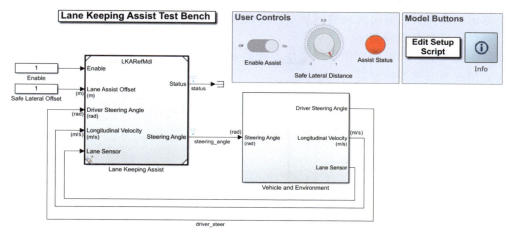

图 6-22 车道保持辅助系统测试平台模型

模型按钮打开后,会显示初始化模型使用的数据脚本,该脚本加载 Simulink 模型所需的某些常量,例如车辆模型参数、控制器设计参数、道路场景和驾驶员路径。

本示例汽车质量为 1575kg,转动惯量为 $2875kg \cdot m^2$,质心至前轴距离为 1.2m,质心至后轴距离为 1.6m,前轮侧偏刚度为 19000N/m,后轮侧偏刚度为 33000N/m。

二、车道保持辅助子系统

车道保持辅助子系统仿真模型如图 6-23 所示。

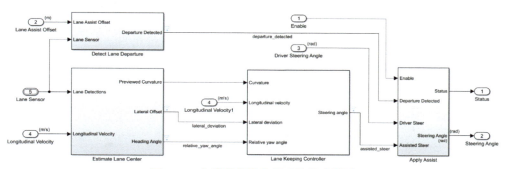

图 6-23 车道保持辅助子系统仿真模型

车道保持辅助子系统仿真模型由车道偏离检测模块、估计车道中心模块、车道保持控制器模块和应用辅助模块组成。

(1) 车道偏离检测模块。车道偏离检测模块如图 6-24 所示,当车辆太靠近检测车道

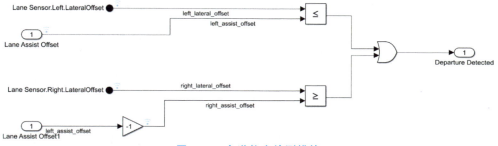

图 6-24 车道偏离检测模块

时，车道偏离检测模块输出为真的信号；当车辆和车道边界之间的偏移小于车道辅助偏移输入时，可以检测到车辆偏离。

（2）估计车道中心模块。估计车道中心模块如图 6-25 所示，它将来自车道检测传感器的数据输出到车道保持控制器。

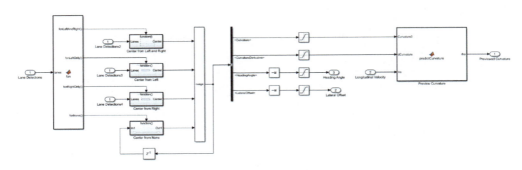

图 6-25　估计车道中心模块

（3）车道保持控制器模块。车道保持控制器模块的目标是通过控制前轮转向角使车辆保持在车道上并沿着弯曲的道路行驶。车道保持控制器根据传感器检测的道路曲率、横向偏差、相对偏航角和汽车的行驶速度计算汽车的转向角度。

（4）应用辅助模块。应用辅助模块如图 6-26 所示，它决定是车道保持控制器控制汽车还是驾驶员控制汽车，应用辅助模块在驾驶员指令转向和车道保持控制器的辅助转向之间切换。当检测到车道偏离时，辅助转向开始；当驾驶员再次开始在车道内转向时，控制权返还给驾驶员。

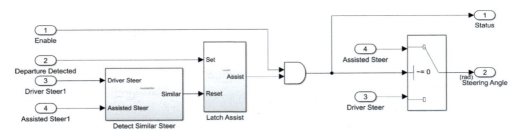

图 6-26　应用辅助模块

三、车辆和环境子系统

车辆和环境子系统实现车道保持控制器的闭环仿真。车辆和环境子系统仿真模型如图 6-27 所示。

车辆和环境子系统仿真模型由车辆动力学模块、对象和传感器模拟模块和驾驶员模型模块组成。

（1）车辆动力学模块。车辆动力学模块如图 6-28 所示，使用的是单轨汽车三自由度模型。

（2）对象和传感器模拟模块。对象和传感器模拟模块主要包括场景读取器和视觉检测生成器。场景读取器根据车辆相对于场景的位置生成理想的左车道和右车道边界；视觉检测生

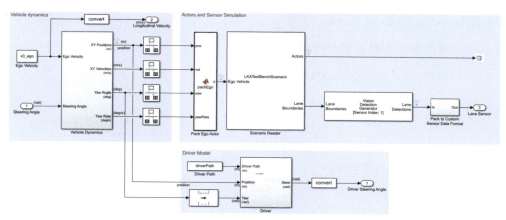

图 6-27 车辆和环境子系统仿真模型

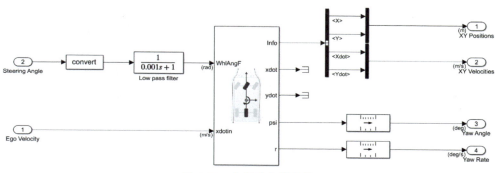

图 6-28 车辆动力学模块

成器从场景读取器中获取理想的车道边界,对单目摄像机的视场建模,并确定航向角、曲率、曲率导数和每个道路边界的有效长度,并考虑任何其他障碍物。

(3)驾驶员模型模块。驾驶员模型模块如图 6-29 所示,根据创建的驾驶员路径生成驾驶转向角度。

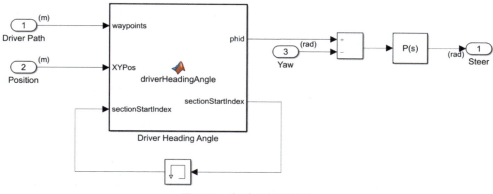

图 6-29 驾驶员模型模块

可以根据需要,修改仿真模型的参数;如果仿真满足要求,还可以自动生成控制算法的代码。

四、车道保持辅助系统仿真

可以绘制道路以及驾驶员模型将遵循的路径。

```
1  plotLKAInputs(scenario,driverPath)
```

输出结果如图 6-30 所示。

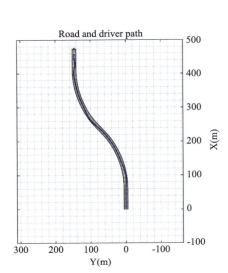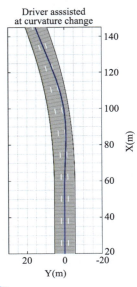

图 6-30　道路和驾驶路径

通过启用车道保持辅助和设置安全横向距离来测试其算法。在 Simulink 模型的"用户控制"部分,将开关切换到"打开",并将安全横向距离设置为 1m。

```
1  set_param('LKATestBenchExample/Enable','Value','1')
2  set_param('LKATestBenchExample/Safe Lateral Offset','Value','1')
3  sim('LKATestBenchExample','StopTime','15')
```

要绘制仿真结果,需要使用 Bird's-Eye Scope。Bird's-Eye Scope 是一个模型级别的可视化工具,可以从 Simulink 工具栏中打开。在"模拟"选项卡上的"查看结果"下,单击"鸟瞰范围"。打开示波器后,单击"查找信号",点击"Run",运行模拟 15s,仿真结果如图 6-31 所示。

图 6-31 中的阴影区域为合成视觉传感器的覆盖区域;红色为检测到的左右车道边界。

用以下命令运行完整的模拟并查看结果。

```
1  sim('LKATestBenchExample')
2  plotLKAResults(scenario,logsout,driverPath)
```

输出结果如图 6-32 所示。蓝色曲线为驾驶员驾驶路径,当道路曲率发生变化时,驾驶员可能会将车辆驾驶到另一车道。红色曲线为带有车道保持辅助功能的驾驶路径,当道路曲率发生变化时,车辆仍保持在车道中。

模拟车道跟随。可以修改车道保持辅助的安全横向偏移值,忽略驾驶员输入,将控制器置于纯车道跟随模式。通过增加该阈值,横向偏移总是在车道保持辅助设置的距离内。因

第六章 基于 MATLAB 的自动驾驶仿真示例

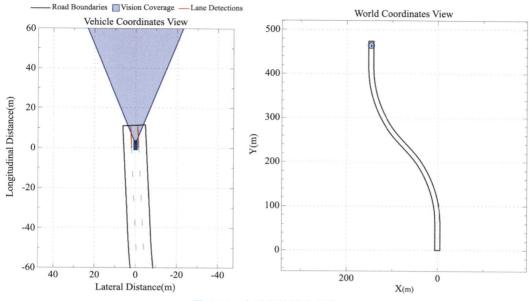

图 6-31 车道保持辅助仿真

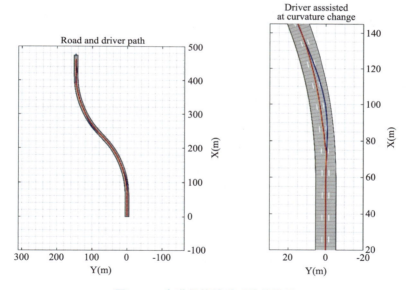

图 6-32 车道保持辅助系统的作用

此，车道偏离的状态为"开"，车道保持辅助始终处于控制状态。

```
1   set_param('LKATestBenchExample/Safe Lateral Offset','Value','2')
2   sim('LKATestBenchExample')
3   plotLKAResults(scenario,logsout)
```

输出结果如图 6-33 所示。红色曲线显示车道保持辅助系统本身可以保持车辆沿其车道中心线行驶。

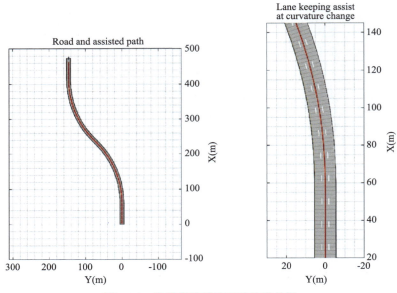

图 6-33　车道保持辅助系统仿真结果

第六节　车道跟踪系统仿真

车道跟踪系统是属于 L2 级的先进驾驶辅助系统，它使车辆在高速公路的标记车道内行驶，同时保持驾驶员设定的速度或与前一辆车的安全距离。车道跟踪系统包括主车的纵向和横向组合控制；纵向控制是通过调整主车的加速度，保持驾驶员设定的速度，并与车道上的前一辆车保持安全距离；横向控制是通过调整主车的转向，使主车沿着其车道中心线行驶。

组合式车道跟踪控制系统实现了纵向和横向控制的各自目标；当两个目标不能同时满足时，车道跟踪控制系统可以调整它们的优先级。

本示例的车道跟踪系统综合视觉传感器和毫米波雷达检测的数据，估计车道中心和前方目标车辆距离，计算主车的纵向加速度和转向角度。

一、车道跟踪系统测试平台模型

使用以下命令，打开车道跟踪系统测试平台模型。

```
1  addpath(fullfile(matlabroot,'examples','mpc','main'));
2  open_system('LaneFollowingTestBenchExample')
```

输出结果如图 6-34 所示。

该模型主要包含车道跟踪控制器模块、车辆与环境模块、碰撞检测模块和 MIO（最重要的对象）轨迹模块。

(1) 车道跟踪控制器模块。车道跟踪控制器模块控制主车的纵向加速度和前轮转向角。

(2) 车辆和环境模块。车辆和环境模块模拟主车的运动并模拟驾驶环境。

(3) 碰撞检测模块。当检测到主车和前方目标车辆碰撞时停止模拟。

(4) MIO 轨迹模块。使 MIO 轨迹在鸟瞰范围内显示。

第六章　基于 MATLAB 的自动驾驶仿真示例

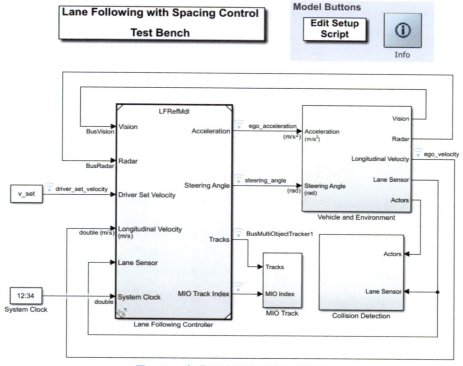

图 6-34　车道跟踪系统测试平台模型

模型按钮打开后，会显示初始化模型使用的数据脚本，该脚本加载 Simulink 模型所需的某些常量，例如车辆模型参数、控制器设计参数、道路场景和周围车辆。

二、车道跟踪控制器

车道跟踪控制器仿真模型如图 6-35 所示。

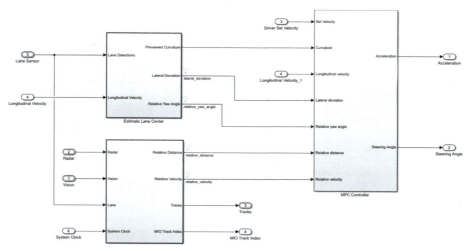

图 6-35　车道跟踪控制器仿真模型

车道跟踪控制器仿真模型主要由估计车道中心模块、跟踪与传感器融合模块和 MPC 控

213

制器模块组成。

(1) 估计车道中心模块。估计车道中心模块如图 6-36 所示,将车道传感器数据输出到 MPC 控制器;预览的曲率提供了主车前方车道曲率的中心线。

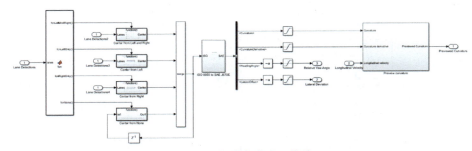

图 6-36　估计车道中心模块

(2) 跟踪与传感器融合模块。跟踪与传感器融合模块如图 6-37 所示,它处理来自车辆与环境子系统的视觉传感器和雷达的检测数据,生成主车周围环境的综合态势图。此外,它还向车道跟踪控制器提供主车前方车道中最近车辆的估计。

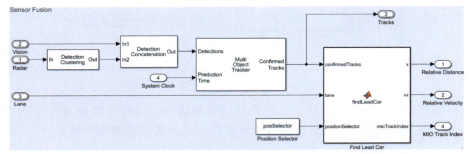

图 6-37　跟踪与传感器融合模块

(3) MPC 控制器模块。MPC 控制器模块如图 6-38 所示,它的目标是保持驾驶员设定的

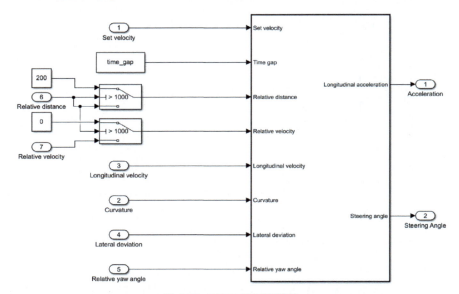

图 6-38　MPC 控制器模块

车速,并与前方目标车辆保持安全距离,该目标是通过控制纵向加速度来实现的;将主车保持在车道中间,即通过控制转向角来减小横向偏差和相对偏航角;当道路弯曲时,减速行驶。

车道跟踪控制器根据来自估计车道中心模块的道路曲率、横向偏差、相对偏航角,来自跟踪与传感器融合模块的主车与前方车辆的相对距离、相对速度以及驾驶员设定速度、汽车纵向速度计算主车的纵向加速度和转向角度。

三、车辆和环境子系统仿真模型

车辆和环境子系统仿真模型如图 6-39 所示。

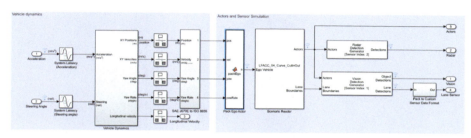

图 6-39　车辆和环境子系统仿真模型

车辆和环境子系统仿真模型主要由系统延迟模块、车辆动力学模块、SAE J670E 到 ISO8855 模块、场景读取器模块、视觉检测生成器模块、雷达检测生成器模块组成。

(1) 系统延迟模块。系统延迟模块对系统中模型输入和输出之间的延迟进行建模。这种延迟可能由传感器延迟或通信延迟引起。在这个示例中,延迟由一个采样时间(s)来近似。

(2) 车辆动力学模块。车辆动力学模块如图 6-40 所示,使用单轨汽车的力输入模型。

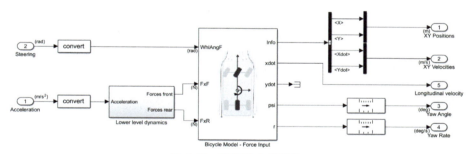

图 6-40　车辆动力学模块

(3) SAE J670E 到 ISO 8855 模块。SAE J670E 到 ISO 8855 模块将车辆动力学使用的 SAE J670E 坐标系转换为场景读取器使用的 ISO 8855 坐标系。

(4) 场景读取器模块。场景读取器模块从场景文件中读取交通参与者的姿态数据,并把交通参与者的姿态从场景的世界坐标系转换为主车的车辆坐标系;场景读取器模块还可以生成理想的左右车道边界。

(5) 视觉检测生成器模块。视觉检测生成器模块从场景读取器模块获取理想的车道边界;检测生成器对单目摄像机的视野进行建模,并确定每个道路边界的航向角、曲率、曲率导数和有效长度,同时考虑到任何其他障碍物。

(6) 雷达检测生成器模块。雷达检测生成器模块根据场景中定义的雷达横截面和雷达视场中的地面真值数据生成点检测。

四、车道跟踪系统仿真

可以绘制主车使用的道路和路径,即驾驶场景。

```
1  plot(scenario)
```

输出结果如图 6-41 所示。

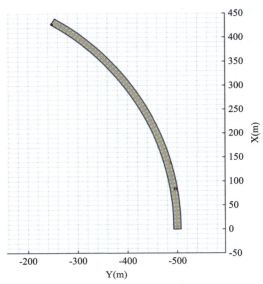

图 6-41 车道跟踪系统驾驶场景

对车道跟踪系统仿真 10s。

```
1  sim('LaneFollowingTestBenchExample','StopTime','10')
```

输出结果如图 6-42 所示。

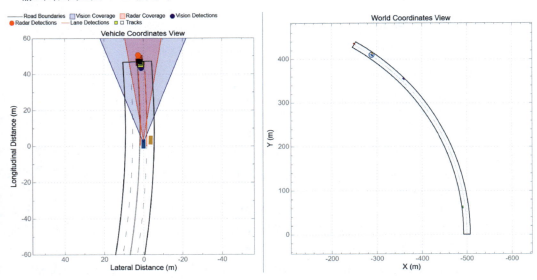

图 6-42 车道跟踪系统仿真

第六章　基于 MATLAB 的自动驾驶仿真示例

图 6-42 通过动画显示了基于传感器融合的车道跟踪系统仿真过程。

第七节　自动紧急制动系统仿真

本示例介绍如何使用 MATLAB 的自动驾驶工具箱，利用传感器融合算法实现自动紧急制动。

自动紧急制动（AEB）系统主要使用毫米波雷达和视觉传感器来识别主车前方潜在的碰撞对象。准确、可靠和稳健的检测通常需要多个传感器，同时最大限度地减少误报。这就是传感器融合技术在 AEB 系统中发挥重要作用的原因。

一、AEB 系统测试平台模型

使用以下命令，打开 AEB 系统测试平台模型。

```
1  addpath(genpath(fullfile(matlabroot,'examples','driving')));
2  open_system('AEBTestBenchExample')
```

输出结果如图 6-43 所示。

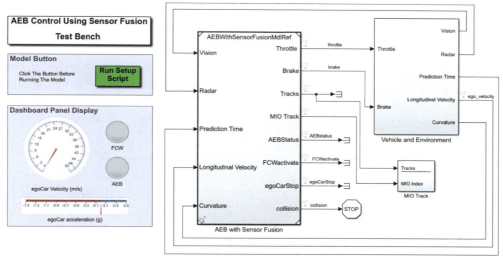

图 6-43　AEB 系统测试平台模型

AEB 系统测试平台模型包括 AEB 仿真模型、仪表板显示和模型按钮三部分。

AEB 仿真模型包含以下两个子系统。

（1）基于传感器融合的 AEB 子系统，包含传感器融合算法和 AEB 控制器。

（2）车辆和环境子系统，包括驾驶场景阅读器、雷达和视觉检测发生器，它们模拟汽车的运动和环境。

仿真模型左侧的仪表板显示主车的速度、加速度以及自动紧急制动和前向碰撞预警（FCW）控制器的状态。

模型按钮打开后，会显示初始化模型使用的数据脚本，该脚本加载 Simulink 模型所需的某些常量，例如模型参数、驾驶场景、主车初始条件、AEB 控制参数、跟踪与传感器融合参数、主车建模参数、速度控制器参数、总线创建等。

要绘制合成传感器检测、跟踪对象和地面真实数据，需要使用 Bird's-Eye Scope。在"模拟"选项卡上的"查看结果"下，单击"鸟瞰范围"。打开示波器后，单击"查找信号"。仪表板显示主车速度、加速度以及 AEB 和 FCW 控制器的状态。

二、基于传感器融合的 AEB 子系统

基于传感器融合的 AEB 子系统如图 6-44 所示。

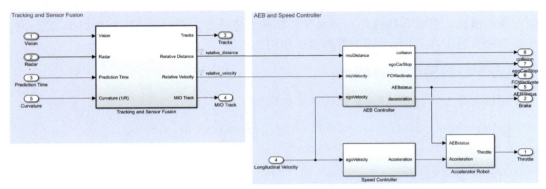

图 6-44 基于传感器融合的 AEB 子系统

该子系统包含跟踪和传感器融合算法模块以及速度控制器模块、加速度机器人模块和 AEB 控制器模块。

（1）跟踪和传感器融合算法模块。跟踪和传感器融合算法模块如图 6-45 所示，它处理来自车辆和环境子系统的视觉传感器和雷达检测数据，并生成目标车辆相对于主车的位置和速度。

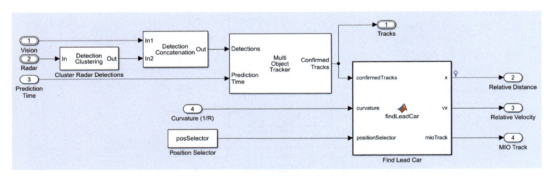

图 6-45 跟踪和传感器融合算法模块

（2）速度控制器模块。速度控制器模块如图 6-46 所示，它通过使用比例积分（PI）控

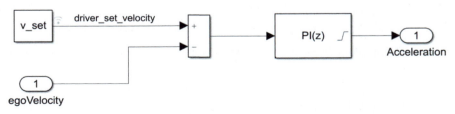

图 6-46 速度控制器模块

制器使主车按驾驶员设定的速度行驶。

（3）加速度机器人模块。加速度机器人模块如图 6-47 所示，当激活 AEB 时，加速度机器人模块释放车辆加速器。

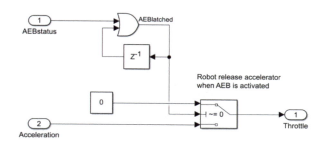

图 6-47　加速度机器人模块

（4）AEB 控制器模块。AEB 控制器模块如图 6-48 所示。AEB 控制器实现基于停止时间计算方法的前向碰撞预警（FCW）和 AEB 控制算法。

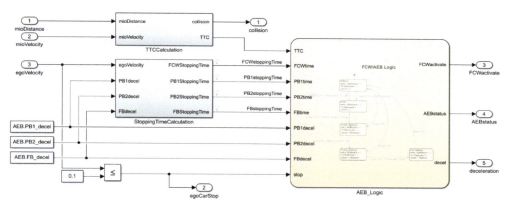

图 6-48　AEB 控制器模块

AEB 控制器模块又由 TTC 计算模块、停止时间计算模块和 AEB_逻辑模块组成。

TTC 是指主车与前方目标车辆的碰撞时间，一般使用与前方目标车辆的相对距离和速度来计算 TTC。TTC 计算模块如图 6-49 所示。

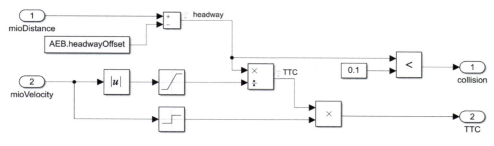

图 6-49　TTC 计算模块

停止时间计算模块如图 6-50 所示，它分别计算 FCW、一级（PB1）和二级（PB2）部分制动和完全制动（FB）的停止时间。

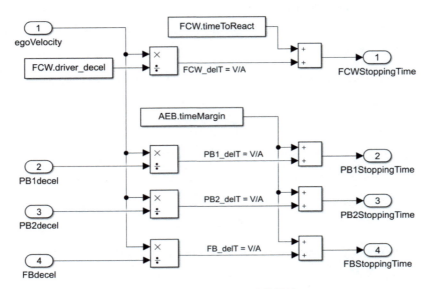

图 6-50　停止时间计算模块

AEB_逻辑模块如图 6-51 所示，它是一种状态机，将 TTC 与停止时间进行比较，以确定 FCW 和 AEB 是否激活。

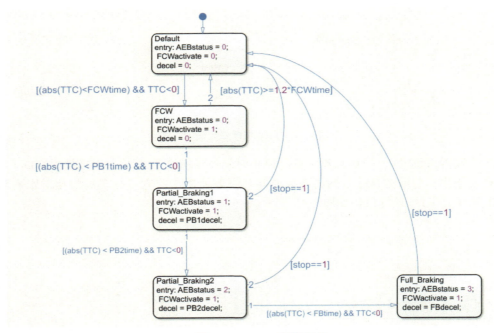

图 6-51　AEB_逻辑模块

三、车辆与环境子系统

车辆与环境子系统如图 6-52 所示。

车辆与环境子系统包括车辆动力学模块、驾驶员转向模型模块以及对象和传感器模拟

第六章 基于 MATLAB 的自动驾驶仿真示例

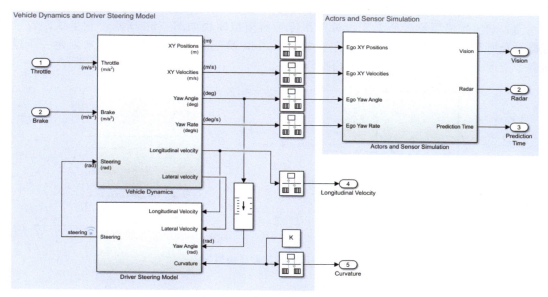

图 6-52 车辆与环境子系统

模块。

(1) 车辆动力学模块。车辆动力学模块如图 6-53 所示,用车辆动力学块组中的单轨车辆模型来模拟主车动力学。

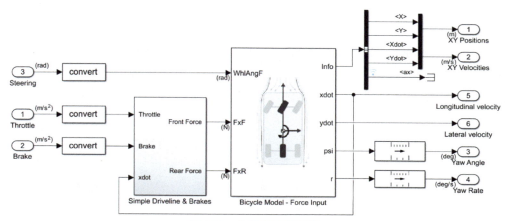

图 6-53 车辆动力学模块

(2) 驾驶员转向模型模块。驾驶员转向模型模块如图 6-54 所示,它产生驾驶转向角,

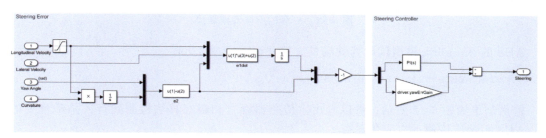

图 6-54 驾驶员转向模型模块

以保持主车在其车道上并沿着已定义曲率的弯曲道路行驶。

(3) 对象和传感器模拟模块。对象和传感器模拟模块如图 6-55 所示，它生成跟踪和传感器融合所需的合成传感器数据，在加载 Simulink 模型后，执行回调函数来创建一个道路和多个交通参与者在道路上移动的模拟环境。

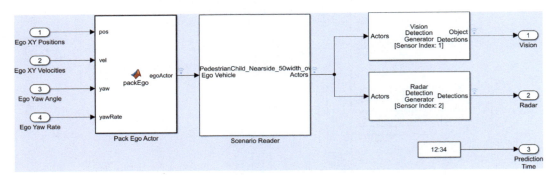

图 6-55　对象和传感器模拟模块

四、系统仿真

自动驾驶工具箱根据 AEB 系统的欧洲新车安全测试协议提供了预先构建的驾驶场景，可以使用驾驶场景设计器查看预先构建的场景。

```
1    drivingScenarioDesigner('AEB_PedestrianChild_Nearside_50width_overrun.mat')
```

输出结果如图 6-56 所示，AEB 的测试驾驶场景中有三辆车和一个行人。

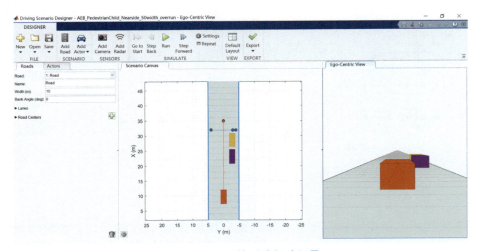

图 6-56　AEB 的测试驾驶场景

AEB 的 Simulink 模型读取驾驶场景文件并运行模拟 3.8s。

```
1    sim('AEBTestBenchExample','StopTime','3.8')
```

输出结果如图 6-57 所示。可以看出，传感器融合和跟踪算法检测到行人是最重要的目标，AEB 系统应该制动以避免碰撞。

仪表板和模拟图显示 AEB 系统应用了多级制动，主车在碰撞前立即停止，如图 6-58 所

第六章 基于 MATLAB 的自动驾驶仿真示例

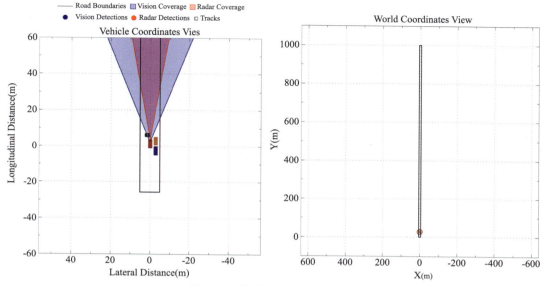

图 6-57　自动紧急制动系统仿真

示。仪表板上 AEB 的状态颜色表示 AEB 激活水平，其中灰色表示没有激活 AEB；黄色表示第一阶段部分制动被激活；橙色表示第二阶段部分制动被激活；红色表示全制动被激活。

仿真结果显示：在最初的 2s 内，主车加速到设定速度；在 2.3s 时，传感器融合算法开始检测行人；检测后，FCW 立即被激活；在 2.4s 时，应用第一阶段的部分制动，主车开始减速；部分制动的第二阶段在 2.5s 时再次施加；当主车最终停止时，主车和行人之间的间隔约为 2.4m。AEB 系统在这种情况下完全避免了碰撞。

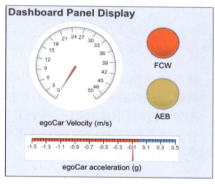

图 6-58　仪表板状态

第八节　自适应巡航控制系统仿真

自适应巡航控制（ACC）系统是典型的智能网联汽车先进驾驶辅助系统，它可以根据道路上的条件来调整主车的速度。为了使自适应巡航控制系统正常工作，主车必须确定它前面的车道是如何弯曲的，以及哪辆车是目标车辆。一个典型的场景如图 6-59 所示。蓝色主车沿着弯曲的道路行驶。一开始，目标车辆是粉红色的车；然后紫色的车切入主车的车道，成为目标车辆。过了一会儿，紫色的车换到另一条车道，粉色的车又成了目标车辆。粉红色的车仍然是后来的目标车辆。自适应巡航控制系统的设计必须对道路上目标车辆的变化做出反应。

当前的自适应巡航控制系统设计主要依赖于从雷达获得的距离和速度的检测数据，并且设计为在直道上工作最佳。从先进驾驶辅助系统转向自动驾驶系统，自适应巡航控制系统必须应对以下挑战。

智能网联汽车自动驾驶仿真技术

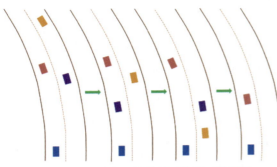

图 6-59 自适应巡航控制系统的工作场景

（1）估计靠近主车且相对于主车具有显著横向运动的车辆的相对位置和速度。

（2）估计主车前方的车道，找出主车前方哪辆车在同一车道上最近。

（3）对环境中其他车辆突然切入主车道时，要能够快速做出反应。

利用视觉传感器和雷达的融合和跟踪具有以下优点。

（1）它将视觉传感器位置和速度的横向测量与雷达的距离和速度测量结合起来。

（2）视觉传感器可以检测车道，提供车道相对于主车的横向位置估计，以及场景中其他车辆相对于主车车道的位置。

本示例展示了如何使用传感器融合和基于模型预测控制（MPC）来实现汽车自适应巡航控制。

一、自适应巡航控制系统测试平台模型

使用以下命令，打开自适应巡航控制系统测试平台模型。

```
1  addpath(fullfile(matlabroot,'examples','mpc','main'));
2  open_system('ACCTestBenchExample')
```

输出结果如图 6-60 所示。

自适应巡航控制系统测试平台模型包括 ACC 仿真模型和模型按钮两部分。

ACC 仿真模型包含以下两个子系统模型。

（1）带传感器融合的 ACC 子系统。带传感器融合的 ACC 子系统模拟传感器融合并控制车辆的纵向加速度。

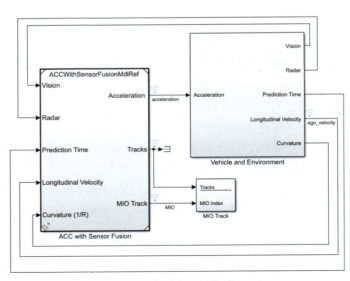

图 6-60 自适应巡航控制系统测试平台模型

（2）车辆与环境子系统。车辆与环境子系统对主车的运动和环境进行建模。雷达和视觉传感器的仿真为控制子系统提供综合数据。

模型按钮打开后，会显示初始化模型使用的数据脚本，该脚本加载 Simulink 模型所需的某些常量，例如车辆模型参数、跟踪与传感器融合参数、ACC 控制器参数、驾驶员转向控制参数、道路场景等。

二、带传感器融合的 ACC 子系统

带传感器融合的 ACC 子系统仿真模型如图 6-61 所示。

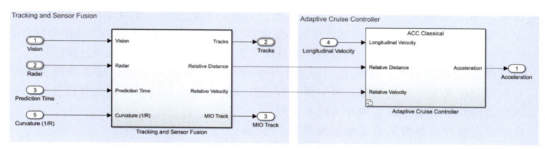

图 6-61　带传感器融合的 ACC 子系统仿真模型

带传感器融合的 ACC 子系统仿真模型由跟踪与传感器融合模块和自适应巡航控制器模块组成。

1. 跟踪与传感器融合模块

跟踪与传感器融合模块处理来自车辆与环境子系统的视觉传感器和雷达的检测数据，生成主车周围环境的综合态势图。此外，它还向 ACC 子系统提供主车前方车道中最近车辆的估计。点击跟踪与传感器融合模块，得到跟踪与传感器融合仿真模型，如图 6-62 所示。

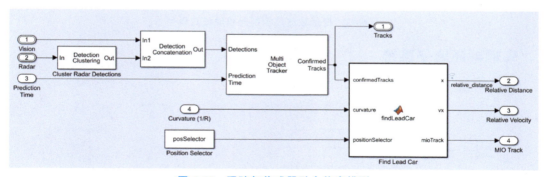

图 6-62　跟踪与传感器融合仿真模型

跟踪与传感器融合仿真模型主要由多目标跟踪模块、检测连接模块、检测聚类模块、寻找引导车辆模块组成。

（1）多目标跟踪模块。多目标跟踪模块的输入是所有传感器检测的组合列表和预测时间；输出是已确认轨迹的列表。

（2）检测连接模块。检测连接模块将视觉传感器检测和雷达检测连接起来；预测时间由车辆和环境子系统中的时钟驱动。

（3）检测聚类模块。检测聚类模块将多个雷达检测进行聚类，因为跟踪器要求每个传感

器对每个目标至多进行一次检测。

（4）寻找引导车辆模块。寻找引导车辆模块使用已确认的轨道列表和道路曲率来查找哪辆车最接近主车，并在同一车道上位于主车前面，这辆车被称为引导车。当车辆驶入和驶出主车前方的车道时，引导车可能会发生变化。该模块提供了引导车相对于主车的位置和速度，以及最重要物体的轨迹。

2. 自适应巡航控制器模块

自适应巡航控制器有两种：经典设计（默认）和基于 MPC 的设计。两种设计均采用以下设计原则。装备 ACC 系统的车辆（主车）使用传感器融合来估计与引导车的相对距离和相对速度。ACC 系统使主车以驾驶员设定的速度行驶，同时保持与引导车的安全距离。

ACC 系统基于以下输入为主车生成纵向加速度：汽车纵向速度；来自跟踪与传感器融合系统的引导车与主车的相对距离；来自跟踪与传感器融合系统的引导车与主车的相对速度。

在经典的 ACC 设计中，如果相对距离小于安全距离，则首要目标是减速并保持安全距离；如果相对距离大于安全距离，则主要目标是在保持安全距离的同时达到驾驶员设定的速度。这些设计原则是通过最小和开关模块实现。

自适应巡航控制器模块仿真模型如图 6-63 所示。

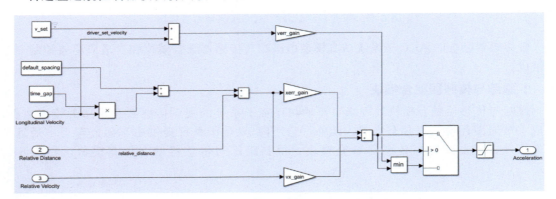

图 6-63　自适应巡航控制器模块仿真模型

三、车辆与环境子系统

车辆与环境子系统仿真模型如图 6-64 所示。

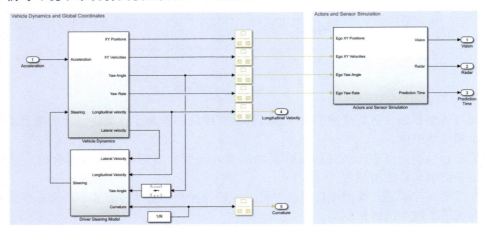

图 6-64　车辆与环境子系统仿真模型

车辆与环境子系统仿真模型由车辆动力学模块、对象和传感器模块和驾驶员转向模块组成。

（1）车辆动力学模块。车辆动力学模块利用自动驾驶工具箱中的单轨汽车模型力输入模块对车辆动力学进行建模。

车辆动力学模块仿真模型如图 6-65 所示。

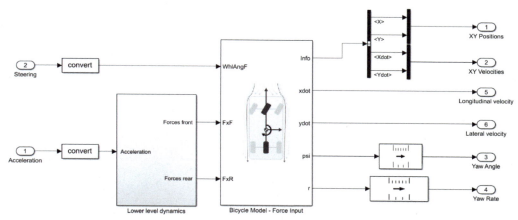

图 6-65　车辆动力学模块仿真模型

（2）对象和传感器模块。对象和传感器模块生成跟踪和传感器融合所需的数据。在运行此示例之前，驱动场景设计器应用程序用于创建一个场景，其中有一条弯曲的道路，多个对象在道路上移动。

对象和传感器模块仿真模型如图 6-66 所示。

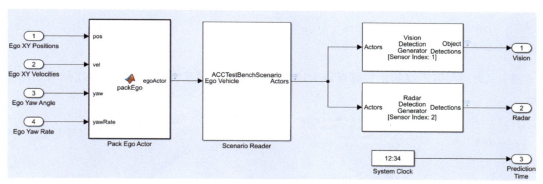

图 6-66　对象和传感器模块仿真模型

（3）驾驶员转向模块。驾驶员转向模块仿真模型如图 6-67 所示。

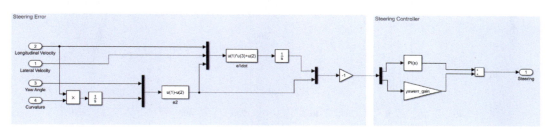

图 6-67　驾驶员转向模块仿真模型

四、自适应巡航控制系统仿真

本示例驾驶场景是两条具有恒定曲率的平行道路；车道上有四辆车：一辆在左边车道上的快车，一辆在右边车道上的慢车，一辆从道路对面驶来的车，以及一辆在右边车道上起步，然后向左边车道行驶的车，以通过慢车。

可以绘制 ACC 驾驶场景。

```
1    plotACCScenario
```

输出结果如图 6-68 所示。

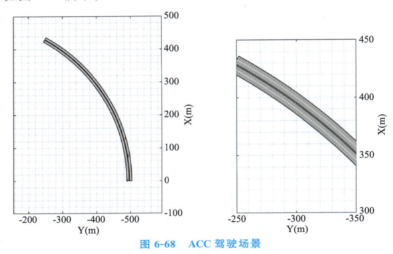

图 6-68　ACC 驾驶场景

设置仿真时间为 15s 或者仿真道路结束。

```
1    sim('ACCTestBenchExample','StopTime','15')
2    sim('ACCTestBenchExample')
```

通过鸟瞰图可以观察基于传感器融合的自适应巡航控制系统仿真过程，输出结果如图 6-69 所示。

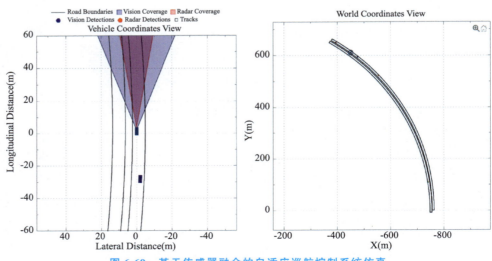

图 6-69　基于传感器融合的自适应巡航控制系统仿真

附录

中英文对照表

序号	英文	中文
1	Add Road	添加道路
2	Add Actor	添加交通参与者
3	Add Camera	添加相机
4	Add Radar	添加雷达
5	Add Road Center	添加道路中心点
6	Accuracy & Noise Settings	精度和噪声设置
7	Automated Driving Toolbox	自动驾驶工具箱
8	Actors	交通参与者
9	All Lane boundaries	所有车道边界
10	Accuracy Settings	精度设置
11	Azimuthal resolution of radar	雷达方位分辨率
12	Add noise to measurements	在测量中添加噪声
13	Add false detections	添加错误检测
14	Add occlusion	添加遮挡
15	Azimuth angles defining RCS Pattern	雷达散射截面的方位角
16	Accuracy of lane boundary	车道边界精度
17	AccelCmd	加速命令
18	Automated Driving	自动驾驶
19	Adaptive Cruise Control System	自适应巡航控制系统
20	Adaptive Curise Controller Constraints	自适应巡航控制器约束
21	Boundary Accuracy	边界精度
22	Blank Model	空白模型
23	Bias Settings	偏差设置
24	Bounding box accuracy	边界框精度
25	Camera Settings	相机设置
26	Coordinate system of outputs	输出坐标系
27	Center of lane markings	车道中心标记
28	Code generation	代码生成
29	Coordinate system used to report detections	报告检测所用的坐标系
30	Camera Intrinsics	相机内部参数
31	CurrVelocity	车辆的当前速度
32	Controller Settings	控制器设置
33	CurrPose	当前姿态

续表

序号	英文	中文
34	CurrVelocity	车辆的当前速度
35	Curvature	道路曲率
36	Confirmed Tracks	确认的轨迹
37	CumLengths	累积路径长度
38	Comfort Criteria	舒适度标准
39	Curved road	弯曲道路
40	DoubleSolid	双实线
41	DoubleDashed	双虚线
42	DashedSolid	左边是虚线右边是实线
43	Detection Parameters	检测参数
44	Detection Type	检测类型
45	Detection Probability	检测概率
46	Detection Coordinates	检测坐标
47	Driving Scenario and Sensor Modeling	驾驶场景和传感器建模
48	Driving Scenario Designer file name	驾驶场景设计文件名
49	Distances ahead of ego vehicle to compute boundaries	计算主车到边界的距离
50	Detection Reporting	检测报告
51	Detector Settings	探测器设置
52	Detection probability	探测概率
53	DecelCmd	减速命令
54	Detection Concatenation	检测连接模块
55	Double lane change	双向车道变换
56	Distortion center	畸变中心
57	Detection ranges	探测范围
58	Detection probability range	探测概率范围
59	Default radar cross section	默认雷达截面
60	Ego Vehicle Lane boundaries	主车车道边界
61	Enable elevation angle measurements	启用仰角测量
62	Enable range rate measurements	启用速度测量
63	Elevation angles defining RCS Pattern	雷达散射截面的仰角
64	End Velocity	终止速度
65	Elevation resolution of radar	雷达仰角分辨率
66	Enable measurements noise	启用噪声测量
67	Enable false detections	启用错误检测
68	Front Overhang	前悬
69	False Positives Per Image	每张图像的误报
70	From file	来自文件
71	From workspace	来自工作区
72	Fractional azimuthal bias component of radar	雷达的方位偏差
73	Fractional range bias component of radar	雷达的距离偏差
74	Fractional range rate bias component of radar	雷达的速度偏差
75	Focal length	焦距
76	Fractional elevation bias	雷达的仰角偏差
77	Field of view	视野
78	False alarm rate	虚警率
79	Ground Truth	地面实情
80	Height of actors cuboids	检测对象的高度
81	Hatchback	掀背车
82	Input port	输入端口
83	Inner edge of lane markings	车道内边缘标记
84	Interpreted execution	解释执行

附录 中英文对照表

续表

序号	英文	中文
85	Image size produced by the camera	相机产生的图像大小
86	Integral gain	积分增益
87	Inputs and Outputs	输入和输出
88	Initial position	初始位置
89	Image size	图像尺寸
90	Lane Width	车道宽度
91	Lane Settings	车道设置
92	Library Browser	库浏览器
93	Lane Boundaries	车道边界
94	Lane boundaries to output	输出的车道边界
95	Location of boundaries on lane markings	车道标记的位置
96	Lane Update Interval	车道更新间隔
97	Length of actors cuboids	检测对象的长度
98	Lane Detector Settings	车道探测器设置
99	Longitudianl Controller Stanley	纵向控制器
100	Lateral Controller Stanley	横向控制器
101	Longitudinal velocity	纵向速度
102	Lateral deviation	横向偏差
103	Lane keeping controller constraints	车道保持控制器约束
104	Large parking lot	公园停车场
105	Lane Keeping Assist System	车道保持辅助系统
106	Max Allowed Occlusion	最大允许遮挡
107	Min Object Image Width	最小对象图像宽度
108	Min Object Image Height	最小对象图像高度
109	Min Lane Image Width	最小车道图像宽度
110	Min Lane Image Height	最小车道图像高度
111	Maximum number of reported detections	报告检测的最大数目
112	Measurement Settings	测量设置
113	Maximum detection range	最大探测距离
114	Minmum and maximum detection range rates	最小和最大探测速度
115	Maximum detection range settings	最大探测距离设置
116	Maximum detectable object speed	最大可探测目标速度
117	Maximum allowed occlusion for detector	探测器最大允许遮挡
118	Maximum detectable image size of an object	对象的最大可检测图像尺寸
119	Minimum lane size in image	图像中的最小车道尺寸
120	Maximum longitudinal acceleration	最大纵向加速度
121	Maximum longitudinal deceleration	最大纵向减速度
122	Model Predictive Control Toolbox	模型预测控制工具箱
123	Model predictive controller settings	模型预测控制器设置
124	Muti Object Tracker	多目标跟踪器模块
125	Minimum separation of input poses	输入姿态的最小间隔
126	Muscle car	跑车
127	Mounting location	安装位置
128	Mapping coefficients	映射系数
129	Maximum reporting	最大报告数
130	Number of lines	车道数
131	Number of false positives per image	每张图像的误报数
132	Number of output poses	输出姿态数
133	Number of input sensors to combine	要组合的输入传感器数
134	Object Detections	目标的检测
135	Output Port Settings	输出端口设置

续表

序号	英文	中文
136	Object Detector Settings	目标探测器设置
137	Optical center of the camera	相机的光学中心
138	Open surface	开放路面
139	Optical center	光学中心
140	Output depth	输出深度
141	Output semantic segmentation	输出语义分割
142	Output location and orientation	输出位置和方向
143	Port Settings	端口设置
144	Probability of detecting a target	探测目标的概率
145	Proportional gain	比例增益
146	Path Following Control System	路径跟踪控制系统
147	Path Smoother Spline	路径平滑样条线模块
148	Prediction Time	预测时间
149	Parking lot	停车场
150	Rear Overhang	后悬
151	Reference Range	参考范围
152	Reference RCS	参考散射截面
153	Radar Detection Generator	雷达检测发生器
154	Required interval between sensor updates	传感器更新时间
155	Random Number Generator Settings	随机数生成设置
156	Range resolution of radar	雷达距离分辨率
157	Range rate resolution of radar	雷达速度分辨率
158	Rate at which false alarms are repored	误报率
159	Range where detection probability is achieved	达到探测范围的概率
160	Radar cross section at which detection probability	探测雷达截面的概率
161	Rotational center of actors from bottom center	检测对象的旋转中心
162	Radar cross section pattern	雷达剖面图
163	Required interval between lane detection updates	车道检测更新时间
164	Radial distortion coefficients	相机径向畸变系数
165	RefVelocity	参考速度
166	RefPose	参考姿态
167	Relative yaw angle	相对偏航角
168	RefDirections	参考方向
169	Reference radar cross section	参考雷达截面
170	Radar targets	雷达目标
171	Radar cross sections	雷达截面图
172	Sensor Placement	传感器位置
173	SolidDashed	左边是实线右边是虚线
174	Sensor Limits	传感器限值
175	Simulink Library Browser	模拟浏览界面
176	Simulation 3D	3D 仿真
177	Scenario Reader	驾驶场景
178	Simulink using	模拟使用
179	Source of Driving Scenario	驾驶场景来源
180	Source of ego vehicle	主车来源
181	Sample time	采样时间
182	Source of actors bus name	交通参与者总线的来源
183	Source of lane boundaries bus name	车道总线的来源
184	Sensor Identification	传感器识别
185	Sensor Extrinsics	传感器外部参数
186	Source of output bus name	输出总线的来源

附录　中英文对照表

续表

序号	英文	中文
187	Select method to specify initial seed	选择指定初始种子的方法
188	Select method to specify actor profiles	给检测对象配置文件的方法
189	Source of object bus name	对象总线的来源
190	Smoothing filter noise intensity	平滑滤波器噪声强度
191	Skew of the camera axes	相机轴的倾斜
192	SteerCmd	转向命令
193	Steering angle	转向角
194	Start Velocity	起始速度
195	Simulation 3D Scene Configuration	3D场景配置模块
196	Simulation 3D Vehicle with Ground Following	3D仿真车辆模块
197	Simulation 3D Camera	3D仿真相机模块
198	Simulation 3D Fisheye Camera	3D仿真鱼眼相机模块
199	Simulation 3D Lidar	3D仿真激光雷达模块
200	Simulation 3D Probabilistic Radar	3D仿真雷达模块
201	Simulation 3D Probabilistic Radar Configuration	3D仿真雷达配置模块
202	Scene description	场景描述
203	Scene view	场景视图
204	Straight road	直行道路
205	Sport utility vehicle	运动型多用途车
206	Small pickup truck	皮卡车
207	Sedan	轿车
208	Sensor identifier	传感器标识符
209	Specify offset	指定偏移量
210	Specify output bus name	指定输出总线名称
211	Total angular field of view for rader	雷达视场角
212	Types of detections generated by sensor	传感器产生的检测类型
213	Tangential distortion coefficients	相机切向畸变系数
214	Tracker Management	跟踪器管理
215	Unique identifier of sensor	传感器的唯一标识符
216	Unique identifier for actors	检测对象的唯一标识符
217	US city block	美国城市街区
218	US highway	美国高速公路
219	Vehicle Control	车辆控制
220	Vehicle coordinates	车辆坐标系
221	Vision Detection Generator	视觉检测发生器
222	Vehicle Parameters	车辆参数
223	Vehicle model	车辆模型
224	Velocity Profiler	速度剖面仪模块
225	Virtual Mcity	虚拟试验场
226	Vehicle Body Total Road Load	车辆道路总载荷
227	Vehicle Body 3DOF Single Track	单轨车辆三自由度
228	Vehicle Body 1DOF Longitudinal	车辆纵向单自由度
229	Vehicle Body 3DOF Dual Track	双轨车辆三自由度
230	Vehicle Body 3DOF Longitudinal	车辆纵向三自由度
231	Vehicle Body 6DOF	车辆六自由度
232	World coordinates	世界坐标系
233	Width of actors cuboids	检测对象的宽度

参 考 文 献

[1] 崔胜民,俞天一,王赵辉.智能网联汽车先进驾驶辅助系统关键技术[M].北京:化学工业出版社,2019.
[2] Automated Driving Toolbox 设计、仿真和测试 ADAS 以及自动驾驶系统. https://ww2.mathworks.cn/products/automated-driving.html.
[3] 清华大学苏州汽车研究院,等.中国自动驾驶仿真技术研究报告[R].北京:当家移动绿色互联网技术集团有限公司,2019.
[4] 张丽.纯电动汽车全速自适应巡航控制系统的研究[D].哈尔滨:哈尔滨工业大学,2017.
[5] 朱磊.汽车偏离预警及车道保持算法研究[D].哈尔滨:哈尔滨工业大学,2018.
[6] 俞天一.纯电动智能网联汽车交叉口通行协同控制研究[D].哈尔滨:哈尔滨工业大学,2019.
[7] 崔胜民.智能网联汽车新技术[M].北京:化学工业出版社,2016.